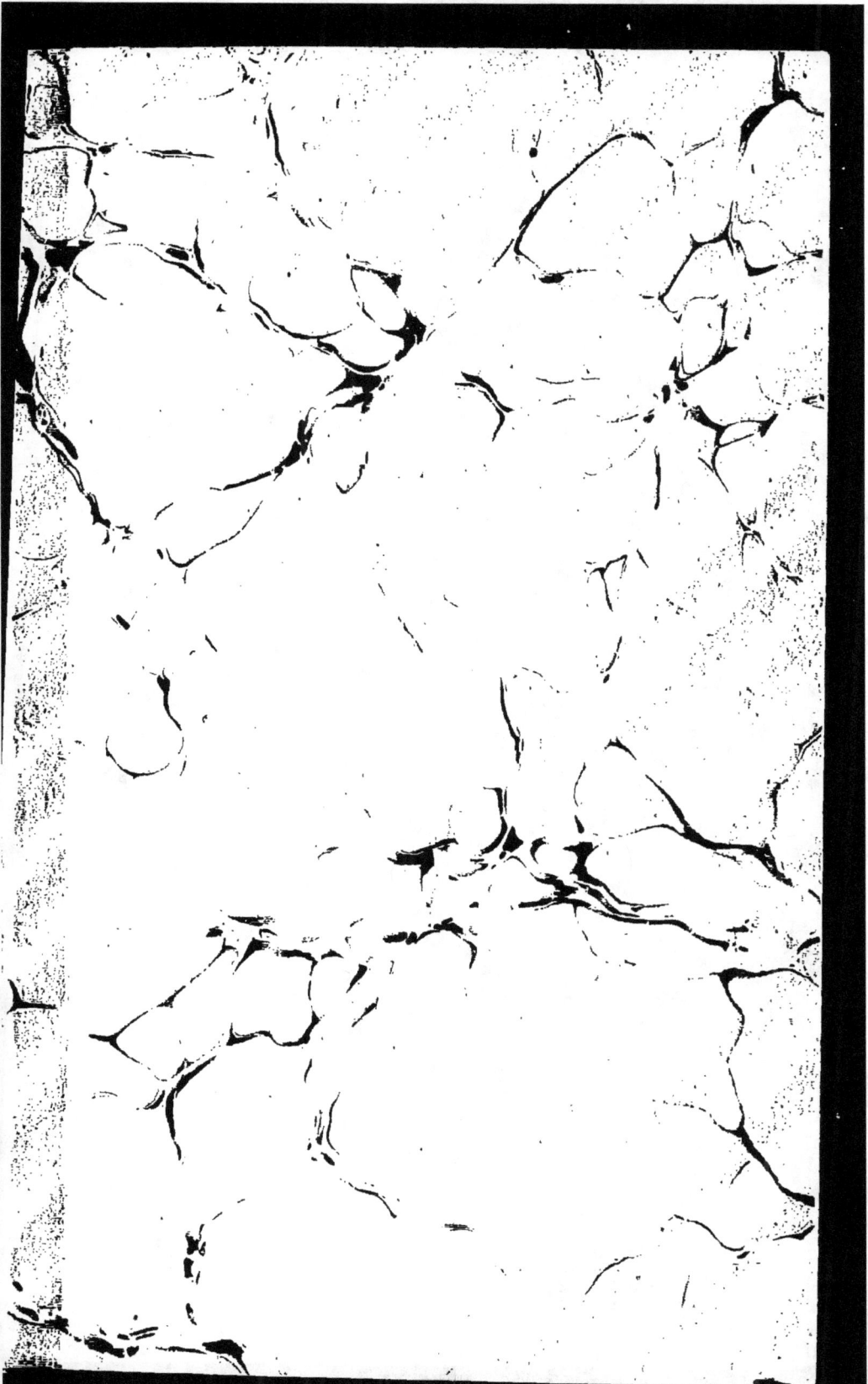

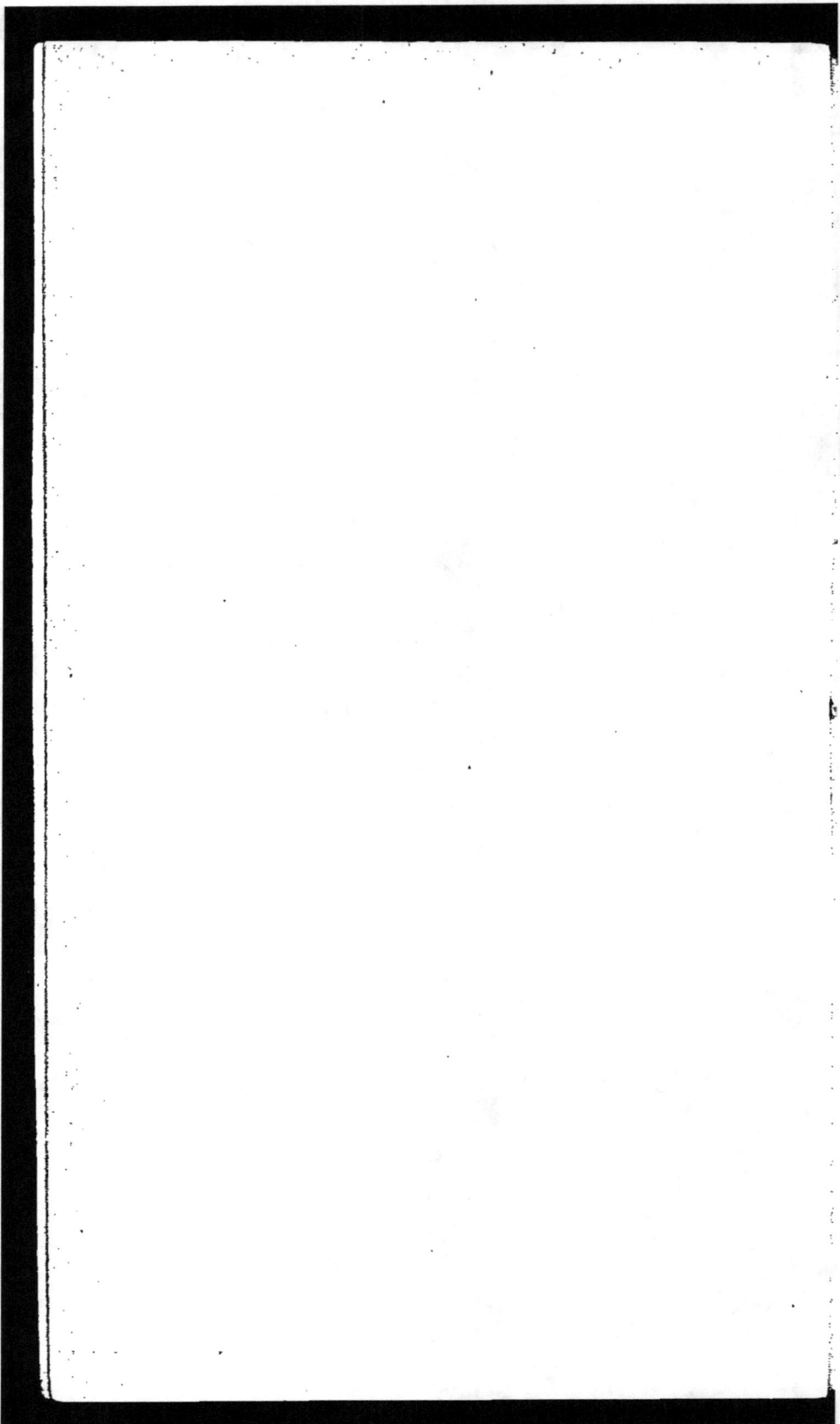

BIBLIOGRAPHIE

CÉRAMIQUE

OUVRAGES DU MÊME AUTEUR

HISTOIRE DES FAIENCES PATRIOTIQUES SOUS LA RÉVO-
LUTION, 3e édition avec gravures et marques nouvelles, Paris,
Dentu, 1876. 1 vol. in-18.

LE VIOLON DE FAIENCE. Eaux-fortes de J. Adeline. Dessins en
couleur par Émile Renard, de la Manufacture de Sèvres. Paris,
Dentu, 1877. 1 vol. in-8.

BIBLIOGRAPHIE
CÉRAMIQUE

NOMENCLATURE ANALYTIQUE
DE TOUTES LES PUBLICATIONS FAITES EN EUROPE
ET EN ORIENT
SUR LES ARTS ET L'INDUSTRIE CÉRAMIQUES
DEPUIS LE XVI⁰ SIÈCLE JUSQU'A NOS JOURS

PAR

CHAMPFLEURY

Conservateur du Musée de Sèvres.

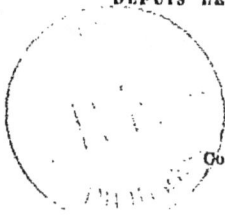

———◆———

9636

PARIS

A. QUANTIN, IMPRIMEUR-ÉDITEUR

7, RUE SAINT-BENOIT

1881

A

M. HENRI WADDINGTON

DE L'INSTITUT

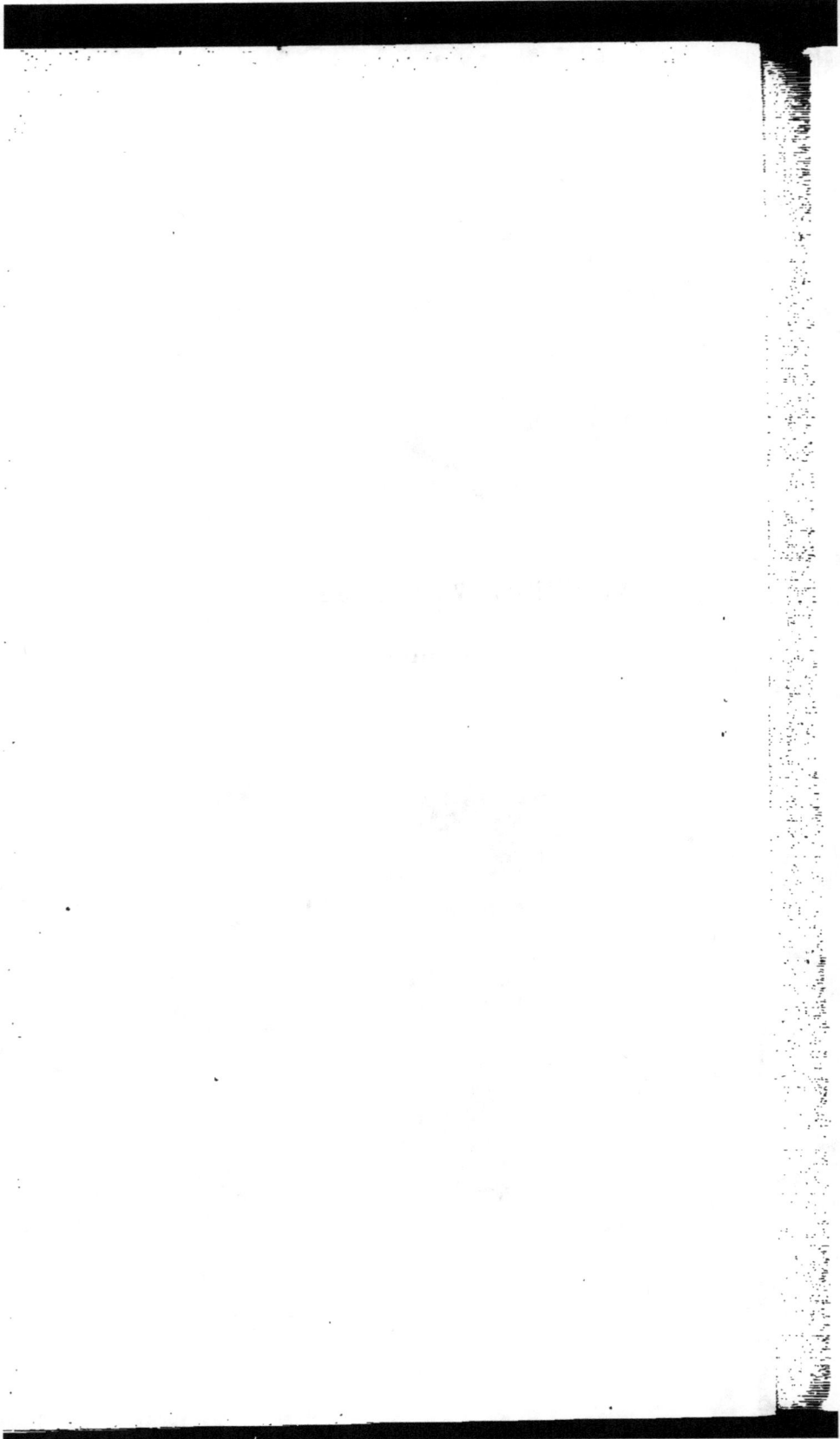

PRÉFACE

I

L'histoire des arts céramiques est pour ainsi dire toute moderne, car c'est un fait isolé que les écrits de Bernard Palissy au xvɪᵉ siècle.

Au xvɪɪᵉ siècle, rien que des édits de prohibition à propos des fabriques privilégiées.

Au xvɪɪɪᵉ siècle, c'est seulement lors de la publication de l'*Encyclopédie* que des aperçus sur la fabrication de la poterie, de la faïence, de la porcelaine, devaient trouver place forcément dans cette étude de toutes les industries; à partir de là, on commença à publier quelques traités techniques relatifs à la poterie; mais il était réservé au xɪxᵉ siècle, vers 1850, d'entrer de plain-pied dans cet art, d'y pousser, d'en donner l'historique, d'étudier en même temps les grands centres comme leurs plus petits réseaux et d'en faire pressentir la renaissance.

a

C'est à l'emmagasinement de ces recherches qu'est dû l'ouvrage actuel.

Appelé à un poste qui m'entraînait fréquemment à des recherches immédiates, ne me contentant pas de donner des réponses vagues à ceux qui voulaient bien me consulter, voyant chaque année grossir le flot des publications sur cette matière spéciale, j'ai cru qu'une bibliographie était appelée à rendre de certains services.

En disant par quels moyens mes recherches ont abouti à des renseignements nouveaux, intéressant l'histoire des arts céramiques, j'expliquerai la méthode qui m'a guidé.

II

Elle n'est que superficielle l'aridité des travaux bibliographiques ; leurs auteurs non seulement trouvent de l'intérêt à cet enregistrement de l'état civil d'ouvrages dont les pères sont parfois inconnus, mais l'application que réclame une besogne si minutieuse est oubliée et rend la tâche passionnante quand, pénétrant au cœur d'un ouvrage, le bibliographe ne se contente pas d'inscrire, comme un greffier, le titre, le nom de l'auteur, la date de la publication et son format. S'élevant d'un cran, le bibliographe fait parfois de menues découvertes qui le payent de son application.

À l'appui je citerai deux faits qui peuvent mettre sur la piste de nouveaux documents, car une bibliographie qui ne serait pas une pépinière de renseignements n'aurait pas de raison d'être.

Aucun dictionnaire bibliographique, à ma connaissance, ne mentionne le titre d'un Mémoire justificatif
de *Joseph Hannong l'aîné*, le célèbre fabricant de faïences
de Strasbourg et d'Haguenau. Il avait à se plaindre
des « vexations » du cardinal de Rohan; il le fit par
voie d'imprimé. On a par son cahier de doléances un
aperçu de la protection ou des restrictions des rois et
des princes vis-à-vis de l'industrie manufacturière de
leur époque. Le développement donné à son établissement par Joseph Hannong, l'embarras de ses affaires,
la chasse et la pourchasse des créanciers, assignent au
fabricant une place dans le martyrologe des industriels
trop entreprenants qui ne comptent pas avec l'argent,
le plus impitoyable des bourreaux. Ce mémoire, imprimé en 1781, à Dourlach en Allemagne et répandu
en France, fut sans doute saisi et détruit comme inju-
rieux pour les hauts personnages qu'il mettait en jeu.
Il est d'une extrême rareté. Les auteurs de monographies sur les manufactures provinciales ne citent
même pas son titre; ils n'eussent pas manqué d'ana-
lyser un document qui éclaire si vivement la vie tour-
mentée du plus important fabricant de ces contrées.

Ce mémoire, qui fait partie du fonds de la bibliothèque de l'Arsenal, apparaît donc, pour la première
fois, dans une bibliographie spéciale et sera néces-
sairement consulté par les biographes.

Un autre inventeur, sur lequel les traités de céramique se taisent également, est *Léonard Racle*, de Dijon;
heureusement, Voltaire le venge par avance de l'indif-
férence des céramographes.

Architecte et ingénieur, Racle avait établi à Versoix, dans le Jura, une manufacture de faïence qu'il
transféra plus tard à Pont-de-Vaux. « M. Racle, écrivait
à cette occasion Voltaire, se tire d'affaire avec son

génie, indépendamment des rois et des princes. Il fait
des chefs-d'œuvre en grands ouvrages de faïence, il les
vend à des gens qui payent. »

C'est en lisant ces lignes qu'un bibliographe est
tenté d'abandonner ses minutieux contrôles pour cou-
rir immédiatement à la recherche de ces *chefs-d'œuvre
en grands ouvrages de faïence*, si bien payés par les gens
riches de l'époque. Que pouvaient être de tels *chefs-
d'œuvre de grande dimension?* Pour quelle raison ont-ils
été oubliés, méconnus par les historiens de la céramique? Et comme un érudit a besoin d'être attaché à
ses travaux par une longe solide pour ne pas s'échapper, visiter Versoix, Pont-de-Vaux, Dijon, Ferney, avec
l'espoir de rapporter des gerbées de documents !

Indépendamment de ces « chefs-d'œuvre », Léonard
Racle paya amplement à Voltaire la part que celui-ci
lui avait consacrée dans sa *Correspondance*. L'ingénieux
architecte avait inventé une composition en terre
propre à revêtir les murailles et les parquets, que
Voltaire désigne sous le nom *d'argile-marbre;* cette
argile fut plus tard employée à Ferney pour la construction du sarcophage où était conservé le cœur du
philosophe.

N'y a-t-il pas dans ces menues indications de quoi
enflammer le zèle des membres des sociétés savantes
de la Bourgogne? Tout est à trouver sur les travaux
céramiques de Léonard Racle, malgré l'essai biographique que lui a consacré son compatriote Amanton.

Je m'en tiens à ces deux exemples; ils montrent
le but que j'ai poursuivi dans cet ouvrage, les horizons
qu'il ouvre à l'érudit, au biographe, à tous ceux qu'intéresse l'historique de l'art de terre.

III

De longues et patientes recherches ont été faites pour rendre aussi complet que possible l'enregistrement des publications sur la même matière éditées à l'étranger. Si l'on excepte l'*Universal Catalogue of books on art*, publié par les soins du comité de patronage de South Kensington [1], il n'existe pas en Europe de livres présentant méthodiquement tout ce qui est relatif aux publications d'art; mais une bibliographie traitant de matières spéciales doit être plus complète qu'une bibliographie générale; aussi ai-je apporté tous mes soins à mentionner un certain nombre de publications qui, pour diverses causes, n'avaient trouvé place ni dans *la France littéraire* de Quérard, ni dans la *Bibliographie de la France*, ni dans l'*Universal Catalogue of books on art*.

Le trop grand amas de publications françaises à de certaines époques empêchait le rédacteur de la *Bibliographie de la France* d'enregistrer des brochures, des mémoires, des notices de quelques pages; il choisissait arbitrairement, le plus souvent d'après le titre, ceux des travaux qui lui paraissaient de nature à intéresser les éditeurs et les érudits : d'où plus d'une lacune dans cette nomenclature des lettres, des sciences et des arts pour ceux qui ont constaté que tel fascicule d'une feuille renferme parfois plus d'idées

1. Londres, Chapman, 1870. 2 vol. petit in-4°.

et de documents qu'un gros volume ; je pourrais signaler une soixantaine d'utiles brochures qui, par la médiocre importance que leur accordaient les auteurs de bibliographies, manquent à leurs dictionnaires et sont signalées ici pour la première fois.

Si, d'un autre côté, je me reporte à l'ouvrage le plus complet jusqu'à présent, l'*Universal Catalogue of books on art*, et que je le soumette à un contrôle rigoureux, rien qu'en ce qui touche l'Italie moderne je trouve qu'avant 1870, date de la publication de ce dictionnaire, une vingtaine d'études sur la céramique n'ont pas été relevées par l'auteur anglais : on n'y trouve ni les noms ni les travaux d'Eugenio Alberi, de Giambatista Baseggio, de Lorenzo Bellini, d'Alessandro Biancoli, de Giuseppe Boschini, de Geremia Delsette, d'Alessandro Foresi, d'Amedeo Gioanetti, de Giuseppe Hilbrat, de Magalotti, de Giuseppe Novi, de Batista Pericoli, de Ranghiasci Brancaleoni, de Concezio Rosa, de Gaetano Rosina, de Gabrielle de Simone, etc.

Mais moi-même j'eusse été exposé à de pareilles lacunes si je n'avais obtenu de M. Eugène Piot l'autorisation de faire des recherches dans sa riche bibliothèque. Pendant ses nombreux séjours en Italie, le savant collectionneur recueillit sur place un certain nombre de notices qui, écrites spécialement *per nozze* (pour les noces), et tirées à un nombre restreint, restent entre les mains des parents, des amis de l'auteur et sont plus tard presque impossibles à se procurer.

On a beaucoup vanté la patience des Allemands, leur esprit méthodique, l'exactitude de leurs informations en matière bibliographique ; c'est ainsi que j'ai cru jadis à l'importance de l'ouvrage d'Œttinger, *Bibliographie biographique universelle*, dont le soustitre développe la pensée qui a guidé l'auteur :

Dictionnaire des ouvrages relatifs à l'histoire de la vie pu-blique et privée des personnages célèbres de tous les temps et de toutes les nations[1]. Craignant que quelques études sur Palissy n'eussent échappé à mes recherches, je con-sultai OEttinger au mot *Palissy*. Son nom n'est pas même inscrit! Une trentaine de biographies, de notices, ont été publiées en France et à l'étranger sur la vie et les travaux du célèbre potier; l'Allemand n'a pas jugé à propos de les enregistrer dans sa *Bibliographie biogra-phique*, jugeant sans doute que Bernard Palissy était peu digne de figurer dans les rangs des « personnages célèbres de toutes les nations ».

Son dictionnaire, M. OEttinger l'appelle pourtant « *un glorieux fait d'étude et de persévérance allemande.* » Il parle de son « *inébranlable assiduité* », de son « *courage* », même de son « *intrépidité* »; il déclare que pour « em-brasser un projet d'une telle étendue », pour accomplir une tâche aussi colossale, « *trente vies d'homme bien rem-plies suffiraient à peine* »!!!

La vérité est que M. OEttinger a élevé dans son dictionnaire un Panthéon aux absents. J'y cherche trace de trois hommes considérables par leurs recherches : Bernard Palissy, Bœttger, Josiah Wedgwood, et je vois trois niches vides. Si c'est à ce titre que le bibliographe allemand se décerne les épithètes de « studieux, per-sévérant, assidu, intrépide », on peut mettre en regard dans la balance la légèreté française représentée par les travaux des Brunet et des Quérard.

---

1. Paris, Lacroix, 1866. 2 vol. grand in-8°. La première édition avait paru en 1802 à Leipzig.

IV

Une bibliographie des ouvrages ayant trait aux arts céramiques nécessite un classement différent de celui des ouvrages relatifs aux lettres ; aussi, tout en appréciant la méthode des grandes bibliographies générales, ne m'en suis-je que peu préoccupé, commandé par la mise en ordre de traités spéciaux dont nul essai de classement n'avait été tenté jusqu'ici.

Tout d'abord deux divisions s'imposèrent, la technique et l'esthétique, qui ne peuvent marcher l'une sans l'autre, et qui cependant diffèrent essentiellement par les résultats qu'en attend l'industrie ou l'art.

A prendre pour exemple les ouvrages traitant des argiles, des tuiles, des briques de construction et des poteries grossières, pouvaient-ils faire partie de la classe des publications relatives aux majoliques, aux œuvres des Palissy, des Della Robbia, des ateliers des Médicis ou de la fabrique d'Oiron ?

Si le trait d'union de la cuisson rapproche les produits industriels des pièces artistiques, ce trait d'union ne commande pas moins le classement à part des Traités, Manuels, Précis, sous peine de leur faire faire pauvre figure en regard des histoires célébrant les splendeurs des arts céramiques. Le musée du Conservatoire des arts et métiers, annexé aux collections du Louvre, paraîtrait forcément aride et pauvre.

Il est rare qu'une table de matières de grandes publications périodiques réponde absolument aux besoins immédiats des érudits. A suivre le système

alphabétique le plus généralement usité, le nom de
l'auteur d'un livre ne donne pas la clef des matières
contenues dans son ouvrage; par contre, le classement
par ordre de matières ne fait pas connaître le nom de
l'auteur. Aussi ai-je jugé utile, pour faciliter les recherches, de dresser un classement en partie double :
le premier par noms d'auteurs de toutes les publications françaises et étrangères sur l'art céramique;
le second, également alphabétique, par noms d'auteurs, en faisant rentrer chaque publication dans des
séries spéciales.

Ce n'est pas à dire que certains ouvrages ainsi
enregistrés ne forcent parfois le cadre. Il est peu
d'écrivains, même ceux voués aux monographies, qui
n'aient formulé quelques vues d'ensemble ; toute biographie pourrait également être détachée de sa série
et prendre un autre rang chronologique, historique
ou géographique.

Plus d'un point douteux se présenta, semblable à
celui qui dut préoccuper Brongniart lorsqu'il entreprit
le classement scientifique du Musée céramique de la
Manufacture de Sèvres. J'ai dû passer outre, aucun
système ne me paraissant remédier à ces difficultés
d'enregistrement.

Le chercheur trouvera toutefois dans cette bibliographie, grâce au double système employé, les matériaux que l'érudition moderne a rendus si nombreux.

J'ai cru pouvoir enfreindre les lois qui régissent la
bibliographie, en faisant entrer dans ce travail certains ouvrages contenant d'utiles renseignements pour
l'étude des arts céramiques. Des notes destinées aux
érudits qui s'occupent de l'histoire de l'art de terre
doivent en outre faciliter leurs recherches; c'est ce qui
m'a conduit insensiblement à abandonner mon projet

de bibliographie sèche pour adjoindre aux principales publications quelques observations.

N'était-il pas délicat de juger brièvement des publications considérables ou de prendre parti pour ou contre d'autres qui avaient déjà donné lieu à d'ardentes polémiques? Elles sont si nouvelles les recherches sur les diverses formes de l'art de terre, tant d'enregistrements de documents sont venus surprendre les érudits en cette matière, les détails sont si considérables qu'ils entraînaient forcément des erreurs de lieux, de dates, d'attributions qui seront rectifiées avec le temps.

Un seul écrivain a rendu ma tâche difficile. Ayant attaqué d'un ton acerbe la plupart de ceux qu'il mettait à contribution, il devait s'attendre à de légitimes représailles ; aussi était-ce surtout avec M. Demmin qu'il convenait de faire appel à la plus large impartialité. Étranger et cordialement accueilli de tous en France, il a dans ses livres systématiquement rabaissé la nation qui lui donnait l'hospitalité ; après avoir fait appel aux lumières des savants et des chercheurs, il a essayé d'entamer la réputation de ceux qui avaient mis leurs connaissances à son service. Connaissant plus qu'imparfaitement la langue française, M. Demmin l'a malmenée avec brutalité dans ses écrits ; plus ignorant encore des termes scientifiques, il parle technique, chimie, fabrication, comme s'il jetait en l'air tous les mots du dictionnaire pour les rattraper au vol.

Loin de chercher à faire oublier son manque de méthode, son ignorance par la modestie, M. Demmin s'est montré arrogant, se donnant comme possédant à lui seul la connaissance de la céramique industrielle et artistique. Et cependant, malgré de

nombreuses bévues, les livres de M. Demmin auront
offert peut-être quelque utilité à ceux qui, posant un
pas prudent au seuil de toute science, réfléchissent,
contrôlent et rectifient. Pour le gros des lecteurs qui
croient à toute affirmation d'un auteur, une cacologie
aussi considérable que le *Guide* de M. Demmin eût été
nécessaire [1].

Je ne suis pas de ceux qui opposent les nationalités
les unes aux autres dans les questions d'art ou de
science, et la défaite en 1871 de la France par l'Allemagne ne me fera pas rabaisser d'un cran la statue de
Gœthe ; mais le confusionisme germain des petits esprits
se montre aussi clairement que de l'huile dans du
vinaigre quand il prétend se mêler à la clarté française, et il n'apparaît que plus lourd alors que des Demmin le font servir à leurs jalouses polémiques.

Les véritables érudits n'ont pas la même morgue ;
la science qu'ils ont pu acquérir, ils se la commu-
niquent comme les pierres que se passent les maçons
pour élever un monument. La Bibliographie céramique, que j'entreprenais depuis longtemps, me mit
en relations avec un certain nombre d'archéologues
qui, sachant la difficulté d'une entreprise qui n'avait
pu aboutir jusqu'alors [2], s'empressèrent de m'aider
dans ma tâche.

1. Les erreurs de M. Demmin ont été relevées dans les Revues
par M. Alfred Darcel et d'autres écrivains ; l'auteur du *Guide de l'amateur de faïences* y a répondu, et c'est par une omission involontaire,
que je m'empresse de réparer, que sa brochure de combat n'a pas
été mentionnée dans cette Bibliographie : « Les pseudo-critiques de
la *Gazette des Beaux-Arts* », par A. Demmin. Paris, Renouard,
1864. In-8.
2. La bibliographie céramique tenta quelques écrivains au cours
de leurs travaux ; ils se rendaient compte par leurs recherches com-

En première ligne, je dois citer M. A.-W. Franks,
un des principaux conservateurs du British Museum;
avec l'obligeance particulière aux savants, il me fournit un certain nombre de notes en ce qui touche la
bibliographie céramique anglaise, et sollicita en outre
divers collectionneurs de Londres, auteurs de somp-
tueuses publications sur leurs richesses céramiques,
pour en faire don à la bibliothèque du Musée de
Sèvres. M. Frédéric Fétis, de Bruxelles, un légiste
dont les loisirs sont employés à rechercher les origines des arts céramiques en Flandre, agit avec autant de libéralité et de bonne confraternité : en même
temps qu'il m'envoyait d'utiles indications pour la
Bibliographie en préparation, il m'aidait à rendre la
Bibliothèque de la Manufacture un des dépôts européens les plus complets en ouvrages sur l'art de terre.

MM. A. Thibaudeau, Charles Davillier, Schawb,
de la Bibliothèque nationale, Lorédan Larchey, de la
bibliothèque de l'Arsenal, ont contribué également
à rendre mon travail aussi complet que possible;
mais je dois des remerciements particuliers aux nombreux membres de Sociétés savantes de province qui

bien elles étaient difficiles, le nombre des publications sur les arts
céramiques étant très restreint il y a vingt ans et la plupart des
monographies imprimées en province et à l'étranger n'entrant pas
dans le courant de la librairie. Ce fut ainsi que M. Demmin, dans
la troisième édition de son *Guide de l'amateur des faïences* (1867),
le journal le *Moniteur céramique*, en 1869, M. Smith Soden dans
A list of works on pottery and porcelain, etc., publiée à Londres
en 1875, M. G.-W. Nichols dans *Pottery how it is made*, édité à
New-York en 1878, ajoutèrent à leurs ouvrages les titres de quelques
livres spéciaux, mais qui ne pouvaient représenter une Bibliographie
céramique proprement dite. L'ensemble des indications de chacun de
ces auteurs ne comporte pas plus de 150 numéros, auxquels sont
mêlés des ouvrages sur la céramique antique.

ont apporté un appoint précieux aux richesses de la Bibliothèque de la Manufacture en m'envoyant, sur les nombreux ateliers de céramique sillonnant l'ancienne France [1], des Mémoires tirés à petit nombre et non mis dans le commerce.

V

On a sans doute remarqué, il suffit de lire le sous-titre de l'ouvrage, que j'ai systématiquement laissé de côté les mémoires touchant la céramique préhistorique, la céramique grecque, romaine et gallo-romaine. Je me suis gardé de mettre le pied sur ce vaste terrain, quoique des enseignements de diverse nature pussent en être tirés ; mais en même temps que l'archéologie y dominait, le champ prenait trop d'extension et dépassait les forces d'un travailleur.

Une bibliographie de la céramique préhistorique et gallo-romaine ne peut guère être tentée que par les conservateurs du Musée de Saint-Germain ; l'enregistrement et l'analyse sommaire des nombreux Mémoires publiés par les sociétés scientifiques de l'Italie, de l'Allemagne et de la France sur la céramique grecque et romaine appellent forcément l'attention des conservateurs des musées du Louvre.

1. La Bibliothèque du Musée de Sèvres fournit ainsi un grand nombre de matériaux pour l'étude des plus importants comme des plus humbles centres de production; une source de documents est à la disposition de ceux qu'intéresse l'histoire des arts céramiques, histoire qui se poursuit, se coordonne et offrira d'ici à quelques années tous les éléments nécessaires pour un groupement complet de tout ce qui concerne l'art de terre.

Sans doute il eût été utile de réunir en un seul
corps d'ouvrage tout ce qui a trait à l'historique de
l'art de terre depuis les temps les plus anciens jusqu'à
nos jours. Suivant l'accueil que fera le public à la publication actuelle, j'ai la promesse d'hommes dévoués à la
science de la compléter dans une édition postérieure.
La tenter actuellement n'était pas possible. Attelé neuf
ans à ce travail, c'était beaucoup pour un écrivain qui
a d'autres attelages à conduire.

J'ai songé aux érudits qui entassent notes sur notes,
renseignements sur renseignements, les jettent dans
le tonneau des Danaïdes de la science et meurent sans
jamais arriver à le remplir, et je me suis gardé de les
imiter.

Il fallait un arrêt. La fin de 1880 m'a paru répondre
à ce que l'érudition moderne est en droit de demander
à un semblable ouvrage. On y constatera évidemment
des omissions ; c'est la misère attachée aux travaux de
cette nature. Malgré le concours plein de zèle qu'a bien
voulu me prêter pour la revision et la traduction des
textes étrangers M. Auscher, ingénieur attaché au service de la fabrication de la Manufacture de Sèvres, des
fautes de détail ont pu être commises ; j'espère que tous
ceux qui s'intéressent à l'histoire des arts céramiques
voudront bien me les signaler. Le sujet est minutieux ;
il a son importance, et je ne crois pouvoir mieux con-
clure qu'en citant l'appréciation suivante de M. Pottier,
un des premiers qui, dans ce siècle, aient compris
l'importance des arts céramiques.

Analysant dans une brochure les procédés de fabrication des anciennes poteries normandes. l'archéologue concluait ainsi : « Pour conserver à ce but phi-
losophique qui seul peut mériter l'attention des gens
sérieux, la recherche à laquelle nous nous livrons

doit avoir pour objet principal de constater, pour chaque époque, le point d'arrivée d'une industrie déterminée, afin d'en tirer les arguments pour fixer la marche ascendante ou rétrograde de la civilisation. »

CHAMPFLEURY.

Sèvres, 1872-1881.

PREMIÈRE PARTIE

La première partie de cet ouvrage est destinée à montrer l'ensemble des études sur l'histoire des arts céramiques, par les écrivains européens du XVIᵉ au XIXᵉ siècle.

On se trouve en face d'un groupe considérable de documents relatifs à l'art de terre, depuis l'argile jusqu'à sa cuisson et son application usuelle ou décorative, à commencer par la vaisselle sommaire servant à conserver la nourriture de l'homme primitif, jusqu'aux vases qui ornent les palais, depuis l'humble brique de toiture jusqu'aux pavages historiés des cathédrales. C'est dire que dans cette première partie l'industrie, se mêlant à l'art, a son histoire aussi marquée que celle relative aux délicatesses émaillées des tombeaux de l'Asie Mineure. Tout ce qui a été écrit pour l'éclaircissement des grands et des petits centres de fabrication céramique, l'art du constructeur de poêles et celui du porcelainier sont côte à côte, suivant le nom des auteurs; de même, un illustre artiste, du renom de Luca della Robbia, peut se trouver voisin d'un industriel fabricant de conduits de grès pour l'écoulement des eaux des villes. Les dictionnaires, où se trouve le mot noble consacré par les Académies en regard du mot trivial fabriqué par le peuple, n'offrent-ils pas la même apparente confusion ?

Le chercheur pourrait au besoin se passer de cette première partie et s'en tenir à la seconde, classée méthodiquement ; mais n'était-il pas important de montrer ce grand mouvement de l'étude des arts céramiques par des archéologues, des esthéticiens, des chimistes, des techniciens préoccupés de l'emploi de l'argile cuite par le feu, glacée ou vernissée, lustrée ou émaillée, protégeant la bâtisse à l'extérieur et l'ornant à l'intérieur ?

L'enregistrement des études sur ce que l'homme a tenté en ce sens depuis l'origine de la civilisation offrirait un ensemble bien plus considérable encore s'il avait été possible d'adjoindre au présent travail les nombreux écrits archéologiques relatifs à l'histoire des arts céramiques dans l'antiquité. J'ai dit plus haut pourquoi cette adjonction ne m'était pas possible actuellement ; il a fallu s'en tenir à grouper l'ensemble actuel, qui témoigne de l'ardeur des recherches des érudits modernes et ne paraît pas près de s'arrêter.

Pour ceux que n'éclairerait pas le système alphabétique par noms d'auteurs, employé dans cette première division, le bibliographe renverra à la seconde partie qui, n'ayant été classée dans tous ses détails qu'après de nombreuses modifications, doit donner satisfaction à ceux qui poursuivront de plus près encore et dans ses nombreux détails l'étude de l'histoire des arts céramiques.

BIBLIOGRAPHIE CÉRAMIQUE[1]

A

Aikin (A.). — On pottery. 1829. In-8.

Alabaster (C.). — Catalogue of chinese. In-8.

Alberi (L.). — Una visita alla manifattura di Doccia. *Florence*, 1840. In-8.

Alcok (R.). — Art and art industries in Japon. 1878. In-8.

Allard (Louis). — Bernard Palissy, drame en 5 actes. *Paris*, 1865. In-18.

Alluaud aîné. — Rapport sur les grès mollasses ou granits arénacés. *Limoges*, Chapoulaud, 1832. In-8.

1. Les titres des ouvrages de cette première partie ont dû être abrégés; ils sont donnés *in extenso*, bibliographiquement et avec la traduction pour les livres étrangers, dans la seconde partie.

[**Alluaud aîné**]. — Lettre des fabricants de porcelaine de Limoges. *Limoges*, Chapoulaud, 1836. In-8.

Alluaud aîné. — Historique et statistique de la porcelaine du Limousin. *Limoges*, 1837. In-8.

Almström (R.). — Lervarorna och deras till verkning. *Stockholm*, 1876. In-8.

Amand (Ch.). — Notice du four continu pour cuire les ciments. *Paris*, Bernard, 1879. In-8, pl.

Amanton (N.-N.). — Notice sur Léonard Racle. *Dijon*, Frantin, 1810. In-8.

Amanton (N.-N.). (Voir CHARDON DE LA ROCHETTE.) — Notice sur Léonard Racle.

Amé (Émile). — Les carrelages émaillés du moyen âge. *Paris*, Morel, 1859. In-4.

Amiot (le R. P.). — Histoire, origine et fabrication de la porcelaine en Chine. Manuscrit du XVIII° siècle. In-4 avec album.

André. — Catalogue du musée de Rennes. *Rennes*, impr. Catel, 1868. In-8.

André. — Notice biographique sur le docteur Aussant. *Rennes*, Catel, 1873. In-8.

Arclais de Montamy (d'). — Traité des couleurs pour la peinture en émail et sur porcelaine. *Paris*, Cavelier, 1765. In-12.

Armailhac (L. d'). — Rapport sur l'exposition céramique de Saintes en 1868. *Saintes*, 1870. In-8.

Armaillé (comte d'). (Voir MARRYAT.) — Histoire des poteries, faïences, porcelaines, etc.

Arnauld (E.). — Rapport sur la céramique. *Paris*, impr. nationale, 1877. Grand in-8.

Arnoux (Léon). — Lectures on the results of the great exhibition of 1851. (Ceramic Manufactures.)

Arnoux (L.). — Lectures on the Ceramic. *Londres*, 1852.

Arnoux (Léon). — Paris universal exhibition. Report on ceramic, etc. *Londres*, Eyre, 1857. In-8.

Arnoux (Léon). — Report on pottery. Exposition universelle de Paris, 1867. In-8.

Arnoux (Léon). — London International exhibition 1871. Official reports on the various sections of the exhibition. *Londres*, Johnson. In-4.

Arnoux (Léon). — British manufacturing industries pottery. In-16. *Londres*, 1876.

Arnoux. (Voir Fouque.) — Terres cuites et biscuits modernes.

Assegond (Alphonse). — Notice sur une assiette en faïence de Rouen. *Bernay*, impr. Lefèvre, 1877. In-8.

Asselineau. — Céramique du moyen âge et de la Renaissance, pl. lith. *Paris*, Lévy, 1876. Grand in-4.

Aubry (M^c), avocat. — Nouvelle requeste de la veuve Chicaneau. Pet. in-4.

Aubry (M^r), avocat. — Requeste au roy sur les secrets de la porcelaine. Pet. in-4.

Audiat (Louis). — Les oubliés : Bernard Palissy. *Saintes*, Fontanier, 1864. In-12.

Audiat (Louis). — Bernard Palissy. Sa vie et ses travaux. *Paris*, Didier, 1868. In-12.

Audiat (Louis). — Palissy. Réponse à M. Ath. Coquerel fils. *Paris*, Douniol, 1869. In-8.

Audsley (Ashdown George). — Catalogue of the oriental exhibition of the Liverpool art club. *Liverpool*, 1872. In-8.

Audsley (G.-A.) and Bowes. — Keramic art of Japon. *Liverpool*, 1875. In-folio.

Audsley (G.-A.). — Catalogue. Blue and white sale. *Liverpool*, 1878. In-8.

Audsley (G.-A.). — La céramique japonaise. *Paris*, Didot, 1877-1880. Grand in-4.

Auguin (A.). — Exposition rétrospective de Nancy. *Nancy*, impr. Crépin-Leblond, 1875. In-8.

Aussant (J.). — Fabrique de poteries artistiques à Fontenay. *Rennes*, impr. Catel, 1870. In-8.

Aussant. (Voir ANDRÉ.) — Notice biographique.

Avisse (Paul) et Renard. — L'art céramique au XIXᵉ siècle, recueil de compositions nouvelles, gravées et coloriées. *Paris*, Lévy, 1876. In-folio.

Azam (Dᵣ). — Les anciennes faïences de Bordeaux. *Bordeaux*, Féret, 1880. In-8.

B

Bachelier (J.-J.) — Mémoire historique de l'origine et des progrès de la manufacture de porcelaine de France. *Paris*, impr. Delance. In-12 [1790].

Bachelier. — Mémoire sur la manufacture nationale de porcelaine de France. *Paris*, Raphaël Simon, 1878. In-18.

Barbet de Jouy (Henry). — Les della Robbia et leurs travaux. *Paris*, Renouard, 1855. In-12.

Barluet. (Voir D'ESCAMPS [Henry]). — Notice sur les manufactures de faïence de Creil et de Montereau. *Paris*, 1878. In-4.

Barnabei (F.). — Delle maioliche di Castelli... *Florence*, 1876. In-8. — Extrait de Revue.

Barral. — Mémoire sur les faïences pour poêles. *Paris*, impr. Ducessois. In-4.

Barry (C.). — On terra cotta, especially as used in new buildings in Dulwich College, 1868. — Extrait de Revue.

Barth (C.). — Porzellan-Marken und Monogramme, en allemand et en anglais. *Stuttgart*. Pl.

Barthélemy (Anatole de). — Carreaux émaillés du xvie siècle, etc. *Paris*, Leroux, 1876. Grand in-8, pl.

Barthélemy (Édouard de). — Notice sur quelques carrelages historiés. *Paris,* Derache, 1852. In-8.

Barthélemy (Édouard de). — Carrelages émaillés de la Champagne, etc. *Arras,* impr. Laroche, 1878. In-8, pl.

Baseggio (G.). — Comentario delle fabricassioni di stoviglie presso Bassano. *Bassano,* typ. Baseggio, 1861. In-8.

Basilewsky. (Voir Darcel.) — Collection Basilewsky.

Bastenaire-Daudenart. — L'Art de fabriquer la porcelaine. *Paris,* Malher, 1827. 2 vol. in-12.

Bastenaire-Daudenart. — L'Art de fabriquer la faïence recouverte d'un émail opaque. *Paris,* Malher, 1828. In-12, pl.

Bastenaire-Daudenart. — L'Art de fabriquer la faïence blanche recouverte d'un émail transparent. *Paris,* Anselin, 1830. In-8, pl.

Bastenaire-Daudenart. — Die Kunst weiss Steingut m. durchsichtiger Glasur nach Art der Franz... Engl. anzufertigen. A. dem Franz. v. G. Frick. *Weimar,* 1832. In-8, pl.

Bastenaire-Daudenart. — Die Kunst alle Arten ordin. Töpferwaaren, sowie Ofentaf... anzufertigen. A. d. Franz. v. H. Schmidt. *Weimar,* 1859, in-8.

Bastenaire-Daudenart. — Die Kunst das echte Porcellan... A. d. Franz. mit Zusätzen vermehrt. *Quedlinburg,* 2 vol.

Baudry. — Collection céramique du Musée des antiquités de Rouen. *Rouen,* 1864, impr. Lapierre. In-8.

[Bayard]. — Tarif du prix des différentes pièces de la manufacture de Bellevue, ban de Toul. In-4.

Beche (sir Henry de la C. B.). — Museum of practical Geology. Catalogue of specimens illustrative of the composition and manufacture of British pottery and porcelain. *Londres*, Eyre, 1855. In-8.

Becker (Léon). — Catalogue d'une collection d'objets d'art céramique, etc. *Paris*, impr. Maulde, 1852. In-8, pl.

Beckwith (Arthur). — Majolica and fayence : Italian, Sicilian, Majorcan, Hispano-Moresque, etc. *New-York*, Appleton, 1877. In-12.

Bellier de la Chavignerie. — Notice sur L.-P. Schilt. *Versailles*, impr. Cerf, 1860. In-8.

Bellini (Dr L.). — La Bucchereide. *Florence*, 1729. In-12.

Bemrose (William). (Voir WALLIS, Alfred.)

Bérat (Eustache). — Rouen, ma ville natale, épître à P. Baudry. *Rouen*, impr. Cagniard, 1867. In-8.

Bergsteen (K.-G.). — Prakt. Anleitung zum Anfertigen d. Drainröhren ohne kostbare Apparate. *Berlin*, 1858. In-8.

Berryer. — Jugement qui condamne le nommé Nouailhier, ouvrier de la manufacture de Vincennes. *Paris*, impr. royale, 1755. In-folio.

Berthevin (N.-P.). — Cahier de diverses formules chimiques concernant la fabrication de la porcelaine. Manuscrit. In-12, vers 1777.

Bertin. — Arrest qui permet de fabriquer des porcelaines. *Paris*, impr. royale, 1766. In-4.

Bertin. — Arrest qui permet de fabriquer des porcelaines. *Paris*, impr. royale, 1773. In-4. Réimpression.

Bertrand (Raymond de). — Les carrelages muraux en faïence. *Dunkerque*, impr. Hubert, 1861. In-8.

Berty (A.). — Topographie de Paris. Région du Louvre et des Tuileries. *Paris*, impr. impériale, 1866-68. 2 vol. in-4.

Beulé. — Les vases chinois et les vases grecs. *Paris*, 1856. In-8.

Beulé. — Causeries sur l'art. *Paris*, Didier, 1867. In-18.

Biancoli (A.). — Arte della maiolica. *Ravenne*, 1875. In-8.

Bilbaut (Théophile). — Vente de sa collection de faïences. *Douai*, impr. Duthilloeul, 1876. In-8. Pl.

Binns (R.-W.). — The origin and early history of the manufacture of porcelain at Worcester. *Worcester*, Deighton, 1862. In-8.

Binns (R.-W.). — A century of pottery in the city of Worcester. *Londres*, Bernard Quatrich, 1865. In-4.

Binns (R.-W.). — The poetry of pottery. Homer's hymn, from Cowper. *Londres*, Gresham, 1878. In-8 carré.

Birch (Samuel). — History of ancient pottery. *Londres*, Murray, 1858. 2 vol. in-8.

Birdwood (D' G.-C.). — Exposition universelle de 1878 à Paris. Manuel de la section des Indes britanniques. *Londres*, Eyre, 1878. In-8.

Biringuccio (V.). — Pirotechnia, etc. *Venise*, 1550. In-4.

Biscarra (C.-F.). — Dell' arte ceramica e di Giuseppe Devers. *Turin*, 1871. In-8.

Blake (William-P.). — International Exhibition. Vienne, 1873. Ceramic art. A report on pottery, porcelain, tiles, terra cotta. *New-York*, Van Nostrand, 1875. In-8.

Blanc (Charles). — Institut de France. — Du décor des vases. Fragments d'un ouvrage sur les arts décoratifs. *Paris*, typ. Firmin Didot, 1873. In-4.

Blanchetière. — Visite à la manufacture de porcelaine de Bayeux. *Caen*, Le Blanc-Hardel, 1877. In-8.

Bohn (H.-G.). — A guide to the knowledge of pottery, porcelain. *Londres*, 1857. In-12.

Bonghi (D.). — Intorno alle Maioliche di Castelli. *Naples*, Nobile, 1856. In-4.

Bonneville, Paul et L. Jaunez. — Les arts et les produits céramiques. *Paris*, Lacroix. In-8.

Bordeaux (Raymond). — Exposition d'objets d'art et de curiosité à Évreux en 1864. *Caen*, impr. Le Blanc-Hardel, 1865. In-8.

Bordeaux (Raymond). — Les brocs à cidre en faïence de Rouen. *Caen*, impr. Le Blanc-Hardel, 1869. In-4.

Bordeaux (Raymond). (Voir POTTIER.) — Histoire de la faïence de Rouen.

Bordeaux (Raymond). (Voir ROBILLARD DE BEAUREPAIRE.) — Ses œuvres et sa correspondance.

Borneman (C.). (Voir DELANGE.) — Recueil de faïences italiennes.

Bosc d'Antic. — Œuvres de M. Bosc d'Antic, contenant plusieurs mémoires sur l'art de la verrerie, de la faïencerie, etc. *Paris,* 1780. 2 vol. in-12, pl.

Boschini (G.). — Sopra due piatti dipinti in maiolica. *Ferrare,* typ. Pomatelli, 1836. Pet. in-4.

Böttger (J.-F.). (Voir ENGELHARDT.) — Erfinder des sachsigen Porcellans. 1837.

Böttger (J.-F.). (Voir JONVEAUX.) — Histoire de trois potiers. 1874.

Botti (Dr G.). — I Boccali di Montelupo, etc. *Florence,* Costi, 1818. Pet. in-18.

Bouilhet (Henri). — La Manufacture de Sèvres et ses produits. *Paris,* impr. Bouchard-Huzard, 1875. In-4.

Bouilhet (Henri). — La Manufacture nationale de Sèvres. *Paris,* impr. Claye, 1875. In-8.

Bouillon-Lagrange. (Voir OPPENHEIM.) — Fabrication de la poterie anglaise moderne.

Boula de Mareuil. — Mémoire pour la Manufacture de porcelaine de France. *Paris,* impr. Chardon, 1776. In-4.

Boulenger (H^r). — Faïencerie de Choisy-le-Roi. *Paris,* impr. Tolmer, 1878. In-8.

Boullemier (F.). — Suite d'ornements, frises, bordures et mosaïques applicables à la porcelaine, *Paris,* Engelmann, 1831. In-4, pl.

Bourgoing (Jules), architecte. — Les arts arabes. Architecture, revêtements, pavements. *Paris,* Morel, 1877.

Bouvier (G.-A.). (Voir Delamardelle.)

Bowes (J.-L.). (Voir Audsley.) — Keramic art of Japon.

Boyer. — Manuel du porcelainier, du faïencier. *Paris*, Roret, 1827. 2 vol. in-12, pl.

Breban (Philibert). — Guide du visiteur à l'exposition historique du Trocadéro. *Paris*, Dentu, 1878. In-18.

Breteuil (baron de). — Arrêt confirmant les privilèges de la Manufacture royale des porcelaines de France. *Paris*, impr. royale, 1784. Affiche in-folio.

Breteuil (baron de). — Arrêt confirmant les privilèges de la Manufacture royale des porcelaines de France. *Paris*, impr. royale, 1784. Pet. in-4.

Breteuil (baron de). — Arrêt concernant la Manufacture royale de porcelaines de France. *Paris*, impr. royale, 1787. Pet. in-4.

Brévière (L.-H.). — Notes sur des porcelaines imprimées au moyen d'une seule planche. *Rouen*, Périaux, 1833. In-8.

Brianchon. — Note sur les briques moulées d'une maison de Saint-Eustache-la-Forêt. *Le Havre*, impr. Lepelletier, 1872. Grand in-8. — Extrait du *Bulletin archéologique de la Société havraise*.

Brianchon. — L'abbé Cochet, sa mort. *Rouen*, impr. Cagniard, 1875. In-8.

Brianchon. — Compte-rendu de la céramique musicale au Trocadéro en 1878, par G. Gouellain. *Bolbec*, impr. Dussaux, 1879. In-8.

Brieux et Salandri. — Bernard Palissy, drame en un acte, en vers. *Paris*, Tresse, 1880. In-18.

Brightwell (C.-L.). — Palissy the huguenot potter.

Brongniart (Alex.). — Argile. Article du *Dictionnaire des sciences naturelles*, 1816. In-8.

Brongniart (Alex.). — Sur la porcelaine. *Paris*, impr. Locquin, 1830. In-8.

Brongniart (Alex.). — Essai sur les arts céramiques. *Paris*, 1830. In-8.

[Brongniart Alex.] — Notice sur la manufacture de Sèvres. *Paris*, impr. Didot, 1830. Pet. in-4.

Brongniart (Alex.). — L'art de la porcelaine et de la faïence fine. [*Weimar*, 1835]. In-12, traduction manuscrite.

Brongniart (Alex.). — Premier mémoire sur les kaolins. *Paris*, Gide, 1839. In-4, pl.

Brongniart (A.) et Malaguti. — Second mémoire sur les kaolins. *Paris*, Gide, 1841. In-4, pl.

Brongniart (Alex.). — Traité des arts céramiques ou des poteries. *Paris*, Béchet, 1844. 2 vol. in-8. Atlas, in-4.

Brongniart (Alex.) et Riocreux. — Description méthodique du musée céramique de Sèvres. *Paris*, Leleux, 1845. In-4, pl.

Brongniart (Alex.). — Traité des arts céramiques ou des poteries, 2e édition. *Paris*, Béchet, 1854. 2 vol. in-8. Atlas in-4.

Brongniart (A.). — Das Koloriren u. Decoriren des ächten

Porzellans. A. dem Franz. v. H. Schmidt. *Weimar*, 1858. In-8.

Brongniart (Alex.). — Handbuch der Porzellanmalerei. *Berlin*, 1861. Grand in-8.

Brongniart (Alex.). — Traité des arts céramiques ou des poteries, 3ᵉ édition. *Paris*, Asselin, 1877. 2 vol. in-8. — Atlas in-4.

Brooks (G.). — The China collectors Assistant. 1860. In-8.

Bucher (Bruno). — Die Faïencen von Oiron (Henri II). *Vienne*, 1878. In-8.

Burty (Philippe). — Chefs-d'œuvre des arts industriels, Céramique. *Paris*, Ducrocq, 1866. Pet. in-4, gr.

Burty (Philippe). — Chefs-d'œuvre of the industrial arts. — Pottery and porcelain. *Londres*, 1869. In-8.

Burty (Ph.). — Conférence à l'Union centrale sur Bernard Palissy. *Paris*, 1875. In-8, fig.

Burty (Ph.). — Exposition des beaux-arts appliqués à l'industrie, 1874. Rapport sur la céramique. *Paris*, impr. Pougin, 1875. In-8.

Bussy (Ch. de). — Exposition de Philadelphie en 1876. Rapport sur la céramique. *Paris*, impr. nationale. Grand in-8.

C

Cadorin (Ludovico). — Studii teorici e pratici di architettura e di ornato per la erezione principalmente in terra cotta adattati ai bisogni del secolo. Texte italien et français. *Paris,* Bancé (actuellement librairie Morel). In-folio. Vers 1830. Pl.

Cahier (le père Ch.). — Suite aux mélanges d'archéologie. 2 vol. grand in-8, pl.

Campana. (Voir JACQUEMART.) — Majoliques de la collection Campana.

Campaner y Fuertes (A.). — Dudas y conjeturas acerca de la antiqua fabricacion mallorquina, etc. *Palma,* 1875, impr. Gelabert. In-4.

Campori (G. marchese). — Notizie della manifattura Estense della majolica, etc. *Modène,* typ. Soliani, 1863. In-4.

Campori (G. marquis). — La Majolique et la Porcelaine de Ferrare. *Paris,* impr. Claye, 1864. In-8.

Campori (G. marchese). — Delle manifatture della maiolica... in Torino, etc. *Modène,* Vincenzi, 1867. In-4.

Campori (G. marchese). — Notizie storiche della maiolica di Ferrara, etc. *Modène,* C. Vincenzi, 1871. In-12.

Campori (G. marchese). — Notizie storiche della maiolica di Ferrara, etc., 3ᵉ édition. *Pesaro,* 1879. In-8.

Cap (Paul-Antoine). (Voir PALISSY.) — Œuvres complètes, 1844.

Cap (Paul-Antoine). — Biographie chimique. Bernard Palissy. *Paris*, impr. Béthune et Plon. 1844. In-8.

Carville (aîné). — Machine à fabriquer les briques, tuiles, etc. *Paris*, impr. Proux, 1841. In-8.

Casati (Charles). — Note sur les faïences de Talavera, etc. *Paris*, Didron, 1873. In-8.

Casati (Charles). — Notice sur les faïences de Diruta, etc. *Paris*, Lévy, 1874. In-8.

Casati (Charles). — Notice sur le musée du château de Rosenbourg en Danemark, avec notes complémentaires sur les faïences danoises. *Lille*, impr. Danel. 1879. In-8, pl.

Castellani (A.). — Catalogue des faïences italiennes, collection de A. Castellani. *Paris*, impr. Pillet, 1878. In-8. Marques.

Caussy. — Traité de l'art de la faïence, 1747. Manuscrit in-folio.

Cavrois (Louis). — Le refuge d'Étrun et la manufacture d'Arras. *Arras*, 1877. In-8, pl.

Cellière (Louis). — Traité élémentaire de peinture en céramique. *Beauvais*, impr. Père, 1878. In-12.

Chabat (Pierre) et Monmory. — La brique et la terre cuite, etc. *Paris*, Morel, 1878. In-folio, pl.

Chaffers (W.). — Catalogue of exhibition of Loans at the Kensington Museum. Sèvres porcelain, etc. *Londres*, 1862.

Chaffers (W.). — The keramic gallery... and choice examples of pottery and porcelain, etc. *Londres*, Chapman, 1872. 2 vol. in-8.

Chaffers (W.). — Marks and monograms on pottery and porcelain, etc. *Londres*, 1863.
2ᵐᵉ édition. *Londres*, 1866.
3ᵉ édition très augmentée. *Londres*, Bickers, 1874. In-8.

Chaffers (W.). — Catalogue of an exhibition of old Wedgwood ware, *Londres*, impr. J. Davy, 1877. In-8.

Champfleury. — Histoire des faïences patriotiques sous la République. *Paris*, Dentu, 1867. In-8.
Une seconde édition a paru la même année, format in-18.

Champfleury. — Cabinet de M. Champfleury. Faïences historiques, etc. *Paris*, impr. Pillet, 1868. In-8. Pl.

Champfleury. — Céramique du nord de la France, etc. 1872. — Grand in-8. Article extrait de la *Gazette des Beaux-Arts*.

Champfleury. — Les fabriques diverses de faïences patriotiques en France. In-8. Extrait de la *Revue des Provinces*.

Champfleury. — Histoire des faïences patriotiques sous la Révolution. 3ᵉ édition. *Paris*, Dentu, 1876. In-18.

Champfleury. — Céramique aux expositions d'Orléans, Quimper, Reims, etc. *Paris*, impr. Claye, 1876. Grand in-8. Extrait de la *Gazette des Beaux-Arts*.

Champfleury. — Céramique. — Les cinq violons de faïence. *Paris*, imp. Claye, 1876. Grand in-8. Extrait de la *Gazette des Beaux-Arts*.

Champfleury. — Le Violon de faïence. Dessins en couleur, par Émile Renard, de la manufacture de Sèvres. *Paris*, E. Dentu, 1877. In-8.

Champion (Paul). — Industries anciennes et modernes de l'empire chinois, d'après les notices traduites du chinois, par Stanislas Julien, etc. *Paris*, Lacroix, 1869.

Champion (R.). — Two centuries of ceramic art in Bristol, etc. *Londres*, 1873. In-8.

Champollion-Figeac (J.-J.). — Lettre au sujet de Palissy. Extrait du *Cabinet de l'amateur*, 1842. In-8.

Chandelon. (Voir Girard [Aimé].) — Terres cuites et grès.

Chardon de la Rochette. — Notice sur Léonard Racle. *Dijon*, 1810. In-8.

Charon (Mr), procureur. — Précis de l'affaire de la manufacture de Sèvres. *Paris*, impr. Chardon, 1772. Pet. in-4.

Chauvigné (A.). — Traité de décoration sur porcelaine, etc. *Paris*, Raphaël Simon. In-12.

Chérest (Aimé). — Catalogue du Musée d'Auxerre, etc. *Auxerre*, impr. Perriquet, 1870. In-8.

Chérest (Aimé). — Les Faïences de l'Auxerrois. *Auxerre*, impr. Perriquet, 1874. In-8, pl.

Cherubini (G.). — Dei Grue et della pittura ceramica in Castelli. *Naples*, 1865. In-8.

Chevreul (E.) (Voir Ébelmen.) Chimie, Céramique, etc.

Church (A.-H.) — Catalogue of the specimens of old english and other pottery, etc. *Cirencester*, 1870. In-12.

Claye (J.). — Peintures sur faïence, de Gustave Noël, etc. Paris, impr. Claye, 1875. In-8.

Claye (J.). — Catalogue des peintures sur faïence grand feu, par Gustave Noël. *Paris*, impr. Claye, 1878. In-8°.

Clere (J.-F.). — Essai pratique sur l'art du briquetier, etc. *Paris*, Carilian-Gœury, 1828. In-8, pl.

Clerfeyt (J.). — La Céramique à l'Exposition internationale de Londres en 1871. *Bruxelles*, impr. Mertens, 1872. In-8.

Clerget (C.-E.). — Nouveaux ornements composés, dessinés et gravés à l'usage des manufactures et pour l'ornementation en général. *Paris*, Aubert, 1840. In-folio, pl.

Clericy (Antoine). (Voir A. MILET.) — Clericy, sa vie et ses œuvres.

Clodion. (Voir MOREY.) — Les statuettes en terre de Lorraine.

Cochet (l'abbé). (Voir BRIANCHON.) — Sa mort, etc.

Cochet (l'abbé). (Voir HARDY [Michel]). — Notice biographique.

Cohausen et G. Poschinger. — Industrie der Stein, Thon, Glaswaaren. Amtl. Bericht über die Wiener Welt-ausstellung, von 1873. *Brunswick*, 1874. Grand in-8.

Cohendy (Michel). — Céramique arverne et faïence de Clermont, etc. *Clermont-Ferrand*, impr. Thibaud. In-8.

Colas (abbé) et C. Lormier. — Notice sur André Pottier. *Rouen*, impr. Boissel, 1868. In-18 carré, portr.

Colas (abbé). (Voir POTTIER.) — Histoire de la faïence de Rouen.

Cole (H.-H.). — Catalogue of objects of Indian art exhibited. *Londres*, 1874. In-8.

Collet (Ch). — Recherches historiques sur les manufactures de l'arrondissement de Valenciennes, etc. *Valenciennes*, impr. Prignet, 1868. In-8.

Combes (Louis). — Les Amis du peuple. Bernard Palissy, etc. *Paris*, Bry, 185. ?

Contrucci. — Monumenti Robbiano, etc. 1835.

Cool (Delphine de). — Traité de peinture sur porcelaine. *Paris*, S. D. (vers 1877). In-8.

Cooper. (Voir BINNS.) — Homer's hymn, etc.

Corbassière (A.). — Dalles et pavés céramiques à base de fer, etc. *Paris*, impr. Moquet, 1877. In-8, pl.

Corona (G.). — La Ceramica, etc. *Milan*, typ. Hoepli, 1879. In-8.

Courajod (Louis). — Livre-journal de Lazare Duvaux, etc. *Paris*, 1873. 2 vol. in-8.

Courajod (Louis). — Pavage de l'église d'Orbais, etc. *Paris*, Menu, 1875. In-8, pl.

Courmaceul (Victor de). — Rapport manuscrit sur d'anciens carreaux de terre cuite, etc. Manuscrit grand in-8.

Cussac (Émile). — Notice sur les faïences de la collection Cussac. *Lille*, impr. Danel, 1878. In-8°.

Cyfflé. (Voir MOREY.) — Les Statuettes en terre de Lorraine.

D

O **Daly (César).** — Motifs historiques sur l'ancienne manufacture de Sèvres. *Paris*, Ducher, 1873. In-folio, pl.

Dangibeaud. — Saintes au xvi⁰ siècle. L'atelier de Palissy, etc. *Évreux*, 1863. In-8.

Darcel (Alfred). — Exposition d'art et d'archéologie à Rouen. *Rouen*, impr. Brière, 1861. In-8.

Darcel (Alfred). — Musée de la Renaissance. Notice des faïences, etc. *Paris*, typ. Charles de Mourgues, 1864. Grand in-8, marq.

Darcel (Alfred). — Un Guide de l'amateur de faïences et de porcelaines. 1864. Grand in-8. Extrait de la *Gazette des Beaux-Arts*.

Darcel (A.) et Basilewsky. — Collection Basilewsky. — Catalogue raisonné. *Paris*, Morel, 1875. In-4, pl.

Darcel (Alfred). (Voir Delange Carle.) — Les Faïences italiennes du xv⁰ au xvii⁰ siècle.

Darcet (J.). — Deux Mémoires sur l'action d'un feu égal, etc. *Paris*, 1766 et 1771. 2 part. in-8.

Davillier (baron Ch.). — Histoire des faïences hispano-moresques, etc. *Paris*, Didron, 1861. In-8.

Davillier (baron Ch.). — Histoire des faïences et porcelaines de Moustiers, etc. *Paris*, Castel, 1863. In-8.

Davillier (baron Ch.). — La Faïence, poème de J. de Frasnay. *Paris*, Aubry, 1870. In-8.

Davillier (baron Ch.). — Une Vente d'actrice sous Louis XVI, etc. *Paris*, Aubry, 1870. In-8, portr.

Davillier (baron Ch.). — Les Porcelaines de Sèvres de Mme Du Barry, etc. *Paris*, Aubry, 1870. In-8.

Davillier (baron Ch.). — Le Cabinet du duc d'Aumont. *Paris*, Aubry, 1870. In-8

Davillier baron (Ch.). — L'Espagne illustrée, etc. *Paris* Hachette, 1874. Grand in-8.

Davillier (baron Ch.). — Atelier de Fortuny, etc. *Paris*, impr. Claye, 1875. In-8.

Davillier (baron Ch.). — Les Arts décoratifs en Espagne, etc. *Paris*, Quantin, 1879. In-8.

Davillier (baron Ch.). (Voir Timbaucourt.) — Restauration de faïences, porcelaines, etc.

Davoust (Émile). — Collection Desnoyers au Musée historique d'Orléans, etc. *Orléans*, Herluison, 1879. In-8.

Debruge-Duménil. — Catalogue de la collection d'objets d'art de M. Debruge-Duménil, etc. *Paris*, impr. Duverger, 1849. In-8, pl.

Decorde (l'abbé J.-E.). — Pavage des églises dans le pays de Bray. *Paris*, Pringuet, 1857. Grand in-3, pl.

Degen (Louis). — Les Constructions en briques. *Paris*, Morel, 1859. Pet. in-folio, pl.

Delamardelle (Me) et Goupil. — Leçons pratiques de peinture vitrifiable, etc. *Paris*, Renauld, 1877. In-8.

Delamardelle and Goupil. — Painting on china porcelain, etc. *Londres*, Lechertier, 1877. In-8.

Delamotte (Ph.). — Choice examples of a workmanship, etc. *Londres*, Cundall, 1851. In-4.

Delange (Henri). — Notice sur Girolamo della Robbia,
etc. *Paris*, impr. Maulde, 1847. In-8.

Delange (Carle et Henri). — Recueil de toutes les
pièces connues jusqu'à ce jour de la faïence dite de
Henri II, etc. *Paris*, Delange, 1861. In-folio, pl.

Delange (Henri). — Lettre à M. Benjamin Fillon, sur
sa brochure des faïences d'Oiron. *Paris*, impr. Martinet, 1863. In-8.

Delange (Carle). — Recueil des faïences italiennes des
xve, xvie et xviie siècles, etc. *Paris*, Delange, 1869.
In-folio.

Delange (Henri). (Voir Passeri.) — Histoire des peintures
sur majoliques faites à Pesaro, etc.

Delange (Henri). (Voir Sauzay.) — Monographie de
l'œuvre de Bernard Palissy.

Delécluze (E.-J.). — Bernard Palissy. *Paris*, impr. Paul
Dupont, 1838. In-8. Extrait de la *Revue française*.

Delisle (Léopold). — Documents sur les fabriques de
faïences de Rouen, etc. *Valognes*, impr. G. Martin,
1865. In-8.

Delorme (René). — Les faïences de Delft. Collection
Mandl. *Paris*, impr. Kugelmann, 1874. In-12.

Delsette (G.). — Cinque lettere sulla raccolta di majoliche... di Pesaro, etc. *Bologne*, 1845. In-8.

Demmin (Auguste). — Guide de l'amateur de faïences
et porcelaines. *Paris*, Renouard, 1861. In-12, marq.

Demmin (Auguste). — Recherches sur la priorité de la renaissance de l'art allemand. *Paris,* Renouard, 1862. Pet. in-8.

Demmin (Auguste). — Guide de l'amateur de faïences et porcelaines, etc., nouvelle édition. *Paris,* Renouard, 1863. In-12, fig.

Demmin (Auguste). — Guide de l'amateur de faïences et porcelaines, etc., troisième édition. *Paris,* Renouard, 1867. 2 vol. in-12.

Demmin (Auguste). — Catalogue du Musée des arts plastiques, etc. *Paris,* Renouard, 1868. In-8, vign.

Demmin (Auguste). — Guide de l'amateur de faïences et de porcelaines, etc., quatrième édition. *Paris,* Renouard, 1873. 3 vol. in-12.

Demmin (A.). — Cent cinquante numéros de la collection Demmin. *Paris,* impr. Pillet, 1875. In-8.

Demmin (Auguste). — Histoire de la Céramique en planches phototypiques, etc. *Paris,* Renouard, 1875. In-folio.

Demmin (Auguste). (Voir Darcel.) — Un Guide de l'amateur de faïence.

Dennistoun (J.). — Memoirs of the Dukes of Urbino, etc. *Londres,* Longman, 1851. 3 vol. in-8.

D'Entrecolles (François-Xavier). — Détails sur la porcelaine de la Chine, tirés des mémoires du père d'Entrecolles, rapportés par le P. Duhalde. In-12. Extrait des *Anecdotes chinoises.*

D'Entrecolles (François-Xavier). — Lettres du père d'Entrecolles sur la fabrication de la porcelaine en

Chine, 1712-1722. *Toulouse*, impr. Sens, 1810-1811. (Extrait des *Lettres édifiantes écrites des missions étrangères*.)

D'Escamps (Henry). — Notice sur les faïenceries de Longwy et de Senelle, etc. *Paris*, typ. Robert, 1878. In-4.

D'Escamps (Henry). — Notice historique sur les manufactures de Creil et de Montereau, etc. *Paris*, impr. Goupy, 1878. Pet. in-4.

Desloges. — Peintures vitrifiables sur porcelaine, etc. *Paris*, 1866. In-8.

Détain (C.). (Voir LACROUX [J.].) — Constructions en briques, etc.

Devers (Giuseppe). (Voir BISCARRA.) — Delle arte ceramica, etc.

Devigne (Félix). — Poterie ancienne. Une gourde en faïence du XVIe siècle. *Gand*, 1855. In-8, vign. Extrait des *Annales de la Société des beaux-arts et de littérature de Gand*.

Didier (F.). — Les fouillis de décoration, par Didier, de la Manufacture royale de Sèvres. 12 feuilles.

Dietrich (baron). — Rapport de la visite aux verreries de Trois-Évêchés, etc. 1875. In-folio.

Dietz. — Leitfaden zur Anfertig. von 100 verschiedenen Töpfer-Glasuren. *Munich*, 1853. In-4.

Dommartin. (Voir GIRARD [Aimé]). — Porcelaine dure.

Dornbusch (J.-B.). — Kunstgilde der Töpfer. *Cologne*, 1873. In-8.

Doste (J.-E.). — Notice historique sur Moustiers et ses faïences. *Marseille*, typ. Marius Olive, 1874. In-8.

Double (Lucien). — Promenade à travers deux siècles et quatorze salons. *Paris*, impr. Noblet, 1878. Grand in-8, pl.

Doublet de Boisthibault (C.). — Bernard Palissy. *Paris*, Leleux, 1857. In-8.

Doulton. — Tarif des poteries de bâtiment, etc. *Paris*, Lacroix, 1873. Pet. in-4.

Doulton (James). — Terra cotta and stoneware applied to architecture, etc. *Londres*, impr. Howard Doulton, 1877. In-8.

Doulton. — Doulton ware. Lambeth art pottery, etc. *Londres*, Howard Doulton, 1878. In 4.

Drake (W.-R.). — Notes on Venetian ceramics. *Londres*, Murray, 1868. In-8.

Drury (C.). — South Kensington Museum. Art hand-books. Maiolica, etc. *Londres*, Chapman, 1875. In-8.

Dubouché (Adrien). — La Céramique contemporaine, etc. *Paris*, impr. Quantin, 1876. In-folio, vign.

Du Broc de Segange. — Concours régional de Nevers en 1863. Rapport sur la céramique. *Nevers*, impr. Fay, 1863. In-8.

Du Broc de Segange (L.). — La faïence, les faïenciers et les émailleurs de Nevers. *Nevers*, 1863. In-4, pl.

Duc. — Commission de perfectionnement près la Manufacture de Sèvres. Grand in-8, 1872. Autographié.

Duc. — Rapport adressé au ministre de l'Instruction publique. *Paris*, impr. nationale, 1875. In-4.

Duc. — Rapport adressé au ministre au nom de la Commission de perfectionnement de Sèvres. *Paris*, impr. nationale, 1877. In-4.

Ducom. (Voir Salvetat.) — Dorure sur porcelaine sans brunissage, etc.

Du Fraisse de Vernines. — Parallèle des ouvrages de poterie d'Auvergne, anciens et modernes. *Paris*, Aubry, 1874. In-8.

Duhalde (Voir D'Entrecolles). — Porcelaine de la Chine.

Duhamel du Monceau. — L'Art de fabriquer les pipes. *Paris*, impr. Delatour, 1771. In-folio, pl.

Duhamel du Monceau. — L'Art du potier de terre. *Paris*, impr. Delatour, 1773. In-folio, pl.

Duhamel du Monceau, Fourcroy et Gallon. — L'Art du tuilier et du briquetier. *Paris*, 1777. In-folio, pl. (Extrait de l'*Encyclopédie*.)

Dumesnil (Alfred). — Légendes françaises. Bernard Palissy. *Paris*, impr. Schneider, 1851. In-12.

Duplessis (Camille). — La Vie et les travaux de Bernard Palissy. *Agen*, 1855. In-8.

Du Saussois (Auguste). — Bernard Palissy. *Paris*, 1874, pet. in-18.

Du Sommerard. — L'Hôtel Cluny et le Palais des Thermes. *Paris*, 1834. In-8.

Du Sommerard (Alex.). — Les Arts au moyen âge. *Paris*, Techener, 1838-1846. 5 vol. in-8, 1 vol. atlas et 5 vol. album. In-folio.

Duxis (Paul). — Le Menuet de l'assiette. *Paris*, Colombier, 1877? In-4.

E

Ebelmen. — Rapport sur le procédé de cuisson de la porcelaine avec la houille. *Paris*, impr. Bouchard-Huzard, 1846-47. In-4.

Ebelmen et Salvetat. — Recherches sur la composition des matières dans la fabrication de la porcelaine de Chine. *Paris*, Bachelier, 1852. In-8.

Ebelmen et Salvetat. — Rapport sur les arts céramiques. *Paris*, impr. impériale, 1854. In-8.

Ebelmen. — Chimie, céramique, géologie, métallurgie. *Paris*, Mallet-Bachelier, 1861. 3 vol. in-8.

Eck (Ch.). — Application des globes ou pots creux à l'art de bâtir. *Paris*, impr. Guyot, 1831. In-8.

Ehrhardt (Ad.-H.). — Anweisung zu Verfertigung u. Anwendung bleifreier Glasuren für alle Arten irdener und eiserner Geschirre. *Quedlinburg*.

Elliott (Chas. W.). — Pottery and Porcelain from early times down to the Philadelphia Exhibition of 1876. Marks and Monog. *New-York*, 1878. In-8.

Engelhard (Aug. et Maur.). — J.-F. Böttger, erfinder des sachsiger Porzellans. 1837.

Enjubault (Émile). — L'Art céramique et Bernard Palissy. *Moulins*, Desrosiers, 1858. Grand in-8.

Esquié. — Note sur des carrelages émaillés trouvés à Toulouse. *Toulouse*, impr. Douladoure, 1870. In-8, pl.

F

Falbe (C.-T.). — Vases antiques du Pérou. *Copenhague*, 1843. In-8, pl. Extrait des *Mémoires de la Société royale des antiquaires du Nord*.

Falke (Jacob). — Die ehemalige kaiserliche Porzellanfabrik in Wien. *Stuttgart*, Engelhorn, 1875. In-4, pl.

Fauconnier. — Mémoire et consultation pour les directeurs de la manufacture de porcelaine de France. *Paris*, impr. Chardon, 1769. Petit in-4.

Faujas de Saint-Fond. (Voir PALISSY.) — Œuvres de Palissy.

Feuillet de Conches. — Les Peintres européens en Chine et les peintres chinois. *Paris*, impr. Dubuisson, 1856. In-8. Tirage à part de la *Revue contemporaine*.

Fil (Eugène). — Catalogue des objets d'art et de céramique du Musée de Narbonne. *Narbonne*, Caillard, 1877. In-18.

Fillon (Benjamin). — Les Faïences d'Oiron. *Fontenay*, impr. Robuchon, 1862. In-8.

Fillon (Benjamin). — L'Art de terre chez les Poitevins. *Niort*, Clouzot, 1864. In-4, pl.

Fillon (Benjamin). — Un Cousin de Paul Scarron. *Fontenay-le-Comte*, Robuchon, 1871. In-8.

Fillon (Benjamin). (Voir DELANGE Henri.) — Lettre sur les faïences d'Oiron.

Fiolet (Louis). — Fabrique de pipes de Saint-Omer. Grand in-8, pl.

Flachat (Stéphane). — L'Industrie. Exposition de 1834. *Paris*, Tenré. Grand in-8, pl.

Fleischmann (C.-W.). — Album de 41 pl. de poêles de la fabrication de Fleischmann, potier à Nuremberg. *Nüremberg*, 18..-1877. In-4.

Fletcher (S.). — A Treatise on the art of enamel painting on Porcelain. *Londres*, Spragg. In-8.

Fleury (Édouard). — Étude sur le pavage émaillé dans le département de l'Aisne. *Paris*, Didron, 1855. In-4.

Fleury (Édouard). — Trompettes-jongleurs et singes de Chauny. *Saint-Quentin*, 1874. In-8, pl.

Fol (W.). — Catalogue du musée Fol. In-8, 1874.

Fontenay (H. de). — Chimie industrielle. Sur le bleu égyptien. 1874. In-4. Extrait des *Comptes rendus de l'Académie des sciences.*

Foresi (Dr A.). — Sulle porcellane medica. *Florence*, 1859, typ. Barbera. In-8.

Foresi (Dr A.). — Lettre au baron de Monville sur la porcelaine des Médicis. *Florence*, 1869. In-8.

Forestié (Édouard). — Une Faïencerie montalbanaise au XVIIIe siècle. *Montauban*, impr. Forestié, 1875. In-8, pl.

Forestié. — Les anciennes Faïenceries de Montauban, Ardus. *Montauban*, impr. Forestié, 1876. In-8, pl.

Forestié (Édouard). — Exposition des beaux-arts à Montauban (mai 1877). *Montauban*, impr. Forestié, 1878. In-8.

Fortnum (C.-D.). — A descriptive Catalogue of the Maiolica hispano-moresco. *Londres*, Chapman, 1873. Grand in-8.

Fortnum (E.). (Voir Darby.) — South-Kensington Museum. Maiolica.

Fortuny. (Voir Ch. Davillier.) — Atelier de Fortuny.

Fouque. — Manufacture d'ornements en terre cuite et biscuit de porcelaine. *Toulouse*, lith. Mercadier. In-4, pl.

Fourcroy. — Rapport sur un mémoire du citoyen Brongniart. *Paris*, an X (1802), impr. Baudouin. In-4.

Fourcroy. (Voir Duhamel du Monceau.) — L'Art du tuilier et du briquetier.

Fourès (Auguste). — Le Cant des poutiés (Le chant des potiers). *Montpellier*, impr. Ricateau, 1876. In-8.

Fourmy. — Mémoire qui a remporté le prix sur cette question : Indiquer les substances terreuses. *Paris*, l'auteur, 1800. In-8.

Fourmy. — Mémoire sur les ouvrages de terre cuite et sur les poteries. *Paris*, l'auteur, an X (1802). In-8.

Fourmy. — Mémoire sur les Hydrocérames, vases de terre à rafraîchir. *Paris*, l'auteur, an XII (1804). In-8, pl.

Fourmy. — Recueil de mémoires relatifs à l'art céramique. *Paris*, 1805. In-8.

France (Anatole). (Voir PALISSY.) — Œuvres complètes.

Franks (A.-W.). — Notes on the manufacture of porcelain at Chelsea. 1863? In-8. Extrait de revue.

Franks (A.-W.). — Catalogue of the collection of oriental porcelain and pottery. *Londres,* Eyre, 1876. Pet. in-8.

> Une nouvelle édition très augmentée a paru chez le même éditeur en 1878.

Franks (A.-W.). — Catalogue of works of Ancient and Mediaeval Art. *Londres,* impr. Wittingham, 1850. In-8.

Frasnay (P. de).(Voir baron Ch. DAVILLIER.) — La Faïence, poème.

Frati (L.). — Di un' insigne raccolta di maioliche delle fabbriche di Pesaro. *Bologne,* 1844. In-8.

Frati (L.). — Del museo Pasolini in Faenza. *Bologne,* 1852. Grand in-8.

Frati (L.). — Di un pavimento in maiolica. *Bologne,* 1853. In-8.

Frölich (H.-D.). Geheimnisse der Porzellanmalerei. *Graudenz,* 1847. In-4.

Fromberg (E.-O.). — Die Darstellung des Goldpurpurs in allen seinen Nüancen, für die Zwecke der Glas-Email u. Porzellanmalerei. *Quedlinburg.*

G

Gabelle (Martial). — Procédé pour cuire chez soi sans moufle les peintures sur porcelaine. *Paris*, 1876. In-8.

Gaidan (F.). — Notes sur la maison de fabrication de faïence artistique. *Paris-Vaugirard*, 1876. Pet. in-8.

Gallé. — Notice concernant l'exposition de M. Gallé. *Nancy*, impr. Réau, 1878. Pet. in-4.

Gallick (T.-J.). — Painting popularly explained. Pottery, Porcelain. *Londres*, 1873. In-18.

Gallois. (Voir WAGNIEN.) — Cession du cabinet Gallois à la ville de Nevers.

Gallon. (Voir DUHAMEL DU MONCEAU.) — L'Art du tuilier et du briquetier.

Gasnault (Paul). — La collection Jacquemart et le Musée de Limoges. *Paris*, impr. Claye, 1876. In-4, grav.

Gasnault (Paul). — Ville de Limoges. Musée céramique. Catalogue de la collection Jacquemart, publié d'après le manuscrit original de A. Jacquemart. *Paris*, librairie de *l'Art*, 1879. In-8. Portr.

Gatty (C.-T.). — Liverpool art club. Catalogue of a loan collect. of the works of J. Wedgwood. *Liverpool*, 1879. In-8.

Gaultier de Claubry. — Rapport sur une demande en déchéance de brevets d'invention pour composition de terres ingerçables et réfractaires, etc. *Paris*, imp. Beaulé, 1842? In-4.

Gaussen (A.). — Portefeuille archéologique de la Champagne. *Bar-sur-Aube*, Mme Jardeaux, 1861. In-4, pl.

Gay (Maria). — Bernard Palissy, poème. *Saintes*, impr. Gay, vers 1878. In-8.

Gebhardt (S.-Chr.-R.) — Das Ganze der Ziegelfabrikation so wie der Kalk und Gypsbrennerei. *Quedlinburg*, 1835. In-12, pl.

Gebhardt (S.-Chr.-R.). — Die neuesten Erfindungen u. Verbesserungen in Betreff der Ziegel-fabrikation. *Quedlinburg*.

Gehlen (A.-F.). — Ueber das Vorkommen und die Gewinnung der Porcellanerde im ehemaligen Fürstenthum. *Passau*, 1811. In-18.

Gentele (J.-G.). — Vollst. Lehrbuch im Potteriefach oder Beschreibung der Fabrikation d. engl. Steinguts. *Leipzig*, 1859. In-8.

Gérardin. — Essai sur la céramique. *Reims*, 1869. In-8.

Gerspach. — Notes sur la céramique chinoise. *Paris*, impr. Quantin, 1877. In-8. Extrait de la *Gazette des Beaux-Arts*.

Gervais. — Musée de la Société des Antiquaires de Normandie. Catalogue des objets exposés. *Caen*, Le Blanc-Hardel, 1864. Pet. in-8.

Gewie Paape. — De Plateelbacker of Delftsch. *Dordrecht*, 1794.

Gheltof (V.-G.-M. de). — Studi intorno alla ceramica veneziana. *Venise*, 1876, impr. Naratovich. In-8.

Gheltof (V.-G.-M. de). — La Manifattura di maiolica in Esta. *Venise*, 1876, impr. Naratovich. In-8.

Gheltof (V.-G.-M. de). — Fabbriche di maiolica in Bassano. *Venise*, 1876. In-8.

Gheltof (V.-G.-M. de). — Una Fabbrica di porcellana in Venezia. *Venise*, 1878. In-12.

Ginori (marquis de). — La Manufacture Ginori à Doccia. *Paris*, impr. Paul Dupont, 1867. In-8.

Ginori (marquis de). — La Manifattura Ginori à Doccia. *Florence*, impr. Barbera, 1867. In-8.

Ginori (marquis de). — Manufacture Ginori à Doccia. *Florence*, 1873. Album in-4.

Ginori (marquis de). — Doccia. Manifattura Ginori Exposizione di Vienna. *Florence*, Civelli, 1873. Grand in-8.

Ginori (marquis de). — Doccia. Manufacture Ginori. Exposit. de Paris, 1878. *Florence*, impr. Civelli. In-12.

Ginori. (Voir LORENZINI.)

Ginori Lisci (L.-C.). (Voir aux ANONYMES à la lettre Φ.) — Notizie biografiche, etc.

Gioanetti (V.-A.). — Discorso sulla fabbrica di porcellana stabilita in Vinovo. *Turin*, typ. Favale, 1859. In-18.

Girard (Aimé). — Porcelaines, faïences et autres poteries de luxe. *Paris*, Paul Dupont, 1867. In-8.

Girard (Aimé). — Exposition universelle de 1867. Paris.

Faïences fines. *Paris*, impr. Paul Dupont, 1867. In-8.

Giraud (J.-E.). — Recueil descriptif et raisonné des principaux objets d'art ayant figuré à l'Exposition rétrospective de Lyon en 1877. *Lyon*, 1879. In-folio, pl. phot.

Gladstone (Rt. H.-W.-E.) — Address delivered at Burslem, Staffordshire. *Londres*, Murray, 1863. In-8.

Gobet. (Voir PALISSY.) — Œuvres de Palissy.

Gosselin (E.). — Glanes historiques normandes. *Rouen*, impr. Cagniard, 1869. Grand in-8.

Gouellain (Auguste). — L'Exposition d'art et d'archéologie à Rouen en 1861. *Paris*, Rochette, 1861. In-18.

Gouellain (Gustave). — Revue de l'exposition artistique d'Elbeuf en 1862. *Rouen*, impr. Cagniard, 1862. In-8.

Gouellain (Gustave). — Le Musée céramique de Nevers. *Rouen*, Le Brument, 1862. In-8.

Gouellain (Gustave). — Étude céramique sur une vue du port de Rouen. *Rouen*, Le Brument, 1872. In-4.

Gouellain (Gustave). — Céramique révolutionnaire. L'assiette dite à la guillotine. *Paris*, impr. Jouaust, 1872. In-4, pl.

Gouellain (Gustave). — La Céramique musicale au Trocadéro. *Paris*, Raphaël Simon, 1878. Pet. in-8.

Gouellain (Gustave). — Céramique à emblèmes histo-

riques. Note sur une faïence avec portrait du général
Bonaparte. *Bernay*, impr. A. Lefèvre, 1878. Grand
in-?

Gouellain (Gustave). (Voir Bachelier.) — Mémoire sur
la manufacture nationale. (Édition de 1878.)

Gouellain (Gustave). (Voir J.-A. de Léroe.) — Collection
G. Gouellain.

Gouellain (Gustave). (Voir Pottier.) — Histoire de la
faïence de Rouen.

Goupil (Frédéric). — Manuel vulgarisateur des connaissances artistiques. *Paris*, Desloges, 1864. In-16.

Goupil (F.). — Traité général des peintures vitrifiables
sur porcelaine dure. *Paris*, Arnauld de Vresse, 1866.
In-8.

Goupil (F.). — Analyse détaillée et critique de la notice
de F. Vendemini sur la céramique à l'exposition de
Faenza en 1875. *Sèvres*, 1876. In-8. Manuscrit.

Goupil (F.). (Voir Desloges.) — Traité général des peintures vitrifiables.

Goupil (F.). (Voir Delamardelle.) — Leçons pratiques de
peinture vitrifiable.

Gourlier. — Essai sur la construction des tuyaux de
cheminée. *Paris*, Béchet, 1830. In-8, pl.

Gourlier. (Voir Gaultier de Claubry.) — Brevets d'invention pour poêles.

Gräbner (Dr K.). — Wahres eröffnetes Geheimniss der
Zubereitung verschiedener Porzellan-, Steingut-,
Fayence und Töpfer Glasuren. *Leipzig*, Basse, 1837.
In-12.

Graesse (Dʳ J.-G.-Th.). — Beiträge zur Geschichte der Gefässbildnerei, Porzellanfabrik, Töpfer... Glasmacherkunst, bei den versch. Nationen. *Dresde*, 1853. In-8.

Graesse (Dʳ J.-G.-Th.). — Guide de l'amateur de porcelaines et de poteries. *Dresde*, 1864, G. Schœnfeld. In-12.

Graesse (Dʳ J.-G.-Th.). — Beschreibender Katalog der K. Porcellan und Gefäss-Sammlung zu Dresden. *Dresde*, 1873. In-8.

Graesse (Dʳ). — Guide de l'amateur de porcelaines, etc. Sixième édition. *Dresde*, Schoenfeld, 1880. In-12.

Grasset (aîné). — Note établissant que la marque B. B. ne peut être attribuée à Palissy. *Paris et Nevers*, Renouard et Barat, 1872. In-8, pl.

Grasset (aîné). — Musée de la ville de Varzy (Nièvre). Faïences nivernaises du xvⁱⁱⁱᵉ siècle. *Paris, Nevers*, Loones, Barat, 1875. In-8, pl.

Grasset (aîné). — Musée de la ville de Varzy (Nièvre). Céramiques. — Historique de la faïencerie. *Paris, Nevers*, Loones, Barat, 1876. In-8.

Greens. (Voir HARTLEY.) — Desseins de poteries de la Reine.

Greslou (Jules). — Recherches sur la céramique. *Chartres*, Petrot-Garnier, 1864. In-8.

Grésy (Ed.). — Notice sur un carrelage émaillé du xⁱⁱⁱᵉ siècle. Impr. impériale, 1863. In-8.

Griffis (Rev. W.-E.). — The Mikados Empire. Contains

special reference and Pottery of Japan. *Londres*, Harper et Bros, 1878.

Groüet (Ch.). — De l'art céramique dans le Nivernais. 1844. Pet. in-18. — Extrait de l'*Annuaire de la Nièvre*.

Gruner (L.). — The terra cotta Architecture. *Londres*, 1867. In-4.

Guettard. — Histoire de la découverte faite en France des matières à porcelaine. *Paris*, impr. royale, 1765. In-4.

Guettard. (Voir LAURAGUAIS.) — Mémoire sur la porcelaine.

Guibal. (Voir MONEY.) — Les Statuettes en terre de Lorraine.

Guillaume. — École de la manufacture nationale de Sèvres. Autographié. *Paris*, 1875. Grand in-8.

Guillemot. — Le Musée céramique de Limoges. *Limoges*, impr. Chatras, 1873. In-8.

Guillery (E.). — Arts céramiques. Encyclopédie populaire. *Bruxelles*, Jamar. S. D. In-12.

H

Haillet de Couronne. (Voir Léopold DELISLE.) — Documents sur les fabriques de faïence de Rouen.

Hall (H. Byng). — The bric-à-brac hunter, or Chapters on Chine mania. *Londres*, 1875-76. In-12.

Hammann (H.). — Briques suisses ornées de bas-reliefs du xviiᵉ siècle. *Genève*, H. Georges, 1868. Pet. in-4.

Hannong (Joseph-Adam l'aîné). — Réponse d'Hannong en réfutation d'une lettre de M. Chaumont de La Galiziaire. *Dourlach*, 1781. In-8 carré.

Hardy (Michel). — Notice sur l'abbé Cochet et nomenclature de ses ouvrages. *Rouen*, Métérie, 1875. In-8, portr.

Hartley et Greens. — Desseins de divers articles de poterie de la Reine. *Leeds*, 1785. Pet. in-4.

Hartmann (Carl). — Handbuch der Thon- und Glaswaaren Fabrikation. *Berlin*, Emelang, 1842. In-8, pl.

Hartmann (C.-F.-A.). — Die Thonwaarenfabrikation in ihrem ganzen Umfange. Abbildgn. *Quedlinburg*, 1850. In-8, pl.

Hartt (Chas. F.). — Notes on the Manufacture of Pottery among Savage Races. *Rio-Janeiro*, 1875. In-8.

Haslem (J.). — The old Derby china Factory. *Londres*, G. Bell, 1876. Grand in-8.

Haslem (J.). — A Catalogue of China, chiefly Derby. *Derby*, Keene, 1879. In-8.

Haudicquer de Blancourt. — De l'Art de la verrerie. Manière de faire la porcelaine, etc. *Paris*, Joubert, 1697. In-12.

Havard (Henri). — Catalogue des objets d'art composant la collection Van Romondt. *La Haye*, Thieme, 1875. Grand in-8.

Havard (Henri). — Catalogue chronologique des faïences de Delft composant la collection J. Loudon. *La Haye*, Thieme, 1877. Pet. in-4,

Havard (Henri). — De Nieuwe Fabriek van het Porselein van Sèvres. *La Haye*, 1877. In 18.

Havard (Henri). — Histoire de la faïence de Delft. *Paris*, Plon, 1877. Grand in-8. Pl.

Haviland. — Exposition universelle de 1878. Fabriques de porcelaines à Limoges. *Paris*, in-4 oblong. Pl.

Heberlé (J.-M.). — Catalogue de la collection des antiquités et d'objets de haute curiosité du cabinet Leven à Cologne. *Cologne*, 1853. Grand in-8, pl.

Hefner (J. von) und Wolf (J.-W.). — Die Burg Jannenberg und ihre Ausgrabungen. *Francfort*, 1850, Schmerber. In-4, pl.

Hellot. — Portefeuille manuscrit contenant les procédés de la porcelaine tendre. 1753. In-12.

Hellot. — Manuscrit sur les procédés de la porcelaine de Sèvres et notes relatives à l'art et à l'histoire de la poterie, 1753-1760. Petit in-12. Manuscrit.

Hellot. — Recueil des procédés de la manufacture royale de Vincennes. Manuscrit. Grand in-8, pl.

Hellot. — Recueil de tous les procédés de la porcelaine de la manufacture royale de Vincennes. Manuscrit. Grand in-8.

Hensel. — Essai sur la majorique *(sic)* ou terre émaillée. *Berlin,* 1836. In-8. Extrait d'un mémoire adressé à la *Société libre des Beaux-Arts.*

Hérouard. (Voir SOULIÉ [Eudore].) — Journal d'Hérouard, médecin de Louis XIII.

Hilbrat (G.). — Dimostrazioni sopra alcune antiche terrette dipinte dalla propria mano di Apelle e del Sanzio. *Rome,* typ. Baldassari, 1847. In-8.

Hoffmann (Dr J.). (Voir JULIEN [Stanislas]). — Histoire et fabrication de la porcelaine chinoise.

Hoffmann (S.-E.). — Desseins zu dekorirten und zierenden Stübenöfen, theils entworfen, theils nach der Ausführung bearbeitet und für den Doppeldruck lithograph. von... Architekt in Berlin. In-4 de 6 pl.

Hooper (W.-H. and Philips). — A Manual of marks on pottery and porcelain. *Londres,* Macmillon, 1876. In-16.

Houdoy (J.). — Histoire de la céramique lilloise. *Paris,* Aubry, 1869. Grand in-8, pl.

Hudson (J.). (Voir GIOANETTI [V.-A.].) — Discorso sulla fabbrica di porcellana.

Huyvetter (J. d'). — Objets rares recueillis par J. d'Huyvetter. *Gand,* imp. Golsin-Verhaegue, 1829. In-4.

J

Jacquelain. (Voir Salvetat.) — Dorure sur porcelaine sans brunissage.

Jacquemart (Albert). — Anciennes faïences françaises. 1859. Grand in-8. Extrait de la *Gazette des Beaux-Arts*.

Jacquemart (Albert) et Le Blant. — La Porcelaine des Médicis, 1859. Grand in-8. Extrait de la *Gazette des Beaux-Arts*.

Jacquemart (Albert) et Le Blant. — Histoire artistique, industrielle et commerciale de la porcelaine. *Paris*, Techener, 1862. In-4, pl.

Jacquemart (Albert). — Notice sur les majoliques de la collection Campana. *Paris*, Techener, 1862. In-4.

Jacquemart (Albert). — Les Merveilles de la céramique. *Paris*, Hachette, 1866-1869. 3 vol. in-12, vign.

Jacquemart (Albert). — Histoire de la céramique. *Paris*, Hachette, 1873. Grand in-8, pl.

Jacquemart. (Voir Salin Patrice.) — Nécrologie. A. Jacquemart.

Jaennicke (Friedrich). — Marken und Monogramme auf Fayence, Porzellan, Steinzeug und sonstigen keramischen Erzeugnissen. *Stuttgart*, 1878. In-8.

Jaennicke (Friedrich). — Grundriss der Keramik in Bezug auf das Kunstgewerbe. *Stuttgart*, Paul Neff, 1879. Grand in-8.

Jarves (James-Jackson). — A Glimpse at the art of Japan. *New-York*, Hurd et Houghton, 1876. In-16, vign.

Jaunez. (Voir Bonneville.) Les Arts et les Produits céramiques.

Jégou (F.). — Industrie morbihannaise. — La Manufacture de porcelaine de Lorient. *Lorient*, Texier, 1865. In-8.

Jewitt (L.). — Encaustic Tiles. *Exeter*, 1850. In-4.

Jewitt (L.-L.). — Account of the Derby porcelain Works. *Londres*, 1862. — Extrait de *l'Art-Journal*.

Jewitt (L.). — History of the Coalport Porcelain. *Londres*, 1862. In-16.

Jewitt (Llewellyn). — The Wedgwoods : being a Life of Josiah Wedgwood. *Londres*, 1865. In-8, portr.

Jewitt (L.). — The Ceramic Art of Great Britain. *Londres*, Virtue, 1878. 2 vol. grand in-8.

Johnston (David). — Traité fait devant M⁰ Castéja, notaire, entre M. D. Johnston et M. de Saint-Amant. *Paris*, Firmin-Didot, 1839. In-8.

Johnston (David). — Rapports sur la manufacture de porcelaines et de poteries fines à Bordeaux. *Bordeaux*, impr. J. Delmas, 1855. In-8.

Joly (Alexandre). — Paul-Louis Cyfflé. Notice biographique. *Nancy*, impr. Lepage, 1864. In-8.

Jonain. — Notice sur Palissy, suivie de ses écrits. *Paris,* Chamerot, 1861. In-12.

Jones (O.). — Examples of chinese ornament. *Londres,* Gilbert, 1867. In-folio.

Jonveaux (Émile). — Histoire de trois potiers célèbres. *Paris,* Hachette, 1874. In-12.

Jouannet (F.). — Rapport sur les poteries fabriquées par M. de Saint-Amant. *Agen,* Noubel, 1832. In-8.

Jouhanneaud (C.). — Le Repos du dimanche dans les fabriques de porcelaine. *Limoges,* impr. Chapoulaud, 1878. In-8.

Jousselin (C.-R.). — Essais sur le perfectionnement général des poteries. *Paris,* Moronval, 1807. In-8.

Julien (Stanislas). — Histoire et fabrication de la porcelaine chinoise... Accompagné de notes et d'additions par A. Salvetat et augmenté d'un mémoire sur la porcelaine du Japon, traduit du japonais par le D' Hoffmann. *Paris,* Mallet-Bachelier, 1856. In-8.

Jumelin (Sylvestre). — Rapport fait au bureau de consultation des arts pour le perfectionnement dans la fabrication des poteries. *Valognes,* impr. Buhot, an 1 de la République.

Juste (Théodore). — Catalogue des collections composant le musée royal d'antiquités de Bruxelles. *Bruxelles,* impr. Bruylant-Christophe, 1874. 2 part. in-12.

K

Karner (Ch.-J.). — Die Porzellanmalerei, Technik und Anwendung. *Berlin*, 1870. In-8.

Kenzelmann (C.-B.). — Historische Nachrichten über die königliche Porzellan-Manufactur zu Meissen und deren Stifter Johann-Friedrich Freiherr von Böttger. *Meissen*, 1810. In 16.

Kerl (Bruno). — Abriss der Thonwaren-Industrie. *Brunswick*, 1871. Grand in-8.

Kerl (Bruno). — Handbuch der gesammten Thonwaren-Industrie, deuxième édition. *Brunswick*, 1879. In-8.

Klemm (Dr Gustav). — Die Königlich Sächsische Porzellan-Sammlung. Eine Uebersicht ihrer vorzüglichsten Schätze, nebst Nachweisungen über die Geschichte der Gefässbildnerei in Thon und Porzellan. *Dresde*, 1834. In-12, pl.

Klemm (Dr Gustav). — Die königliche sächsische Porzellan und Gefässe-Sammlung nebst dem Specksteincabinet und dem Buddha-Tempel in Japanischen-Palais zu Dresden. *Dresde*, s. d. In-12, pl.

Knight's. — Vases and ornaments. Designed for the use of architects. *Londres*, 1833. In-4.

4

Knyff (chevalier Alfred de). — Collection de M. le chevalier Alfred de Knyff. *Bruxelles*, impr. Bols-Wittouk. In-8, pl.

Kolbe (G.). — Geschichte der koniglichen Porzellanmanufactur zu Berlin. *Berlin*, 1863, R. Decker. In-8.

L

Labarte (Jules). — Histoire des arts industriels au moyen âge. *Paris*, Morel, 1874-1876. 4 vol. in-8, album in-4 en 2 vol.

Labarte (Jules). — Histoire des arts industriels au moyen âge, deuxième édition. *Paris*, Morel, 1877-1878. 3 vol. in-4.

Laborde (comte de). — Le Château du bois de Boulogne. *Paris*, Dumoulin, 1835. In-8.

Labretonnière. — Bernard Palissy, mélodrame en 3 actes. *Paris*, Michel Lévy, 1860. In-8.

La Broise (H. de). — Société des arts réunis de Laval. Exposition de 1875. Catalogue. *Laval*, impr. Moreau, 1875. In-12.

Lacroix (A.). — Des couleurs vitrifiables et de leur emploi pour la peinture sur porcelaine. *Paris*, A. Lacroix, 1872. In-8.

Lacroux (J.) et Détain (C.). — Constructions en briques. La brique ordinaire au point de vue décoratif. *Paris*, Ducher, 1878-1879. Grand in-4, pl.

La Ferrière-Percy (comte de). — Une Fabrique de faïence à Lyon, sous le règne de Henri II. *Paris*, Aubry, 1862. In-8.

Lamartine. — Bernard Palissy. *Paris*, typogr. Firmin-Didot, 1852. In-8. Extrait du *Civilisateur*.

Lambert. — Coup d'œil sur l'industrie du potier de terre à Rouen. 1838? In-8.

Lambert (Guillaume). — Art céramique. Description de la fabrication actuelle des faïences fines et autres poteries en Angleterre, avec indication des ressources que présente la Belgique pour ce genre d'industrie. *Bruxelles*, E. Flatau, 1865. In-8, pl.

Lambert (G.). — Exposition universelle de Vienne 1873. Documents et rapports des jurés et délégués belges. 9ᵉ groupe céramique. *Bruxelles*, impr. E. Guyot, 1874. In-8, pl.

Lameire. — Rapport sur les porcelaines modernes qui ont figuré à l'Exposition de 1878. *Paris*, 1879. *Nancy*, impr. Berger-Levrault. In-4.

Landon (D.). — Die Fabrication des Porcellans, Steinguts und Fayence-Glases. *Quedlinburg*. In-8.

Langlois (Frédéric). — Société en commandite pour la fabrication de la porcelaine à Isigny. *Isigny*, impr. Maurin. S. D. In-8.

La Quérière (E. de). — Essai sur les girouettes, épis, crêtes. *Paris*, Derache. 1846. In-8.

La Rue (Thomas de). — The Collect. of Th. de la Rue. Catal. the collect. of old Wedgwood. *Londres*, 1866. In-8.

Lasteyrie (Ferdinand de). — Bernard Palissy. Sa Vie et ses Œuvres. *Paris*, impr. Pillet, 1865. In-8.

La Tour d'Aigues (de). — Description d'un four dans lequel on peut cuire des briques, 1787. In-18.

Laugardière (Ch. de). — Lieu de fabrication des carreaux du château de Thouars. *Paris*, Aubry, 1865. In-18.

Laugardière (Ch. de). — Document inédit pour servir à l'histoire de la céramique. *Bourges*, Pigelet, 1870. In-8.

Laughlin (Miss Louise). — China Painting. A practical manual for the use of amateurs in the décoration of hard Porcelain. *Cincinnati*, Clarke, 1877. In-12 carré.

Lauth (Charles). — Règlement de l'école de la Manufacture de Sèvres. *Paris*, 1880. Grand in-8.

Lauzun (F.). — Manufacture générale de carrelages lithoïdes, mosaïque. *Avignon*, impr. Gros, 1874. In-12, pl.

Lazari (V.). — Notizia delle opere d'arte et d'antichità della raccolta Correr. *Venezia*, 1859.

Le Blanc (Paul). (Voir Du FRAISSE DE VERNINES.) — Parallèle des ouvrages de poterie d'Auvergne, etc.

Le Blant (Edmond). (Voir JACQUEMART.) — Histoire de la porcelaine, 1862.

Le Blant (Edmond). (Voir JACQUEMART.) — Anciennes Faïences françaises, etc. 1859.

Le Breton (Gaston). — Exposition de Quimper. Les Faïences de Quimper et les Faïences de Rouen. *Rouen*, impr. Lapierre, 1876. Grand in-8.

Le Breton (G.). — Céramique espagnole. *Paris*, R. Simon, 1879. Grand in-8.

Le Brun-Dalbanne. (Voir GAUSSEN [A.]) — Portefeuille de la Champagne.

Lecocq (Jules). — Étude sur la céramique picarde. Une plaque en faïence de Sinceny. *Paris*, Rouveyre, 1874. In-8, pl.

Lecocq (George). — Étude sur les faïences patriotiques au ballon. *Paris*, Raphaël Simon, 1876. In-8, fig.

Lecocq (Jules et George). — Histoire des fabriques de faïence et de poterie de la Haute-Picardie. *Paris*, Raphaël Simon, 1877. In-4, pl.

Le Grand d'Aussy. — Histoire de la vie privée des Français. *Paris*, 1782. 3 vol. in-8.

Lehner (Hofrath [Dr F.-A.]). — Fürstlich Hohenzollern' schen Museum zu Sigmaringen. — Verzeichniss der Thonarbeiten von Lehner. *Sigmaringen*, C. Tappen, 1871. Grand in-8.

Leibl (Sebastian). — Neue, wichtige und sehr nützliche Mittheilungen für Töpferei, Porzellan, Fayance-und Steingutfabriken. *Nuremberg* (184?). In-4.

Lejeal (Dr Alfred et J.-D.). — Note sur une marque de faïence contestée. *Valenciennes*, Lemaître, 1865. In-8.

Lejeal (Dr Alfred). — Recherches sur les manufactures de faïence et de porcelaine de l'arrondissement de Valenciennes. *Valenciennes*, Lemaître, 1868. In-8, marq. et pl.

Lejeune (E.). — Guide du briquetier et du chaufournier. *Paris*, librairie du *Dictionnaire des Arts et Manufactures*, 1870. In-8.

Lemasson. (Voir JUMELIN.) — Perfectionnement dans la fabrication des poteries.

Le Men (R.-F.). — La Manufacture de faïence de Quimper (1690-1794). *Quimper*, imp. Caen, 1875. In-8.

Le Men. — Exposition de Quimper. Catalogue sommaire des faïences. *Quimper*, impr. Caen, 1876. Pet. in-12.

Lenoir (Alexandre). — Observations sur la peinture en émail. 1827. In-8. Extrait du *Journal des Artistes*.

Lenoir. — Jugement sur une saisie de porcelaine, couleurs. *Paris*, impr. royale, 1779. Pet. in-4.

Lenoir. — Règlemens sur le privilége de la manufacture de Sèvres. *Paris*, impr. royale, 1779. Affiche in-folio.

Lenoir. — Règlemens sur le privilége de la manufacture de Sèvres. *Paris*, impr. royale, 1779. Pet. in-4.

Lenoir. — Saisies de porcelaines peintes et dorées. *Paris*, impr. royale, 1779. Affiche in-folio.

Leo (Wilh.). — Die Schmelzmalerei, oder die Kunst, auf Email, Glas u. Porcellan zu malen und die hierzu nöthigen Farben u. Flüsse zu bereiten. 2ᵉ neugearb. u. vermehrt. Aufl. *Quedlinburg*. In-8, pl.

Leo (Wilh.). — Handbuch der chem. Farbenbereitung in ihrem ganzen Umfange. *Quedlinburg*.

Lérue (de). — Les anciennes faïences populaires de Rouen. *Rouen*, impr. Cagniard, 1868. In-8.

Lérue (J.-A. de). — Histoire locale. Les industries d'art. Anciennes poteries de Rouen. 1873. Grand in-8. Extrait du *Nouvelliste de Rouen*.

Lérue (J.-A. de). — Céramique rouennaise. La collection de M. G. Gouellain. *Rouen*, impr. Lapierre, 1877. In-18 carré.

Lérue (J.-A. de). — Rouen artiste. La Collection de M. d'Iquelon. *Rouen*, impr. Lapierre, 1877. In-18.

Lérue (de). — Rouen artiste. La collection de M. Gaston Le Breton. *Rouen*, impr. Lapierre, 1877. In-16.

Lérue (de). — Céramique rouennaise. Objets d'art. La collection de M. Paul Baudry. *Rouen*, impr. Lapierre, 1877. In-16.

Le Roux de Lincy. — Catalogue de la bibliothèque de M. Ch. Sauvageot. *Paris*, Potier, 1860. In-8.

Leyshon (L.-J.). — Operative Potter. *Londres*, 1866.

Liénard (Félix). — Les Faïenceries de l'Argonne. Recueil des compositions de couleurs et émaux, employées dans ces usines. Manuscrit grand in-8 avec album in-folio, pl. 1877.

Liénard (F.). — Les Faïenceries de l'Argonne. *Verdun*, impr. Laurent, 1877. In-8.

Liesville (comte de). — Six heures à l'exposition de Caen. *Caen*, typ. Le Blanc-Hardel, 1873. In-12.

Liesville (comte de). — Les industries d'art, la céramique et la verrerie au Champ-de-Mars. *Paris*, Champion, 1879. In-8.

Limouzin (Charles). — Monaco artistique et industriel. La Poterie. *Nice*, impr. Verani, 1876. In-18.

Linden (Adrien). — L'Argile. *Paris*, Delagrave, 1879. In-12.

Lockard (Miss). — A Book by.

Lockwood (M. S.) — A Manual of ceramic Art. *New-York*, 1878. In-16.

Longfellow. (Voir BINNS.) — The Poetry of pottery.

Lorenzini (C.). — La Manifattura delle Porcellane di Doccia. In-8, 1864.

Lormier (C.). (Voir COLAS abbé.) — Biographie d'André Pottier.

Loudon (J.-F.). (Voir HAVARD.) — Catalogue chronologique des faïences de Delft.

Lübke (Wilh.). — Geschichte der Plastik. *Leipzick*, 1871. In-8.

Lucas (Louis). — La Manufacture de faïences de Vron. Amiens, impr. Delattre-Lenoel, 1877. In-8.

Luminais y Valcarcel (comte A. de). — Barros saguntinos. *Valencia*, J. Toinas de Orga, 1779. In-8.

Ly (Père Joseph). — Instructions sur la manière de faire la porcelaine en Chine, dressées en 1844 pour MM. les directeurs de la manufacture royale de Sèvres. Manuscrit in-4.

M

Macquer. — Le chimiste Macquer à la cour de Louis XV. *Paris*, impr. Vallée. In-8.

Macquer. — Procédés pour les pâtes des porcelaines du roi à Sève. 1781. Manuscrit grand in-8.

Macquer. (Voir HELLOT.) — Procédés de la porcelaine, etc.

Maeda. (Voir MATSUGADA.)

Magalotti. — Varie operette. *Milan*, 1825. In-12.

Magnier (M. D.). — Nouveau Manuel complet du porcelainier. *Paris*, Roret, 1864. 2 vol. in-18.

Magnin (Célestin). — Céramique et science du moulage. *Cherbourg*, impr. Bedelfontaine. In-32.

Magnin (Célestin). — Compte rendu fait à la chambre syndicale de la céramique. *Cherbourg*, impr. Bedelfontaine, 1876. Pet. in-12.

Malaguti. (Voir BRONGNIART.) — Second mémoire sur les kaolins, etc., etc.

Malaguti. (Voir PASSERI.)

Malepeyre (F.). — Manuel du briquetier, tuilier, fabricant de carreaux. *Paris*, Roret, 1864. 2 vol. in-8, pl.

Mandl (Dr). (Voir DELORME.) — Collection de faïences de Delft.

Mannory (Louis). — Plaidoyers et mémoires (le tome XI traite des faïences, etc., etc.). *Paris*, 1753 et années suivantes. 18 vol. in-12. Nouvelle édition. Hérinault, 1763. Grand in-12.

Mareschal (A.-A). — Imagerie de la faïence. Assiettes à emblèmes patriotiques. *Beauvais*, 1865. In-8, pl.

Mareschal (A.-A.). — Les Faïences anciennes et modernes. *Beauvais*, Pineau, 1868. In-8.

Mareschal (A.-A.). — Imagerie de la faïence française. Assiettes à emblèmes patriotiques. *Beauvais*, 1869. Grand in-8, pl.

Mareschal (A.-A.). — La Faïence populaire au XVIIIe siècle. *Paris*, Delaroque, 1872. Grand in-8, pl.

Mareschal (A.-A.). — Les Faïences anciennes et modernes. *Paris*, Delaroque, 1873. Grand in-8.

Mareschal (A.-A.). — Les Faïences anciennes et modernes. Deuxième édition. *Paris*, Delaroque, 1874. In-8.

Mareschal (A. A.). — Iconographie de la Faïence. *Paris*, Liepmannssohn, 1875.

Mareschal (A.-A.). — La Céramique et les faussaires. *Paris*, Raphaël Simon, 1875. In-32.

Mariette de Wauville. — Mémoire concernant le tiers de l'ancienne manufacture de porcelaine de Valognes. *Valognes*, impr. Gomont. In-4, vers 1823.

Marks (M.). — A Catalogue of blue and white Nanking porcelain. *Londres*, Ellis, 1878. In-4.

Marryat (J.). — Collections towards a history of pottery and porcelain. *London*, Murray, 1850. In-8.

Marryat (J). — Histoire des poteries, faïences et porcelaines. *Paris*, Renouard, 1866. 2 vol. grand in-8.

Martelet (E.). — Conférences à l'asile de Vincennes. Bernard Palissy. *Paris*, Hachette, 1868. In-18.

Maskell (W.). — South-Kensington Museum art handbooks. Maiolica. *Londres*, Chapman, 1875.

Maskell (W.). — South-Kensingt. Mus. art handb. The industrial arts. *Londres*, Chapman, 1876. In-8 carré.

Matagrin. — Bernard Palissy. Sa vie et ses ouvrages. *Périgueux*, 1856.

Mathaey (C.-L.). — Abbildung d. neuesten Façons für Porcellan-Steingute, Töpferwaaren. *Weimar*, 1841. In-folio, pl.

Matsugâda et Maêda. — Porcelaines et faïences japonaises, etc. *Paris*, G. Baillière, 1878. In-8. Extrait de la *Revue scientifique*.

Matsugada. — Le Japon à l'Exposition universelle de 1878, etc. *Paris*, impr. Chamerot, 1878. 2 vol. in-8.

Maw. — Patterns of encaustic tiles. 1853. In-4.

Mayer (J.). — History of the art of pottery in Liverpool. *Liverpool*, Brakell, 1855. In-8.
Une seconde édition augmentée a paru en 1871.

Maze (Alphonse). — Recherches sur la céramique. *Paris*, impr. Le Clerc, 1870. In-4, pl.

Meindel (C.). — Die Bereitung der Farben zur Porcellanmalerei. Nebst Anhange, die Auflösung des Goldes zum Malen des Porzellans enthaltend. *Quedlinburg*.

Méloise (Albert des). — Les Moules en terre cuite des médaillons de J.-B. Nini. *Bourges*, Pigelet, 1869. In-8.

Meteyard (L.). — The life of Josiah Wedgwood. *Londres*, Blackett, 1865-1866. 2 vol. in.8.

Meteyard (L.). — Wedgwood and his works. *Londres*, Bell, 1873. In-4.

Meteyard (L.). — Memorials of Wedgwood. *Londres*, Bell, 1874. In-folio.

Meteyard (L.). — The Wedgwood handbook. *Londres*, Bell, 1875. In-16.

Michel (Edmond). — Essai sur l'histoire des faïences de Lyon. *Lyon*, H. Georg, 1876. In-8, grav.

Michel (Edmond). — Catalogue de la collection céramique de MM. Michel et Robellaz. *Lyon*, H. Georg, 1876. Pet. in-8.

Miel. — Notice sur Bernard Palissy. *Paris*, impr. Gratiot. In-8.

Milet (A.). — Céramique normande. Priorité de l'invention de la porcelaine à Rouen en 1673. *Rouen*, Cagniard, 1867. In-12.

Milet (A.). — Antoine Cléricy. Sa vie et ses œuvres. *Paris*, Baur, 1876. In-8.

Milliet (Et.). — Notice sur les faïences artistiques de Meillonas. *Bourg*, Martin, 1876. Grand in-8.

Milliet (Et.). — Notice sur les faïences artistiques de Meillonas. Deuxième édition. *Paris*, Detaille, 1877. In-8, pl.

Millot. — Origine de la manufacture des porcelaines du roy en 1740. Manuscrit in-4.

Milly (comte de). — L'Art de la porcelaine. Impr. Delatour, 1771. In-folio, pl.

Minns (René G.-W.-W.). — Notes upon acoustic pottery. *Larkin*, 1871. In-8.

Minton (H.). — Examples of old english tiles. 1842. In-4.

Monestrol (F. marquis de). — Splendeur et décadence des arts céramiques. *Paris*, impr. Guillois, 1863. In-8.

Monestrol (marquis de). — Le Potier de Rungis. *Paris*, Librairie centrale, 1864. In-8.

Monestrol (F. marquis de). — Compte rendu par le potier de Rungis sur la céramique. *Paris*, impr. Dupray de la Mahérie, 1865. In-8.

Monmory (Félix). (Voir Chabat [Pierre].) — La brique et la terre cuite, etc.

Montanari (G.-B.). — Intorno ad alcune maioliche dipinte. *Pesaro*, 1836. Pet. in-8.

Morey (P.). — Les statuettes dites de terre de Lorraine. *Nancy*, impr. Crépin-Leblond, 1871. In-8.

Morière. — Industrie potière dans le Calvados. Essai sur la poterie de Noron. *Caen*, Hardel. *Paris*, Deruelle, 1847 ou 1848. In-8, pl.

Morière. — Industrie potière dans le Calvados. *Caen*, typ. Hardel, 1848. In-4.

Morière. — Essai sur la poterie de Noron. *Caen*, impr. Hardel, 1848. In-4 à 2 col.

Morley (Henry). — Palissy the Potter, etc. *Londres*, 1852. 2 vol. in-8.

Une seconde édition a paru à Londres en 185. (?), une troisième en 1869.

Morley (Henry). — Palissy the potter. *Cassel*, Petter. In-16.

Morren (P.). — Catalogue of the valuable collection of oriental porcelain. *Londres*, impr. Clowes, 1879. In-8.

Mortreuil (A.). — Anciennes industries marseillaises, faïences, verres, émaux, porcelaines. *Marseille*, impr. Arnaud, 1858. In-8.

Muray (O.). — Étude sur Bernard Palissy. *Amiens*, impr. Delattre-Lenoël. In-8.

N

Nasse (W.). — Uber Porzellanfabrikation in theoret. et prakt. Hinsicht. *Leipzick*, 1826. Grand in-folio.

Nichols (J.-G.). — Examples of decorative tiles. *Londres* J.-B. Nichols, 1845. In-4.

Nichols (Geo.-Ward.). — Art Education applied to Industry. — See Chapter on Pottery. *New-York*, Harper Brothers, 1877.

Nichols (George Ward). — Pottery, how it is made; its shape and decoration. *New-York*, G.-P. Putnam's, 1878. In-8, pl.

Ninagawa Noritané. — Kwan-Ko-Dzu-Setsu. Notice sur les arts et industries japonais, etc. *Yokohama*, impr. Lévy, 1876. In-4, avec album.

Nini (Jean-Baptiste). (Voir MÉLOIZES [DES].) — Les Moules en terre cuite des médaillons.

Nini (Jean-Baptiste). (Voir A. VILLERS.) — Terres cuites de Nini.

Noël (Gustave). (Voir CLAYE.) — Peintures sur faïence grand feu.

Novi (G.). — Dell' industria ceramica nelle provincie Napolitane. *Naples*, 1865. In-4.

O

Oldham (Thomas). — Ancient irish pavement Tiles. *Dublin*, John Robertson. In-4. S. D. pl.

Ollivier (Louis-François). — Calorifères salubres de l'invention de Louis-François Ollivier. *Paris*, impr. Orizet. In-4 [1785].

[Ollivier]. — Collections de dessins de poêles de forme antique et moderne. *Paris*. In-4 (oblong?), pl.

Ollivier. — Collection de dessins de poêles. Manuscrit, in-8 carré, dessins.

Oppenheim. — L'Art de fabriquer la poterie, façon anglaise. *Paris*, impr. Rougeron. In-12, pl.

O' Reilly. — Manière de fabriquer des briques légères. 1790. In-8. Extrait des *Annales des arts et manufactures*.

O' Reilly. — Procédé pour remplacer la céruse et le minium dans les compositions de l'émail. 1800. In-8.

O' Reilly. — Sur les Ydrocérames, vases de terre à rafraîchir. 1804. In-8, pl.

O' Reilly. — Sur la poterie vernissée et sur les poteries d'Espagne. 1805. In-8.

Owen (H.). — Two centuries of ceramic art in Bristol. *Glocester*, impr. Bellows, 1873. Grand in-8.

P

Pajot-des-Charmes. — Nouvelle Méthode pour la cuisson des poteries. *Paris*, Bachelier, 1824. In-8.

Palissy (Bernard). — Recepte véritable, par laquelle tous les hommes de France pourront apprendre à multiplier leurs thrésors. *La Rochelle*, impr. Barthelemy Berton, 1563. In-4.

Palissy (Bernard). — Discours admirables de la nature des eaux et des fontaines. *Paris*, Martin le Jeune, 1580. Pet. in-8.

[Palissy Bernard]. — Le Moyen de devenir riche; etc. *Paris*, Robert Fouet, 1636. Pet. in-8.

Palissy (Bernard). — Œuvres revues sur les exemplaires de la Bibliothèque du Roi. *Paris*, Ruault, 1777. In-4.

Palissy (Bernard). — Œuvres complètes de Bernard Palissy. *Paris*, Dubochet, 1844. In-8.

Palissy (Bernard). — Discours admirable de l'art de terre. *Genève*, Fick, 1863. In-12.

Palissy (Bernard). — Les Œuvres complètes de Bernard Palissy. *Paris*, Charavay, 1880. In-8.

Palliser (Bury). — The China collector's pocket companion. *Londres*, Sampson Low, 1874. In-12.
Une deuxième édition a paru en 1875.

Parvillée (Léon). — Architecture et Décoration turques au XV° siècle, par Léon Parvillée, avec une préface de E. Viollet-le-Duc. *Paris*, A. Morel, 1874. In-folio, pl.

Passeri. — Essai historique sur la fabrication des poteries en général. Grand in-12. Traduction manuscrite de Malaguti.

Passeri (G.). — Istoria delle pitture in majolica fatte in Pesaro, etc. *Venise*, 1758.

Deuxième édition, *Bologne*, 1775. In-4. — Troisième édition, *Pesaro*, 1838. In-8. — Quatrième édition, *Pesaro*, 1857. In-8.

Passeri (G.). — Histoire des peintures sur majolique, trad. par H. Delange. *Paris*, 1853. In-8.

Paulssen (W.). — Die natürlichen u. künstlichen feuerfesten Thone. *Weimar*, 1862. In-folio, pl.

Pechin (Édouard). — Exposition rétrospective de Langres en 1873. *Langres*, impr. L'Huillier, 1873. In-8.

Péligot (Eug.). — Instructions pour le peuple. Arts céramiques. *Paris*, Paulin. Grand in-8.

Percy. — Mémoire sur des espèces d'amphores dites Tinajas. *Paris*, Sajou, 1811. In-8.

Percy. — Mémoire sur les vases réfrigérants appelés en Espagne Alcarazas. In-8. Extrait du *Magasin encyclopédique*.

Pericoli (G.-B.). — Passegiata nella citta di Urbino. *Urbino*, typ. Rondini. In-8.

Phelypeaux. — Arrest qui défend l'entrée des porcelaines dans le royaume. Impr. Frédéric Léonard [1709]. In-4.

Phelypeaux. — Lettres patentes sur les droits d'entrée sur les fayances. *Paris*, Denis Delatour, 1723. Pet. in-4.

Phelypeaux. — Arrest qui accorde à Charles Adam le privilège pour l'établissement de la Manufacture à Vincennes. *Paris*, impr. royale, 1748. In-4.

Phelypeaux. — Arrest portant règlement pour les ouvriers de la Manufacture de Vincennes. *Paris*, impr. royale, 1748. In-4.

Phelypeaux. — Arrest du privilège exclusif accordé à Charles Adam pour la porcelaine façon de Saxe. *Paris*, impr. royale, 1748. In-4.

Phelypeaux. — Arrest qui accorde à Éloi Brichard privilège de la Manufacture de porcelaine à Vincennes. *Paris*, impr. royale, 1753. In-4.

Phelypeaux. — Arrest fixant les droits d'entrée des porcelaines venant de l'étranger. *Paris*, impr. royale, 1757. In-4.

Phelypeaux. — Arrest concernant la construction des bâtiments de la Manufacture de Sèvres. *Paris*, impr. royale, 1758. In-4.

Phelypeaux. — Arrest concernant le privilège accordé à Éloi Brichard. *Paris*, impr. royale, 1760. In-4.

Phelypeaux. — Arrest concernant les droits pour les marchandises destinées à la Manufacture de Sèvres. *Paris*, impr. royale, 1763. In-4.

Phelypeaux. — Arrest qui décharge les cautions d'Éloi Brichard de l'exploitation de la Manufacture royale de porcelaines. *Paris*, impr. royale, 1763. In-4.

Phelypeaux. — Arrest sur les droits des marchandises destinées à la Manufacture royale de porcelaines. *Paris*, impr. royale, 1764. In-4.

Phillips'. — (Voir CHAFFERS.) Catal. of old Wedgwood.

Phillips (W.-C.). — (Voir HOOPER). A Manual of marks on pottery.

Piccolpassi (C.). — Li tre Libri dell' arte del Vasaio. Manuscrit in-4 de 1548, appartenant à la bibliothèque de South Kensington.

Piccolpassi (C.). — I tre Libri dell'arte del Vasajo. *Rome*, 1857. In-4.

Piccolpassi (C.). — Les troys libvres de l'art du potier, trad. par Claudius Popelyn. *Paris*, libr. internat. 1860. In-4.

Pichon (baron). — La Dubarry à Louveciennes. *Paris*, 1872. In-8. Extrait du *Bulletin du bouquiniste*.

Pichon (Ludovic). — La Faïence à emblèmes patriotiques du second empire. *Paris*, Manginot-Helitasse, 1874. In-32, grav.

Pinchart (A.). — Preuves authentiques de l'existence de la fabrique de porcelaine établie au château de Tervueren. *Bruxelles*, impr. Bols-Wittouck, 1864. In-8.

Piot (Eugène). — La Vie et les Travaux de Bernard Palissy. 1842. In-8. Extrait du *Cabinet de l'amateur*.

Piot (Eugène). — Collection de M. E. Piot, objets d'art et de curiosités, etc. *Paris*, impr. Renou et Maulde, 1860. In-8, marques.

Pitre-Chevalier. — Avisseau, le potier de Tours. 1851. Grand in-8, vign. Extrait du *Musée des Familles*.

Poligny (Germaine de). — Communauté d'origine de l'ancien art mexicain avec ceux des bords de la Méditerranée. *Paris,* impr. Quantin, 1879. Grand in-8. Extrait de la *Gazet'e des Beaux-Arts.*

Popelyn (Claudius). — (Voir PICCOLPASSI).

[**Porter (G.-R.)**]. — A Treatrise on the origine... of the manufacture of porcelain. *Londres,* impr. Longman, 1832. In-12.

Poschinger. — Industrie der Stein Thon und Glaswaaren. Deutschamtlicher Berichte Wiener Austellung. *Brunswick,* 1873.

Possesse (Maurice de). — La Faïence de Rouen. Impr. J. Le Clerc. In-4.

Pottier (André). — Essai de classification des poteries normandes des XIII, XIV et XVe siècles. *Rouen,* impr. Brière, 1867. In-8.

Pottier (André). — Sur le Vase hispano-moresque de l'Alhambra. *Rouen,* impr. Péron, 1850. Grand in-8.

Pottier (André). — Histoire de la faïence de Rouen, ouvrage posthume. *Rouen,* Le Brument, 1870. In-4, pl.

Pottier (André). — Origines de la porcelaine d'Europe. *Rouen,* impr. Péron. Grand in-8.

Pottier (André). — Voir COLAS (abbé). Sa biographie.

Pouy (F.). — Les Faïences d'origine picarde et les Collections diverses. *Amiens,* impr. Lenoël-Herouart, 1872. In-8, pl.

Pouy (F.). — Les Faïences, spécialement celles d'origine picarde, deuxième édition. *Paris,* Detaille, 1873. In-8, pl.

Prieur (C.-A.). — Considérations sur les couleurs irisées. *Paris*, impr. Perronneau, 1807. In-8.

Prime (William-C.). — Pottery and Porcelain of all times and nations. With table of factory and artist's marks, for the use of collectors. *New-York*, Harper, 1878. In-4.

Prisse d'Avennes. — L'art arabe d'après les monuments du Kaire depuis le viie siècle jusqu'à la fin du xviiie siècle. *Paris*, Morel, 1877. In-4.

Proth (Mario). — A travers l'Union centrale. *Paris*, Vaton, 1877. In-18.

Pungileoni (L.). — Notizia delle pitture in maiolica. *Rome*, 1857.

Q

Quirielle (Roger de). — Les Faïences parlantes. *Paris*, 1877, impr. Pougin. In-8.

R

Racle (Léonard). — L'Art du tuilier et du briquetier perfectionné. In-8 carré S. D., plus atlas grand in-8.

Racle (Léonard). — Réflexions sur l'art de la terre cuite. Manuscrit in-4.

Racle (Léonard). (Voir CHARDON DE LA ROCHETTE). — Notice biographique, etc.

Racle (Léonard). (Voir AMANTON). — Notice biographique.

Raffaelli (G.). — Memorie istoriche delle maioliche lavorate in Castel-Durante. *Fermo*, 1846. In-8.

Ramé (Alfred). — Note sur quelques épis en terre cuite. *Caen*, impr. Hardel, S. D. In-8.

Ramé (Alfred). — Études sur les carrelages historiés. *Paris*, Bance, 1855. In-4, pl.

Ranghiasci (B.). — Di mastro Giorgio da Gubbio. *Pesaro*, Annesió Nobili, 1857. In-8.

Read (R.-W.). — Salisbury and south wilts Museum. Loan collect. of Sèvres, 1871. In-12.

Reboulleau de Thoirres (E.-F.). — Nouveau Manuel complet de la peinture sur verre, sur porcelaine et sur émail. *Paris*, Roret, 1843. In-18, pl.

Regout (Petrus). — Kristal en glasblazery en slypery fabricken. *Maestricht*, Aardewerk, 1854. In-4.

Renard (Émile). (Voir Avisse Paul.) — L'art céramique au xixᵉ siècle. Pl. in-folio.

Renauld (J.). — La Céramique péruvienne de la Société d'études américaines fondée à Nancy. *Nancy*, Husson-Lemoine. *Paris*, Maisonneuve, 1879. In-8. Extrait des *Mémoires de l'Académie de Stanislas*.

Rencogne (Gustave de). — Mairie d'Angoulême. Exposition des Beaux-arts en 1877. *Angoulême*, impr. Lugeol, 1877. In-12.

Renner (A.). — Die Porzellanmalerei in ihrem ganzen Umfange. *Leipzig*, 1833. In-12.

Revol. — Note présentée sur les grès cérames. *Vienne*, impr. Savigné. In-4.

Riaño (J.-F.). — Classified and descriptive Catalogue of the art objects of spanish production.

Riaño (J.-F.). — The industrial Arts in Spain. *Londres*, Chapman, 1879. 1 vol.

Ricard (Adrien de). — Guide du voyageur dans Sèvres. *Paris*, typogr. Gaittet, 1866. In-32.

Riccio (Camillo Minieri). — La Fabrica della porcellana i Napoli. *Naples*, 1878. In-4.

Richard (Giulio). — Considerazioni sulle condizioni dell industria ceramica. *Milan*, 1863. In-8.

Ricord (D.-T.). — Noticia de las varias y diferentes producciones del Reyno de Valencia. *Valence*, impr. Monfort, 1793. In-8.

Ris (L.-Clément de). — Musée du Louvre. Notice des faïences françaises. *Paris*, impr. Charles de Mourgues, 1871. In-8.

Ris-Paquot. — Histoire des faïences de Rouen. *Amiens*, l'auteur, 1870. In-4, marq. et pl.

Ris-Paquot. — Restauration des porcelaines. Manière de restaurer soi-même les faïences. *Amiens*, 1872. In-12, pl.

Ris-Paquot. — Nouveau Dictionnaire des marques et monogrammes des faïences. *Paris*, Delaroque, 1873. In-12.

Ris-Paquot. — Dictionnaire des marques et monogrammes de faïences, deuxième édition. *Paris*, Delaroque, 1874. In-8.
      Une autre édition a paru en 1878 chez le même éditeur, même format.

Ris-Paquot. — Histoire générale de la faïence. *Amiens*, chez l'auteur, 1874-1876. In-folio, pl.

Ris-Paquot. — Manuel du collectionneur de faïences anciennes. *Paris*, Raphaël Simon, 1877-78. In-8.

Ris-Paquot. — Origine et privilèges de la Manufacture de Vincennes et de Sèvres. *Paris*, Raphaël Simon, 1878. In-12.

Ris-Paquot. — Documents inédits sur les faïences charentaises. *Paris*, Raphaël Simon, 1878. In-12.

Rivero (Mariano de). — Antiquedades peruanas. *Lima*, 1841. Petit in-4.

Robert (Karl). — Le Fusain sur faïence, guide des peintures vitrifiables. *Paris*, Quantin, 1879. In-8.

[Robert (Louis)]. — Des Manufactures nationales. *Paris*, impr. nationale, 1871. In-4.

Robillard de Beaurepaire (Eug.). — Les Faïences de Rouen et de Nevers. *Caen,* Le Blanc-Hardel, 1867. In-8.

Robillard de Beaurepaire (Eug.). — Raymond Bordeaux, ses Œuvres et sa correspondance. *Caen,* impr. Le Blanc-Hardel, 1878. In-12.

Robinson (J.-C.). — A descriptive catalogue of a collection of oriental and old Sèvres porcelain. *Londres,* 1853. In-8.

Robinson (J.-C.). — Lives of Benvenuto Cellini and Bernard Palissy. *Londres,* 1855. In-8.

Robinson (J.-C.). — Catalogue of the Soulages collection. *Londres,* Chapman, 1856. Grand in-8.

Robinson (J.-C.). — Art treasures of the United Kingdom, from the art treasures Exhibit. at Manchester. *Londres,* Day et Son, 1858. In-folio.

Robinson (J.-C.). — Catalogue of the various woorks of art... the collect. of M. Uzielli. *Londres,* Clayton, 1860. In-8.

Robinson (J.-C.) — Catalogue of the exhibit. of works of art of the Mediaval, Renaissance. *Londres,* 1862-1863. In-8.

Robinson (J.-C.). — Catal. of the works of art... collect. Robert Napier. *Londres,* 1865. In-8.

Rolle (F.). — Documents relatifs aux anciennes faïenceries lyonnaises. *Lyon,* impr. Vingtrinier, 1865. In-8.

Rosina (G.). — Memoria sulle stoviglie fabbricate con terre del regno lombardo-veneto. *Milan,* 1822. In-8.

Rosny (Léon de). — Variétés orientales, historiques, géographiques, scientifiques, bibliographiques et littéraires. *Paris*, Maisonneuve, 1869. In-8.

Rosny (Lucien de). — Introduction à une histoire de la céramique chez les Indiens du Nouveau-Monde. *Paris*, Leroux, 1875. In-8. Extrait non tiré à part des *Archives de la Société américaine de France*, tome Ier.

Rossignol (Ferdinand). — Les Protestants illustres. *Paris*, Meyrueis, 1862-1863.

Rottlinger (Karl). — Handbuch der Porzellan-Malerei, oder gründl. Unterricht im Portraitiren u. Landschaftmalen auf Porzellan. *Quedlinburg*.

Roubet (Louis). — Mémoire sur une question céramique. *Nevers*, impr. Begat, 1868. In-8.

Roza (Dr C.). — Notizie storiche delle maioliche di Castelli. *Naples*, typ. Gioja, 1857. In-8.

Rudler (F.-W.). [Voir BÈCHE (Henry de la)]. — Museum of practical Geology.

S

Saint-Amans (de). (Voir JOHNSTON.)

Saint-Amans (de). (Voir JOUANNET.)

[Saint-Genis (Victor de)]. — Exposition d'objets d'art ouverte à Châtellerault le 5 septembre 1874. *Châtellerault*, Bichon, 1874. In-18.

Salaheddin Bey. — La Turquie à l'Exposition universelle de 1867. *Paris*, Hachette, 1867. In-8.

Salandri. (Voir BRIEUX.) — Bernard Palissy.

Salles (Jules). — Étude sur Bernard Palissy, sa Vie et ses Œuvres. *Nîmes*, Grave, 1856. In-12.

Salvetat (A.). — Rapport sur l'introduction à Creil de la fabrication d'une pâte nouvelle. *Paris*, impr. Bouchard-Huzard, 1852. In-4.

Salvetat (A.). — Rapport sur les porcelaines décorées et vernissées. *Paris*, impr. Bouchard-Huzard, 1853. In-4.

Salvetat (A.). — Rapport fait sur les travaux de M. Pierrat. *Paris*, impr. Bouchard-Huzard, 1854. In-4.

Salvetat (A.). — Rapport sur la porcelaine tendre fabriquée par M. de Bettignies. *Paris*, impr. Bouchard-Huzard, 1854. In-4.

Salvetat (A.). — Emploi de l'acide borique et du borax dans les arts céramiques. *Paris*, impr. Bouchard-Huzard, 1854. In-4.

Salvetat (A). — Rapport sur la manufacture des produits céramiques de Bordeaux. *Paris*, impr. Bouchard-Huzard, 1854. In-4.

Salvetat (A.) — Rapport sur les arts céramiques, etc. Exposition universelle de Londres. *Paris*, impr. impériale, 1854. In-8.

Salvetat (A.). — Note sur la verrerie et la céramique. *Paris*, impr. Guiraudet, 1857. In-8.

Salvetat (A). — Leçons de céramique. *Paris*, Mallet-Bachelier, 1857. 2 vol. in-12, fig.

Salvetat (A). — Procès en contrefaçon, etc., procédé de dorure sans brunissage. *Paris*, typ. Renou, 1858. In-4.

Salvetat (A). — Opinion sur la fabrication des briques creuses. *Paris*, typ. Renou, 1858. In-4.

Salvetat (A.). — Les Arts céramiques exposés à Londres en 1862. *Paris*, impr. Bourdier. In-8.

Salvetat (A.). — Uber decoration von Thonwaaren u. Emaillage. Aus. d. Dictionnaire des arts et manuf. complément übersetzt. Herausg. von K. K. Oester. Museum f. Kunst et industrie. *Wien*, 1871. Grand in-8.

Salvetat (A.). — Rapport sur les progrès de l'industrie privée dans la fabrication de la porcelaine. *Paris*, 1875. In-4.

Salvetat (A). — A propos de l'inauguration de la nouvelle Manufacture de Sèvres. *Paris*, impr. Tremblay, 1876. In-4.

Salvetat (A). — Les Arts céramiques à l'Exposition Internationale. Les Arts céramiques à l'Exposition Internationale, deuxième article : la Manufacture nationale de Sèvres. *Paris*, impr. Quantin, 1878-1879. In-8. Extraits de la *Revue des industries chimiques et agricoles*.

Salvetat (A.). — Rapport sur le concours pour le perfectionnement de la fabrication de la faïence. *Paris*, impr. Bouchard-Huzard, 18.. In-4.

Salvetat (A.). — Sur la préparation d'un jaune fusible. *Paris*, impr. Bachelier. In-8.

Salvetat (A.). — Produits céramiques. Terres cuites considérées dans leurs rapports avec l'art de bâtir. — Extrait du *Bulletin des ingénieurs civils.* t.

Sand (George). — Les Majoliques florentines, (à la suite du roman *Flavie*). *Paris*, Michel Lévy, 1875. Grand in-18.

Sarsay (L.). (Voir Savy.) — Anciens carrelages de l'église de Brou.

Sartine (de). — Ordonnance concernant les privilèges de la Manufacture de Sèvres. *Paris*, impr. royale, 1763. In-4.

Sarvy (C.). — Azulejos en Toledo. 1861. Pl. in-folio.

Sauvage dit Lemire. (Voir Montl.) — Les Statuettes en terre de Lorraine.

Sauvageot (Charles). (Voir Le Roux de Lincy.) — Catalogue des livres, manuscrits, etc.

Sauvageot. (Voir Sauzay.) — Collection Sauvageot.

Sauzay. — Monographie de l'œuvre de Bernard Palissy. *Paris*, Delange, 1862. In-folio, pl.

Sauzay (A). — Collection Sauvageot dessinée et gravée. *Paris*, Noblet et Baudry, 1863. In-folio, pl.

Savy (C.) et Sarsay (L.). — Les anciens carrelages de l'église de Brou. *Lyon*, impr. Vingtrinier, 1867. In-folio.

Schilt (Louis-Pierre). — Utilité nationale de la Manufacture de Sèvres. In-8 [1848].

Schilt (Louis-Pierre). — Le Dessinateur de porcelaine par Schilt, de la Manufacture royale de Sèvres. 18 feuilles.

Schilt (L.-P.). (Voir Bellier de la Chavignerie.) — Sa Biographie.

Schmidt. — Die Keramick auf der pariser Weltaustellung. 1878. In-8.

Schmitz (K.-F.-L.). — Grundzuge zur Geschichte der Königlich-bayerischen-Porzellan-Manufactur zu Nymphenburg. 1819. In-8.

Schmitz. — Grès limbourgeois à Racren. *Bruxelles*, 1879-1880. En publication dans le *Bulletin des commissions royales d'art et d'archéologie*, xviii-xixe années.

Schœbel. — Congrès des Américanistes, 1re session tenue à Nancy en 1875.

[**Schomberg (comte de).**] — Catalogue des objets d'art du cabinet du comte de Schomberg. Faïences allemandes et italiennes du xvie siècle. Grès de Flandre et d'Allemagne. Porcelaines de Sèvres, etc. *Paris*, impr. Boudon, 1836. Pet. in-4. Vign.

Schuermans. — Anciens Grès et Verres liégeois. *Liège*, 1879. In-8. Tiré à part du *Bulletin de l'Institut archéologique liégeois*, tome XV.

Schuermans (H.). — Grès flamands, limbourgeois et liégeois. *Liège*, 1879. In-8, pl. Extrait du *Bulletin des commissions royales d'art et d'archéologie*.

Schumann (L.-F.). — Die Kunst durchsischtiges Porcellan, u. weisses Steingut mit durchsichtiger Glasur anzufertigen. *Weimar*, 1835. In-8.

Sédille (Paul). — La Terre cuite et la Terre émaillée dans la construction et la décoration. Conférence au congrès des architectes français. *Paris*, Morel, 1877. In-8.

Sédille (Paul). — Conférence sur la Céramique monumentale, 19 septembre 1878. Congrès et conférences du palais du Trocadéro. *Paris*, Impr. nationale, 1879. In-8.

Senac de Meilhan. — Saisie de porcelaines et ustensiles, 1787. Pet. in-4.

Sén-Riou-Shi. — Rakouyaki-hinoo (les Secrets de la porcelaine dite Rakouyaki), 1733. In-8.

Serlio (S.). — Tutte l'opere d'architettura. *Venise*, G. Franceschi, 1584. In-4. Fig.

    D'autres éditions ont paru à Venise en 1600 et 1619.

Shaw (S.). — History of the Staffordshire potteries. *Hanley*, 1829. In-8.

Shaw (S.). — The Chemistry of the several natural... used in manufacturing porcelain. *Londres*, impr. Lewis, 1837. Gr. in-8.

Simone (G. de). — Processo per stampare le stoviglie sopra e sotto la vernice. *Naples*, 1828. In-4.

Smiles (Samuel). — The Huguenots; their settlements. 1867. In-8.

Smith (R.-M.). — South Kensington Mus. art handbooks. Persian art. *Londres*, Chapman, 1877. Grand in-8.

Smith (R.-H.-S.). — Science and art department of the committee... South Kensington Museum. A list of works on pottery and porcelain. *Londres*, Eyre, 1875. In-8.

Smith (M.-A.-S.). — Philadelphia internat. exhibit. Ceramic and glass. *Londres*, 1876. In-8.

Soldi (Émile). — L'Art et les Procédés depuis l'antiquité. Les arts méconnus. *Paris*, Leroux, 1881 (Ouvrage annoncé et non publié encore). In-8, gr.

Soulié (Eudore). — Introduction au journal d'Hérouard, médecin de Louis XIII. *Paris*, Firmin-Didot, 1868. In-8.

Soultrait (comte Georges de). — Guide archéologique. *Nevers*, impr. Bégat, 1856. In-18.

Sourdeval (Ch. de). — Une Nouvelle Poterie d'Avisseau. *Tours*, impr. Ladevèze, 1859. In-8.

Sparkes (J.-C.-L.) — A Handbook to the practice of pottery. *Londres*, Lechertier, 1878. In-16.

Strâle (G.-H.). — Rörstrand et Marieberg. *Stockholm,* impr. Haeggstrom, 1872. In-8.

Sturm (G.). — Figurale Vignetten fur zwecke der Kunstgewerblichen Industrie entworfen von G. Sturm herausgegeben vom K. K. Handels Ministerium als Vorlegeblätter fur dessen Keramische. Tachschulen. In-4.

Sybel (Johann Karl). — Nachrichten von dem Städtchen Plauen an der Havel, besonders von der dort angelegten Porzellan Manufaktur. *Berlin,* Nicolai, 1812. In-8.

T

Tainturier (A.). — Notice sur les faïenceries de Moustiers (Basses-Alpes). 1859. Manuscrit grand in-8.

Tainturier (A.). — Notice sur les faïences du XVIe siècle, dites de Henri II. *Paris*, Didron, 1860. In-8, pl.

Tainturier (A.). — Les Terres émaillées de Bernard Palissy, inventeur des rustiques figulines. *Paris*, Didron, 1863. In-8, pl.

Tainturier (A.). — Recherches sur les anciennes manufactures de porcelaine et faïence (Alsace et Lorraine). *Strasbourg*, impr. Berger-Levrault, 1868. In-8.

Tarbouriech (A.). — Documents sur quelques faïenceries du Sud-Ouest de la France. *Paris*, Aubry, 1864. In-12.

Tching-thing-Kouei. — King-te-tchin-thao-lou. Histoire des porcelaines de King-te-tchin. 1815.

Tchou-thong-tch'ouen. — Thao-choue. Dissertations sur la céramique. Entre 1736 et 1795.

Teirich. — Thonwaaren Industrie auf der Wiener Ausstellung. *Wien*, 1873.

Tenax (T.). — Die Steingut und Porzelanfabrication als höchste Stufen der Keramischen Industrie. Nach den

neusten Erfahrungen bearbeitet von T. Tenax. Grand
in-8.

Thiaucourt (P.). — Essai sur l'art de restaurer les
faïences. *Paris*, Aubry, 1865. In-12.

[Thomas (frères)]. — Manufacture de Saint-Clément.
Nancy, impr. Berger-Levrault, 1878. In-8.

Thompson (H.). (Voir MANKS.) — Catal. of blue and wite
Nankin porcelain.

Thore (Dr). — Anciennes Fabriques de faïence et de porcelaine de l'arrondissement de Sceaux. *Paris*, impr.
P. Dupont, 1868. In-8.

Tieck (Friedrich). — Verzeichniss von Werken der della
Robbia. *Berlin*, 1835. In-12.

[Tiffin (W.-F.)]. — A Chronograph of the Bow, Chelsea,
and Derby porcelain. *Salisbury*, Brown [1874]. In-8.

Tilton (S.-W.). — Designs and Instructions for decorating pottery. *Boston*, 1877.

Timbs (J.). (Voir GALLICK.) — Painting populay explained.

Toifel (Wilh.). — Keramik. Eine Sammlung Original-
entwürfe zur Ausführung in Glas, Fayence, Porzelan,
Majolica, Terracotta, Thon, Steinzeug, Marmor, etc.
Grand in-folio, Liv. I.

Tomlinson (C.). — Pottery and Porcelain in « History of
Processes of Manufacture ». *New-York*, 1864. In-12.

Torteroli (T.). — Intorno alla maiolica Savonese. *Turin*,
typ. Barera, 1856. In-8.

Autre édition. *Savone*, Sambolino, 1859. In-12.
Fait partie de l'ouvrage *Scritti letterari*.

Tournal. — Notes sur la céramique. — Faïences et porcelaine. *Caen*, Hardel, 1863. In-8.

Tournal. — Catalogue du Musée de Narbonne. *Narbonne*, Caillard, 1864. In-8.

Treadwell (John-H.). — A Manual of pottery and porcelain for American collectors. *New-York*, Putnam, 1872. In-8. Vign.

Tremblay (D.-J.). — Notice sur la ville et les cantons de Beauvais. *Beauvais*, Desjardins, 1815. In-8.

Trenham Becks. (Voir Beche.) — Museum of practical geology.

Triqueti (baron Henri de). — Bernard Palissy. Discours. *Paris*, 1856. In-8.

Troubat (Jules). — Plume et Pinceau. Études de littérature et d'art. *Paris*, Lisieux, 1878. In-18.

Turgan. — Sèvres. *Paris*, Michel Lévy, 1860. Grand in-8, pl.

Turgan. — Faïencerie de M. Signoret à Nevers. *Paris*, Michel Levy, 1865. In-8, pl.

Turgan. — Fabrique de boutons céramiques de M. Bapterosses à Briare. *Paris*, Michel Lévy, 1865. In-8.

Turgan. — Faïencerie de Gien. — Faïences fines. *Paris*, Michel Lévy, 1867. In-8, pl.

Turgan. — Sèvres. *Paris*, Michel Lévy, 1876. In-8. Cinq livraisons extraites des *Grandes usines*.

V

Valière. — Rapport du délégué des ouvriers porcelainiers au congrès de Paris. *Limoges*, impr. Ducourtieux, 1876. In-8.

Van Bastelaer (D.-A.). — Académie d'archéologie. Les couvertes, lustres, vernis, enduits, engobes. *Anvers*, typ. J. Plasky, 1877. In-8.

[Van de Casteele (D.)]. — Grès liégeois. *Bruxelles*, 1879. In-8. Tiré à part du *Bulletin des commissions royales d'art et d'archéologie*, xviii° année.

Van de Casteele. — Grès wallons. *Bruxelles*, 1880. In-8. Tiré à part du *Bulletin des commissions royales d'art et d'archéologie*, xix° année.

Van Romondt. (Voir HAVARD (Henri). — Catalogue de la collection Van Romondt.

Vanzolini (Giuliano). — Istorie della fabbriche di majoliche metaurensi e delli attinenti ad esse raccolte a cura. *Pesaro*, Nobili, 1879. 2 vol. in-8 et 1 vol. in-4.

Varnier. — Fayanceries. Bois à brûler. [15 février 1749].

Vauquelin. (Voir FOURCROY.) — Rapport sur un mémoire du citoyen Brongniart, etc.

Vendemini (Avv. Francesco). — La Ceramica all'esposizione di Faenza nell'anno 1875. *Bologne*, impr. Zachinelli, 1876. In-8.

Venuti (D.). — Spiegazione d'un servizio da tavola dipinto e modellato in porcellana. *Naples*, 1782. In-4.

Venuti (Chevalier).— Interprétation des peintures dessinées sur un service de table. *Naples*, 1787. In-4.

Verhelst (Benoni Karel). — Description des antiquités et objets d'art du cabinet d'Huyvetter. *Gand*, impr. Vanderhaeghen-Hulin [1851]. In-8.

Veuclin (E.). — Le Musée municipal de Bernay. *Orbec*, impr. A. Legrand, 1878. In-8.

Vialle. — Rapport du délégué des céramistes de Limoges à l'exposition de Philadelphie. *Limoges*, impr. Chatras, 1877. In-8.

Vignola. — Les Poteries anciennes du Piémont. *Turin*, 1878.

Villers (A.). — XVIIIe siècle. J.-B. Nini. Ses Terres cuites. *Paris*, impr. Lecesme, 1862. In-8.

Villers (G.). — Notice sur la Manufacture de Bayeux. *Caen*, typ. Hardel, 1856. In-8.

Vincent (feu maistre Jacques). — La Pyrotechnie ou art du feu. *Paris*, Guillaume Jullian, 1572.

Vincent (Jacques). — La Pyrotechnie ou art du feu. *Rouen*, Jacques Cailloué, 1627. In-4.

Viollet-le-Duc (E.). (Voir PARVILLÉE Léon.) — Architecture et Décoration turques.

Vital Roux. (Voir EBELMEN.) — Rapport sur la cuisson de la porcelaine avec la houille.

[Vizetelli (F.)]. — Collection of porcelain... manufact. Worcester. *Londres*, impr. Unwin, 1862. In-4.

W

Wagnien (F.). — Musée de la Nièvre. — Cession du cabinet de M. Gallois. — *Nevers*, impr. Regnaudin-Lefebvre, 1847. In-8.

Wall (B.). — Lecture on pottery. *Londres*, 1853. In-12.

Wallis (A.). — The Pottery and Porcelain of Derbyshire. *Londres*, Bemrose, 1870. In-8.

Ward. — History of Stoke-upon Trent. *Londres*, 1848.

Warmont (Dr A.). — Recherches historiques sur les faïences de Sinceny, Rouy et Ognes. *Paris*, Aubry, 1864. In-8.

Warmont (Dr A.). — Notice sur les faïences anciennes de Sinceny. *Noyon, Chauny* et *Paris*, 1863. In-8, pl.

Weber (T.-J.). — Die kunst das ächte Porzellan zu verfertigen. *Hannover*, 1798. In-8.

Wedgwood (J.). — Catalogue of antique ornaments. *Londres*, 1777-1778.

Wedgwood (J.). — Extract for J. Wedgwood Catal. of Camees. 1787. In-8.

Wedgwood (J.). — Catalog. de Camees, Intraglio... Vases. 1788.

Wedgwood (J.). — Museum Etruriæ, or a Catalog. of Camees, etc. *Liverpool*, impr. Boardman, 1817. In-8.

Wedgwood (J.) — Reprint of a description of the Portland vase. *Londres*, impr. Bowyer, 1845. In-folio.

Wedgwood (J.). — An Address to the young inhabitants of the pottery. *Newcastle*, impr. Smith, 1877. In-12.

Wedgwood (Rev. G.-R.). — The History of the tea cup with a descript. account of the potters. *Londres*, 1878.

Wenger (A). — List of prices of patent spurs and stilts. *Colbridge*, 1876. In-8.

Wignier (Charles). — Monographie de la manufacture de faïences de Vron. *Paris*, Raphaël Simon, 1876. In-8. Pl.

Wignier (Ch.). (Voir Lucas.) — La Manufacture de faïences de Vron, etc.

Wilkens (Karl). — Die Töpferei. Anfertigung, des ordin. Töpfergerchirrs, der ordin. Fayance (d. sag. Porzellan-öfen) des ordin. *Weimar*, 1870. Grand in-8.

Willement (Thomas). — Scrap book of parements and encaustic tiles. In-folio.

Windus (T.). -- A New Elucidation of the subjects on the celebrated Portland vase. *Londres*, Pickering, 1845. In-folio.

Witeford (S.-T.). — A Guide to porcelain painting. *Londres*, Rowney, 1873. In-8.

Wolf (D' J.-W.). (Voir Hefner.) — Die Burg Tannen-berg, etc.

Wyatt (M.-D.). — On the influence exercised on ceramic Manufact. Minton, 1858. Grand in-8. Extrait du *Journal of the Society of Arts*.

Wyatt (Matthew Digby). — Specimens of the geometrical mosaics. In-folio, 1850, pl.

Y

Young (J.-Jennie). — The ceramic Art. A compendium of the history of manufactures of pottery and porceloin. *New-York,* Harper, 1878. Grand in-8.

Ysabeau. — Règlement pour les compagnons et ouvriers qui travaillent dans les manufactures du royaume. *Paris,* Guillaume Simon, 1749. In-4.

Z

Ziegler (J.). — Études céramiques. Recherche des principes du beau dans l'architecture, l'art céramique et la forme en général. *Paris,* Mathias, 1850. In-8, plus atlas in-folio.

ANONYMES

A... — La Potichomanide, poème en trois chants, sur l'art d'imiter les porcelaines de Chine, du Japon, de Sèvres, de Saxe. *Paris*, 1854. In-8.

A. D. — Un vase proposé pour une manufacture. In-4, 1806, pl. Extrait de l'*Athenæum*, dirigé par Baltard.

B. B. — Comparaison de la fabrication des poteries en Angleterre et sur le continent. *Luxembourg*, impr. Lamort, 1835. In-8.

C... (Charles). — Voyage dans un grenier. Bouquins, faïences, autographes. *Paris*, Morgand et Fatout, 1878. Grand in-8.

C. L. — La manifattura delle porcellane di Doccia. *Florence*, typ. Grazzini, 1861. In-8.

H... — Catalogue d'une collection d'objets d'art, tels que porcelaines de vieux Sèvres, de Chine et Japon. *Paris*, impr. Boudon, 1836. In-8, pl.

L. W. (capit. Wundt?). — English Pottery and Porcelain. *Londres*, 1857. In-8.

N.-F.-L. — Note étymologique, archéologique, céramicologiq o sur le coquemart. *Ribérac,* impr. Bounet, 1868. In-8.

P. N. — Sur les manufactures de porcelaine. *S. l. n. d.* In-8.

Φ. — Notizie biografiche al marcheso L. C. Ginori Lisci. *Florence,* impr. Piatti, 1837. In-8.

Abbildung der vorzuglicheren Artikel der königl-baye- rischen Porzellan Manufactur zu Nymphenburg, 1831. In-4.

Album de 22 dessins pour la fabrication de la porcelaine en Chine avec description manuscrite. (Voir AMOT.)

Armoiries allemandes, anglaises, espagnoles, françaises, hollandaises, italiennes, suédoises, etc., relevées sur les poteries, grès, faïences et porcelaines du Musée de Sèvres. Recueil manuscrit. 1880. In-8°. Dessins en couleur.

Arrest du Parlement, portant règlement entre la com- munauté des maistres et marchands verriers-faïen- ciers-émailleurs, à Paris, le corps des marchands merciers et la communauté des marchands fripiers. *Paris,* 18 décembre 1711. In-4.

Art céramique. Manufactures de faïence de Nevers. *Nevers,* 184?. Pet. in-18.

Articles, statuts, ordonnances et règlements de la communauté des gardes-jurés, maistres couvreurs de flacons et de bouteilles en osier, fayance, etc. *Paris,* impr. Rebuffe, 1702. Pet. in-4.

Articles, statuts, ordonnances et règlements de la communauté des gardes-jurés. *Paris*, Pierre-Guillaume Simon, 1752. Pet. in-4.

Artistic amusements in Cluding... Painting on China. *Londres*, the Bazaar office. [1877]. In-8.

Breve nota di quel che si vede in casa del Principe di Sanseverre D.-R. di Sangro. 1767. In-12.

Catalogue de la Collection des peintures sur la porcelaine dans la nouvelle Pinacothèque royale à Munich. *Munich*, impr. Hübschmann, 1869. In-18.

Catalogue de l'Exposition des beaux-arts à Arras en 1868 *Arras*, impr. Brissy [1868]. In-18.

Catalogue de l'Exposition artistique d'Arras en 1873.

Catalogue de l'Exposition rétrospective d'objets d'art de Tours (mai 1873). *Tours*, impr. Bouserez [1873]. In-12.

Catalogue des produits des Manufactures nationales, etc. *Paris*, impr. Charles de Mourgues, 1874. In-12.

Catalogue officiel des produits exposés par les Manufactures en 1878. *Paris*, impr. nationale, 1878. In-8.

Catalogue of British Pottery. *Londres*, 1871. In-8.

Catalogue of the loan exhibition of works of art. *Bristol*, impr. Arrowsmith, 1878. In-12.

Catalogues of the objects of ceramic art and school of designs at the Melbourne public library. *Melbourne*, J. Ferres, S. D. [in-16 1877 ou 1878?].

Catalogue of the Worcester Porcelain. *Worcester*. In-4.

Chinese porcelain-king-te-chin-tao-lou (in Chinese). In-folio.

Concours régional de 1869. — Catalogue de l'Exposition de Beauvais, etc. *Arras*, impr. Rousseau, 1869. In-8.

Description des produits de la Manufacture impériale de porcelaine. *Saint-Pétersbourg*, 1844. In-8.

Dessins, poncis et gravures provenant de la fabrique de Robert à Marseille. In-folio.

Encaustic tiles. *Leicester*, N. D. In-12.

Encaustic tiles. Patterns of encaustic. Hanley, N. D. In-4.

English China and China marks. *Londres*, Weyman, 1878. In-12.

Explication des œuvres de peinture, de sculpture, dessins, gravures et des ouvrages d'art céramique. *Limoges*, impr. Chatras, Pet. in-8.

Exposition artistique de Valenciennes, septembre 1872. *Valenciennes*, impr. Henry, 1872. In-8.

Exposition de 1867. Peintres sur céramique. *Paris*, Morel. In-4.

Exposition internationale de Sydney en 1879. *Paris*, impr. Charles de Mourgues, 1879. In-8.

Exposition régionale de Poitiers en 1869. Archéologie. *Poitiers* [1869 , typ. Oudin. In-8.

Exposition rétrospective et moderne [d'Arras]. Catalogue. *Arras*, impr. Schoutheer [1873]. In-8.

Exposition rétrospective de Lyon. — Notice des objets
d'art. *Lyon*, impr. Perrin, 1877. In-12.

Fayancerie. [*Paris*, Briasson, 1765]. Pet. in-folio, pl.

Feou-liang-hien-tchi. Description du district de Feou-
liang. Publié en Chine. 1325.

Gefässe der deutschen Renaissance, un Auftrage d. K. K.
Handelsminist. Herausg. v. Oester. Museum f. Kunst-
Industrie. Mit. 16 Heliog. *Wien*, 1876. In-folio.

Geheimniss, Völligentdecktes, der Kunst, Fayance u. Porzellan zu verfertigen. *Leipzig*, 1793. In-8.

Guide du visiteur à la Manufacture de Sèvres. *Paris*,
impr. Charles de Mourgues, 1874. In-12.

Idée émise de supprimer les Manufactures. (Voir Schilt.)

L'Italie céramique à l'Exposition de 1867. *Florence*, 1867.
In-8.

Kunstwerke u. Geräthschaften des Mittelalters und d.
Renaissance. Herausg. v. C. Becker und Hefner Alte-
neck. *Francfort*, 1847-62. 3 vol. in-4.

Manufacture de Saint-Clément. — Son histoire. *Nancy*,
imp. Berger-Levrault, 1878. In-8.

Manufacture de Sèvres. Tarif avec formes. In-8 carré.

Marques des pièces du Musée de Sèvres. Manuscrit
in-12.

Mémoire historique de la manufacture de porcelaine.
Paris, s. d. In-12.

Moniteur de la céramique, de la verrerie. *Paris*, 1869 à 1876. In-8.

Musée archéologique du département de la Nièvre. Noms des donateurs et descriptions des objets donnés de 1848 à 1849. S. D. In-12.

Museum der modernen Kunstindustrie. Muster Sammlung von hervorr. Gegenständen aus allen Zweigen. Handbuch für Gold-Silber, etc. Arbeiten, Glas-Porcellan-Thonwaaren Fabrikanten. *Leipzig*, 1871-1873. Grand in-4.

Musterwerke a. d. Nürnberger Bauhüttef. d. Häfner, Töpfer, etc., herausg. von C. Heideloff. Mit. 6 kupf. 1ᵗᵉ Heft. (Nichts weiter erschienen.) *Nüremberg*, 1851. In-4.

Neatin on the origin, progress in improvement and present state of the Manufacture of Porcelain and Glass. *Philadelphie*, 1846. In-12.

Notice sur la fabrication mécanique des briques, tuiles. *Reims*, impr. Laton, 1843. In-8.

Notice sur le musée de Bernay (Eure). *Bernay*, Veuclin, 1873. In-8.

Notices sur les pièces de porcelaines de la Manufacture de Sèvres. Expositions de 1818 à 1827. *Paris*, impr. Hérissant Le Doux, 1818 à 1827. In-12.

Notices sur quelques-unes des pièces qui ont figuré dans les Expositions des Manufactures royales de 1828 à 1850. *Paris*, impr. Plassan, 1828 à 1850. In-12.

Ordonnance de l'intendant de Brou portant règlement

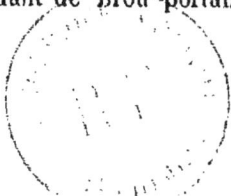

7

général pour les manufactures de faïence de la ville de Rouen [8 décembre 1757].

Ornaments antiquer Thongefässe herausg. von Oester. Museum fur Kunst und Industrie. *Vienne*, 1868, pl.

Ornaments. Raccolta di ornamenti trattida terre cotte dipinte in Siena. *Sienne*, 1873. In-folio oblong.

Patents relating to pottery. *Londres*, 1863.

Peinture sur porcelaine..., procédés de la Manufacture royale de Sèvres, suivie de la peinture orientale ou l'art de peindre sur papier, etc. *Paris*, Desloges, 1847. In-18.

Philadelphia, Exhibition 1876. Treasures of art Industry. *New-York*, Buffalo, 1877. In-folio, pl.

Pottery Bristol Loan Collection. In-8, N. pag. 1878?

Société philomathique de Bordeaux. — Exposition des produits des arts, 1838. *Bordeaux*, impr. Ramadié. In-8.

Société philomathique de Bordeaux. — Exposition de 1865. *Bordeaux*, Gounouilhou, 1865. In-8.

South Kensington Museum. Art hand books. Industrial. *Londres*, 1876. In-8.

Statistique industrielle à l'usage des manufacturiers du canton de Creil. *Senlis*, imp. Tremblay, 1826. In-8.

Statuts anciens et nouveaux, etc., concernant la communauté des maistres potiers de terres. *Paris*, impr. Prault, 1752. In-12.

Sur la Porcelaine de la Chine et la Tour de porcelaine de Nanking. In-12. Extrait du *Mercure galant.*

Table des Maréchaux de France, en porcelaine de Sèvres. In-4.

Tarif de la Manufacture de poterie fine de Sarreguemines. Sans date. In-4 oblong, pl.

The China Members Club. *New-York*, Harper.

The Pottery and Glass Trades' journal. *Wenger*, Hanley, 1878-1879. In-4.

The Story of Palissy the potter. *Londres*, T. Nelson, 1877. In-16, chromolith.

Thien-koug-khaï-wou. Manuel de l'industrie chinoise.

Ueber eine im Kgl. Ethnologischen Museum zu Berlin peruanische Wase mit Figürchen. *Berlin*, 1875. In-8.

Uebersicht der Kunst et Kulturgeschichte. *Berlin*, 3 vol. in-8.

Vases en grès des XVIᵉ et XVIIᵉ siècles. *La Haye*, 1860. In-folio, photog.

Ville de Blois. Catalogue des objets d'art. *Blois*, impr. Marchand, 1875. In-12.

Ville de Marseille. Exposition rétrospective des beaux-arts, 1879. *Marseille*, Bouisson, 1879. In-8.

Ville de Nancy 1875. Catalogue des tableaux et objets d'art. *Nancy*, impr. Réau, 1875. In-12.

Ville d'Orléans. Exposition des beaux-arts et des arts

appliqués à l'industrie. *Orléans*, impr. Jacob, 1876. In-12.

Ville de Reims. Exposition rétrospective. Catalogue. *Reims*, impr. Dufour, 1876. In-18.

Ville de Rouen. Exposition d'objets d'art et de curiosité. *Rouen*, Cagniard, 1861. In-12.

Ville du Mans. — Exposition des beaux-arts. Section de l'art rétrospectif. Catalogue. *Le Mans*, impr. Drouin, 1880. In-12.

Wrouw Jacob's Kann etjes. *Arnheim*, impr. Brauwer, 1757.

SECONDE PARTIE

Par la division précédente on a une idée de l'activité européenne dans le domaine des arts céramiques; par celle qui suit, j'ai voulu montrer la nature de l'activité particulière à chaque nation.

Quatre peuples tout d'abord sont en présence : les Allemands, les Anglais, les Français, les Italiens. Leurs études sur l'histoire de la céramique témoignent à la fois de recherches industrielles et d'aspirations artistiques.

En étudiant les divisions spéciales concernant l'Allemagne, l'Angleterre, la France et l'Italie, un statisticien ferait sans doute remarquer que, malgré les écarts qui existent dans le chiffre des productions de ces quatre pays, les arts céramiques sont des branches d'industrie florissante chez ces différents peuples, et, par les sous-titres des divisions principales, un économiste constaterait dans quelle mesure prédomine l'art ou la fabrication industrielle.

La France est ouverte à l'art comme à l'industrie.

L'Angleterre, sans négliger l'étude des procédés techniques, se préoccupe des arts décoratifs des diverses nations.

L'Italie cherche dans les archives l'histoire de ses nombreux centres céramiques, jadis si florissants.

L'Allemagne reprend la fabrication au début, traduisant la plupart des traités techniques français.

Aussi bien que par les grandes Expositions internationales de l'industrie, la Bibliographie permet de se rendre compte des tendances des divers peuples, de la somme de leurs efforts.

Un fait m'a frappé à la suite de la publication de la préface de cet ouvrage dans une Revue il y a quatre ans[1]. Les États-Unis manquaient à la nomenclature, qui, outre les peuples cités plus haut, embrassait l'Autriche, la Belgique, la Chine, la Hollande, le Japon, la Suède, etc. Depuis lors, les Américains ont pris le pas sur ces derniers peuples et on verra à sa série que l'Amérique, jeune et entreprenante, a abordé résolument ces questions et qu'elle aussi veut sa place dans le mouvement céramique moderne.

J'ai dû suivre, pour l'enregistrement rationnel de ces écrits, un système rendant autant que possible les aptitudes particulières à chaque race; c'est ainsi qu'un écrivain, imprimant ses travaux hors de son pays, quoique traitant de matières sans rapport avec les industries de sa nationalité, alors même qu'il se sert de la langue de la nation qui lui donne asile, n'en est pas moins classé au pays où il est né. Un Espagnol étudiant en Italie l'art céramique italien, un Français attaché à une manufacture en Angleterre et publiant en anglais des Mémoires céramiques, un Allemand faisant gémir les presses françaises par l'emploi tudesque de la langue de Voltaire, ne font pas moins retour à leur nation respective. Il en est de même des traducteurs; c'est encore un signe de nationalité que d'introduire, dans un pays qui en manquait, les lumières empruntées à un peuple voisin.

Ce système a ses défauts; mais une bibliographie spéciale comporte plus d'une difficulté et, quel que soit le jugement qu'on porte sur la classification suivante, je dois dire que, longuement pesée, elle n'a été fixée qu'après divers essais.

1. Essai de bibliographie céramique. *L'Art*, octobre 1877.

BIBLIOGRAPHIE CÉRAMIQUE

SECONDE PARTIE[1]

ALLEMAGNE

1° INDUSTRIE — TECHNIQUE

Bastenaire-Daudenart. — *Die Kunst weiss Steingut m. durchsichtiger Glasur nach Art der Franz. und Engl. anzufertigen. A. dem. Franz. v. G. Frick. Mit 4 Tafeln.* — L'art de fabriquer la « faïence fine » avec une glaise blanche, à la manière française et anglaise. Traduit du français par G. Frick. Avec 4 planches. *Weimar*, 1832. In-8.

Bastenaire-Daudenart. — *Die Kunst allen Arten ordin. Töpferwaaren, sowie Ofentaf., etc. Anzufertigen. A. d.*

---

1. Pendant l'impression de la première partie, divers ouvrages publiés sur la céramique, des renseignements nouveaux ont permis à l'auteur de compléter ses recherches; elles trouvent place à leur ordre dans les diverses séries qui suivent.

Franz. v. H. Schmidt. 3 Aufl., mit Atlas. — L'art de fabriquer toute sorte de poteries ainsi que les carreaux de poêles, etc. Traduit du français par H. Schmidt. 3ᵉ éd. avec atlas. *Weimar*, 1859. In-8.

Bastenaire-Daudenart. — *Die Kunst das echte Porcellan zu fabriciren, die Porcellanmalerei u. die Porcellannergoldung. A. d. Franz. mit Zusätzen vermehrt, von Chr. H. Schmidt. Mit Lithogr.* — L'art de fabriquer la vraie porcelaine, de la peindre et de la dorer. Traduit du français et augmenté de notes, par Ch. Schmidt. Avec des lithographies. 2 vol. *Quedlinburg.*

Bergsteen (K.-G.). — *Prakt. Anleitung zum Anfertigen d. Drainröhren ohne Kostbare Apparate. Mit 2 Tafeln.* Introduction pratique à la fabrication des tuyaux de drainage sans appareils coûteux. Avec 2 pl. *Berlin*, 1858. In-8.

Brongniart (A.). — *Handbuch der Porcellanmalerei. 2 Aufl.* — Traité de la peinture sur porcelaine. 2ᵉ édition. *Berlin*, 1861. Gr. in-8.

Brongniart (A.). — *Das Koloriren u. Decoriren des üchten Porcellans. A. dem Franz. v. H. Schmidt. 2 Aufl. Mit 2 Tafeln.* — La Peinture et la Décoration de la vraie porcelaine. Traduit du français par H. Schmidt. 2ᵉ édition, avec 5 planches. *Weimar*, 1858. In-8.

Cohausen et G. Poschinger. — *Industrie der Stein-Thon-Glaswaaren. Amtl. Bericht über die Wiener Weltausstellung von 1873.* — Industrie des objets fabriqués avec la pierre, l'argile et le verre. Rapport officiel sur l'Exposition universelle de Vienne. *Brunswick*, 1874. Gr. in-8.

Dietz. — *Leitfaden zur Anfertig. von 100 verschiedenen Töpfer. Glasuren. 2 Thle. M. 5 Kupf.* — Guide de la fabrication de 100 différents vernis pour poteries, avec 5 grav. *München*, 1853. 4 vol.

Ehrhardt (Ad. Hinr). — *Anweisung zur Verfertigung u. Anwendung bleifreier Glasuren füralle Arten irdener und eiserner Geschirre.* — Traité de la fabrication et de l'emploi des vernis sans plomb pour toute espèce d'ustensiles, soit en argile, soit en fer. *Quedlinburg.*

Fleischmann (C.-W.). — Album de 41 planches de poêles de la fabrication de Fleischmann, potier à Nuremberg. *Nürnberg.* In-4, 18..-1877. Plus quatre prospectus de diverses dates. 14 p. in-8.

> Par cet album, composé de planches gravées pour diverses publications allemandes, on a la reproduction d'un certain nombre de poêles des XV⁵ et XVI⁵ siècles du Musée germanique de Nuremberg. M. C.-W. Fleischmann, continuateur des anciens potiers allemands, se charge de livrer, suivant les demandes, des fac-simile de ces anciens monuments historiés ; mais également le public, grâce à cette publication et à ces offres, sera mis en garde contre l'imitation facile des poêles germaniques.

Frölich (H.-D.). — *Geheimnisse der Porcellanmalerei.* — Les secrets de la peinture sur porcelaine. *Graudenz*, 1847. In-8.

Fromberg (E.-O.). — *Die Darstellung des Goldpurpurs in allen seinen Nüancen, für die Zwecke der Glas-Email, u. Porcellanmalerei.* — La production du pourpre de Cassius dans toutes ses nuances, à l'usage des peintres sur porcelaine, émail et verre. *Quedlinburg.*

Gebhardt (S.-Ch.-R.). — *Das Ganze der Ziegelfabrikation sowie der Kalk und Gypsbrennerei. Nebst Beschreibung und Abbildung der in neuester Zeit in England und Frankreich erfundenen und verbesserten Maschinen zum Ziegelschlagen, sowie Pressen, um Thon oder Erde in Formen zu drücken, neuer verbesserter Dachziegeln,* etc. Ein nützliches handbuch *für jeden Ziegelei-Besitzer, insbesondere für diejenigen, welche die Fabrikation der Ziegeln im Grossen betreiben wollen.*— Traité général de la fabrication des tuiles, ainsi que de la cuisson de la chaux et du plâtre, avec la description et la représentation des machines inventées récemment ou améliorées en Angleterre et en France, pour battre les briques, les comprimer, pour imprimer en formes l'argile et la terre ou fabriquer des tuiles perfectionnées. Manuel utile à tout possesseur de briqueterie, surtout à ceux qui veulent entreprendre sur un grand pied la fabrication des tuiles ou briques, avec 5 pl. *Quedlinburg* et *Leipzig,* 1835. In-12 de 93 p. plus 4 pl. Une seconde édition corrigée a paru en 1837 avec 5 pl.

Gebhardt (S.-Chr.-R.). — *Die neuesten Erfindungen u. Verbesserungen im Betreff der Ziegel-fabrikation, sowie der Kalk u. Gyps-Brennerei. Eine prakt. Anweisung alle Arten Dachziegel etc., zu bereiten. Mit. 15 Taf. Abbildg. 2 Thle.* — Les découvertes et les améliorations les plus récentes qui ont rapport à la fabrication de briques (tuiles), aussi bien qu'aux méthodes de cuire la chaux et le plâtre. Traité pratique de la fabrication de toute espèce de tuiles pour toitures. Avec 15 planches, 2 parties. *Quedlinburg.*

Gehlen (A.-F.). — *Ueber das Vorkommen und die Gewin-nung der Porcellanerde im ehemaligen Fürstenthum Passau.* — Sur la composition et les améliorations des terres à porcelaine, provenant de l'ancienne prin-cipauté de Passau, 1811. In-18 de 26 pages.

Gentele (J.-G.). — *Vollst. Lehrbuch im Potteriefach, oder Beschreibung der Fabrikation d. engl. Steinguts, etc. 2ᵉ Ausg.* — Traité sur les poteries ou description de la fabrication de la faïence ou gresserie anglaise. Deuxième édition avec pl. *Leipzig*, 1859. In-8.

La première édition a paru à Gehren (?) en 1856.

Gräbner (Dʳ K.). — *Wahres eröffnetes Geheimniss, der Zu-bereitung verschiedener Porzellan-, Steingut-, Fayance und Töpfer-Glasuren, nebst der Verfertigung mehrerer Porzellanfarben und verschiedener farbiger Edelsteine. Mit Umgabe aller Pflanzen, aus welchen Farbenstoffe für Maler und Färber gezogen werden können, mit Beach-tung des Mineral und Thierreiches. Ein nützliches Buch für Fabrikanten, Maler und Färber.* — Secret de la fa-brication des glaçures de porcelaines, grès et faïences, avec la préparation des principales couleurs de porce-laine et de quelques pierres précieuses. Avec le détail de toutes les plantes dont la couleur peut être extraite à l'usage des peintres ou teinturiers ; on a noté les couleurs provenant des règnes animal et végétal. Livre utile aux fabricants de toute sorte, aux peintres et aux teinturiers. *Leipzig*, Basse, 1837. In-12 de 50 p.

Hartmann (Carl). — *Handbuch der Thon- und Glas-Waaren Fabrikation, oder vollständige Beschreibung der*

Kunst, Ziegel und Ziegelsteine, thönerne Pfeifen, weisses oder englisches Steingut, Fayence, echtes und Fritte-Porzellan, ferner Tafel-, Spiegel-, Hohl-, Kristall- und Flintglas zu verfertigen, aus diesen verschiedenen Materien Gegenstände der verschiedensten Art darzustellen und dieselben durch Malerei zu verzieren. — Manuel de la fabrication des ustensiles d'argile ou de verre, ou description complète de l'art de fabriquer les tuiles, briques, pipes de terre, vaisselle blanche ou anglaise, faïence, porcelaine dure ou tendre, les verres à vitre, les glaces, le cristal taillé, de façonner avec ces divers matériaux les objets ayant les formes les plus diverses et de les décorer par la peinture, etc. *Berlin*, Emelang, 1842. In-8 de XII-868 p., plus 5 pl.

Hartmann (C.-F.-A.). — *Die Thonwarenfabrikation in ihrem ganzen Umfange. Mit. 10 Taf. Abbildgn.* — La fabrication de la poterie dans toutes ses branches. Avec 10 pl. *Quedlinburg*, 1850. In-8.

Hoffmann (S.-E.). — *Desseins zu dekorirten und zierenden Stübenöfen, theils entworfen, theils nach der Ausführung bearbeitet und fur den Doppeldruck lithographirt von... Architekt in Berlin.* — Dessins pour la construction et la décoration de poêles d'appartement, soit en projet, soit achevés d'après l'exécution et lithographiés pour la double impression, par Hoffmann, architecte à Berlin. In-4 de 6 pl. en feuilles.

Kärner (Ch.-J.). — *Die Porzellamalerei, Technik und Anwendung.* — La Peinture sur porcelaine. Théorie et pra-

tique des procédés techniques et emplois. *Berlin*,
1870. In-8.

Kerl (Bruno). — *Abriss der Thonwaaren-Industrie.* —
Esquisse de l'industrie des faïences, poteries, etc.
Brunswick, 1871. Grand in-8.

Kerl (Bruno). — *Handbuch der gesammten Thonwaren
industrie.* — Manuel des diverses industries céramiques, deuxième édition. *Brunswick*, 1879. In-8 de
744 p.

Laudon (D.). — *Die Fabrikation des Porcellans, Steinguts
u. Fayence-Glases, sowie der hierzu erforderlichen Glasuren, etc. Mit Abbildungen.* — La Fabrication de la porcelaine, de la vaisselle, de la faïence, du verre et des
vernis dont on se sert dans leur préparation, fig.
Quedlinburg. In-8.

Leibl (Sebastian). — *Neue, wichtige und sehr nützliche
Mittheilungen für Töpfereien, Porzellan, Fayence und
Steingutfabriken. Enthaltend : 1° Anweisung zur Bereitung vieler neu erfundener, vollkommen unschädlicher
bleifreir Glasuren; 2° Anleitung zur Werfertigung der
englischen Metall-Email, oder Metallglasur; 3° Anweisung zur Bereitung ganz neuer Prachtglasuren; 4° Anweisung zur Werfertigung einer Glasur-Composition für
Metallgefässe. Zweite vermehrte Ausgabe. Zuhaben in
der chemischen produkten-handlung.* — Nouvelles
communications importantes et d'une grande utilité
pour fabriques de poteries, de porcelaine, de faïence
et de grès, contenant : 1° Renseignements sur la
préparation de nombreuses glaçures nouvelles com-
plètement inoffensives et sans plomb; 2° Notes sur

la préparation des émaux anglais ou glaçures pour
les métaux; 3° Renseignements sur la préparation
de glaçures absolument nouvelles; 4° Renseignements
pour préparer une composition de glaçure pour fontes
émaillées, deuxième édition augmentée. Se trouve
chez les marchands de produits chimiques. *Nuremberg*,
(184?). In-4 de 14 p.

Leo (With). — *Die Schmelzmalerei, oder die Kunst, auf
Email, Glas u. Porcellan zu malen und die hierzu nöthigen Farben u. Flüsse zu bereiten. 2e neugearb. und vermehrte Aufl. Mit 1 Taf.* — La peinture sur émail, ou
l'art de peindre sur émail, porcelaine et verre, avec la
préparation des couleurs et des fondants nécessaires,
deuxième édition revue et augmentée avec une
planche. *Quedlinburg.* In-8.

Leo (With). — *Handbuch der chem. Farbenbereitung in
ihrem ganzen Umfange.* — Traité complet de la préparation chimique des couleurs dans toute ses branches.
Quedlinburg.

Mathaey (C.-L.). — *Abbildung d. neuesten Façons für
Porcellan - Steingut, Töpferwaaren. M. 8 Taf.* — Procédés les plus récents pour la fabrication de la porcelaine, de la faïence et de la poterie. Avec 8 planches. *Weimar*, 1841. In-folio.

Meindel (C.). — *Die Bereitung der Farben zur Porcellanmalerei. Nebst Anhange, die Auflösung des Goldes zum
Malen des Porzellans enthaltend.* — La Préparation des
couleurs pour la peinture sur porcelaine. Avec un
supplément sur la solution de l'or pour la peinture
sur porcelaine. *Quedlinburg.*

Mayfarht (J.-W). — *Die Porcellan fabrikation.* — Fabrication de la porcelaine. *Sondershausen*, Lupel, 1844.

Nasse (W.). — *Über Porzellanfabrikation in theoret. und prakt. Hinsicht.* — Sur la fabrication de la porcelaine au point de vue théorique et pratique. *Leipzig*, 1826. Grand in-folio.

Paulssen (W.). — *Die natürlichen u. künstlichen feuerfesten Thone. M. 3 Tafeln.* — L'Argile réfractaire, naturelle et artificielle. Avec 3 pl. *Weimar*, 1862. Infolio.

Poschinger. — *Industrie der Stein Thon und Glaswaaren. Deutsch-amtlicher Bericht Wiener Austellung. Braunschweig*, 1873. — Industrie des grès, poteries et verres. Compte rendu officiel de l'empire d'Allemagne sur l'Exposition de Vienne. *Brunswick*, 1873.

Renner (A.). — *Die Porzellanmalerei in ihrem ganzen Umfange,* etc. — Les Peintures sur porcelaine dans tous les genres. *Leipzig*, 1833. In-12 de 66 p.

Rottlinger (Karl). — *Handbuch der Porzellan-Malerei, oder gründl. Unterricht im Portraitiren u. Landschaftmalen auf Porzellan.* — Traité de la peinture sur porcelaine, ou instruction complète pour la peinture de portraits ou de paysages sur porcelaine. *Quedlinburg.*

Schmidt. — *Die Keramik auf der pariser. Weltausstellung.* — La Céramique à l'Exposition parisienne de 1878. 1878. In-8.

Schumann (L.-F.). — *Die Kunst durchsichtiges Porcel-*

8

*lan u. weisses Steingut mit durchsichtiger Glasur anzu
fertigen.* — L'Art de fabriquer la porcelaine transpa-
rente, ainsi que la faïence blanche, avec couvertes
transparentes. *Weimar*, 1835. In-8.

Sturm (G.). — *Figurale Vignessen fur Zwecke der Kunstgewerblichen Industrie entworfen von G. Sturm, herausgegeben vom K. K. Handels Ministerium als Vorlegeblt-
ter für dessen keramische Tachschulen.* — Dessins et
Vignettes à l'usage des industries artistiques. Publié
par Sturm par ordre du ministre du commerce. Autriche, 187.(?). 1 vol. in-4.

    Cet album complète les leçons de céramique du même auteur.

Tenax (B.-T.). — *Die Steingut und Porzellanfabrikation als
höchste Stufen der keramischen Industrie. Nach den
neuesten Erfahrungen bearbeitet von T. Tenax.* — La Fabrication des porcelaines et faïences à leur point
actuel de perfection dans l'industrie céramique,
d'après les découvertes les plus récentes. *Leipzig*,
Gebhart, 1879. Grand in-8, fig.

Toifel (Wilh.). — *Keramik. Eine Sammlung Originalent-
würfe zur Ausführung in Glas, Fayence, Porzellan, Majolica, Terracotta, Thon, Steinzeug, Marmor, etc., heraus
gegeben von Wilh. Toifel.* — Céramique. Collection de
recettes originales pour la fabrication du verre, de la
faïence et de la porcelaine, des majoliques, terres
cuites, argiles, cailloutages, marbre, etc., 187.(?).
Grand in-folio. Liv. 1.

Weber (T.-J.). — *Die Kunst das ächte Porzellan zu verfertigen. M. 8 Tafeln.* — L'art de fabriquer la vraie
porcelaine. Avec 8 planches. *Hannover*, 1798. In-8.

Wilkens (Karl). — *Die Töpferei. Anfertigung des ordin. Töpfergeschirrs, der ordin. Fayence (d. sag. Porzellan öfen), des ordin. Steinguts, etc. Vierte vermehrte und verb. Aufl. Nebst Atlas v. 11 Taf. Abb.* — La Poterie. Fabrication de la vaisselle ordinaire (y compris les poêles en faïence) et des grès ordinaires, etc., quatrième édition revue et augmentée. Avec un atlas de 11 pl. *Weimar*, 1870. Grand in-8.

Anonyme. — *Geheimniss, völlig entdecktes, der Kunst, Fayence u. Porzellan zu verfertigen. Mit Kupf.* — Le Mystère révélé de l'art de fabriquer la porcelaine et la faïence. Avec fig. *Leipzig*, 1793. In-8.

Anonyme. — *Museum der modernen Kunstindustrie. Muster-Sammlung von hervorr. Gegenständen aus allen Zweigen. Handbuch für gold-silber., etc., arbeiter, Glas-Porzellan-Thonwaaren fabrikanten.* — Collection de modèles de la manufacture artistique moderne. Choix d'exemples tirés de toutes les branches de fabrication. A l'usage des ouvriers travaillant l'or et l'argent, et des fabricants de verre, de porcelaine, de poterie. *Leipzig,* 1871-73. Grand in-4.

Anonyme. — *Musterwerke a. d. Nürnberger Bauhütte f. d. Häfner, Töpfer, etc., herausg. von C. Heideloff. Mit. 6 kupf. 1ᵗᵉˢ Hfs. (Nichts weiter erschienen).* — Échantillons de la fabrique de Nuremberg pour les potiers, etc publié par Heideloff, 1ᵉʳ cahier (seul publié) avec 6 p. *Nuremberg,* 1851. In-4.

2° Généralités sur la Céramique,

Histoire, etc.

Becker et Hefner. — _Kunstwerke u. Geräthschaften des
Mittelalters und d. Renaissance._ — Ouvrages d'art et
ustensiles du moyen âge et de la Renaissance. *Francfort,* édité par G. Becker et Hefner-Alteneck, 1847-62.
3 vol. in-4.

Je n'ai pas eu connaissance de cet ouvrage; mais le titre porte
à croire que la céramique doit être traitée avec quelque développement.

Bucher (Bruno). — _Geschichte der Technischen Künste.
Im Verein mit J. Brinckmann, Alb. Ilg, Jul. Lessing,
Friedr. Lippmann, Herm. Rollett herausgegeben von
Bruno Bucher._ — Histoire des arts technologiques.
En collaboration avec J. Brickmann, etc. *Stuttgart,*
Spemann, 1879? 3 vol. in-8. Vign.

Le chapitre III de la 2ᵉ partie, dû à M. Jul. Lessing, est consacré à la céramique ancienne, à Luca della Robbia, Hirschvogel,
Bernard Palissy, aux porcelaines de la Chine et du Japon, ainsi
qu'aux fabriques de faïences de Delft, Rouen, Nevers, etc.

Demmin (Auguste). — Guide de l'amateur de faïences
et porcelaines. — *Paris,* Renouard, 1861. In-12 de
176 p. Marq.

Suivant l'auteur, l'Allemagne, à l'époque de la Renaissance,
fut l'une des rares nations qui eut le privilège presque exclusif
du *grand art.* Cette thèse est soutenue principalement à l'aide
du potier Hirschvogel.

Demmin (Auguste). — Guide de l'amateur de faïences et porcelaines, poteries, terres cuites, peinture sur lave et émaux, nouvelle édition revue, corrigée, considérablement augmentée et ornée de 850 fig., marq. en monogr. dans le texte. *Paris*, Renouard, 1863. In-12 de 576 p.

On trouvera mention, à la division FRANCE, d'un petit mémoire de M. Alfred Darcel à propos de la seconde édition du *Guide* de M. Demmin.

Demmin (Auguste). — Encyclopédie céramique-monogrammique. Guide de l'amateur de faïences et porcelaines, poteries, terres cuites, peinture sur lave, émaux, pierres précieuses artificielles, vitraux et verreries. Troisième édition. *Paris*, Renouard, 1867. 2 vol. in-12 de 1227 pages.

Bien qu'osant arborer ce titre d'Encyclopédie, la troisième édition du *Guide de l'amateur de faïences et porcelaines, poteries, terres cuites*, etc., par M. A. Demmin, est loin de remplir les promesses de sa première ligne. Ce prétendu guide n'est bon qu'à dévoyer ceux qui s'en rapporteraient à lui avec trop de confiance ; compilé sans savoir, sans soin, méthode ni critique, — je parle surtout de ce qui concerne la France, — je l'ai toujours trouvé en faute grave sur tous les points particuliers que j'ai pu vérifier. Aujourd'hui, j'en offre une preuve authentique, etc. (Ch. de Laugardière, *Document inédit pour servir à l'histoire de la céramique dans le département du Cher*. Extr. des Mémoires de la Société des antiquaires du Centre, 1869.)

Demmin (Auguste). — Encyclopédie céramique-monogrammique. — Guide de l'amateur de faïences et porcelaines, terres cuites, poteries de toute espèce, émaux sur métaux, peinture sur lave, verres, vitraux, pierres précieuses et dents artificielles, mosaïques et peintures sur roche. — Quatrième édition, accompagnée de 300 reproductions de poterie, de 3,000 mar-

ques et monogrammes dans le texte et de trois tables,
dont deux de monogrammes ; avec le portrait de l'auteur. *Paris*, Renouard, 1873. 3 vol. in-12, ensemble
de 1596 pages.

> Trois cent soixante-neuf pages ajoutées à l'édition précé-
> dente, avec beaucoup plus de trois cent soixante-neuf bévues.

Demmin (Auguste). — Histoire de la céramique en
planches phototypiques inaltérables, avec texte explicatif. — L'Asie, l'Amérique, l'Afrique et l'Europe par
ordre chronologique. Poteries opaques (faïences, etc.)
et kaoliniques (porcelaines), peintures sur lave. —
Émaux sur métaux, vitraux et verreries. — Mosaïques.
Paris, Renouard, 1875. In-folio de 145 pages, plus
4 pages de table et 250 planches.

> Explications sommaires en regard des planches.

Demmin (A.). — Recherches sur la priorité de la naissance de l'art allemand. *Paris*, Renouard, 1862. Pet.
in-8 de 96 pages.

Demmin (Auguste). (Voir DARCEL.) — Un Guide de l'amateur de faïences. 1864.

Dornbusch (J.-B.). — La Gilde des potiers de la ville
abbatiale de Siegburg et ses produits. *Bruges*, 1872-
1873. Pl. Extrait de la revue *le Beffroi*, t. IV.

Dornbusch (J.-B.). — *Die Kunstgilde der Töpfer in der
Abteilichen Stadt Siegburg und ihre Fabrikate. Mit Be-
rucksichtigung von anderen bedeutenden rheinischen
Töpferniederlassungen, besonders von Raeren, Titfeld,
Neudorf, Merols, Frechen, Hön und Grenzhausen Ein
Beitrag zur Geschichte des Kunsthandwerkes am Nieder-*

rhein, mit 30 lithographirten Abbildungen. — La Corporation artistique des potiers dans la ville abbatiale de Siegburg et ses produits, avec des considérations sur d'autres importantes fabriques rhénanes de poteries, surtout à Raeren, Titfeld, etc.; et un mémoire relatif à l'histoire des industries artistiques du Bas-Rhin. Avec 36 lithograph. Par J.-B. Dornsbuch, chapelain de Sainte-Ursule de Cologne. *Köln*, J.-M. Herberlé, 1873. In-8 de 130 p. plus 3 pl. lith.

Falke (Jacob). — *Die ehemalige kaiserliche Porzellan Fabrik in Wien.* — Mémoire sur la Manufacture impériale de porcelaine de Vienne. *Engelhorn*, Stuttgart, 1875. In-4, pl. Articles extraits de la *Gewerbehalle.*

Graesse (Dr J.-G.-Th.). — *Beiträge zur Geschichte der Gefässbiednerei, Porzellanfabrik, Töpfer und Glasmacher kunst, bei den versch. Nationen.* — Documents pour servir à l'histoire de la fabrication de la porcelaine, des poteries et du verre chez les différents peuples. *Dresde*, 1853. In-8.

Hefner (J. von) und Wolf (J.-W.). — *Die Burg Jannenberg und ihre Ausgrabungen. Im auftrage Seiner Königlichen Hoheit des Grossherzogs von Hessen und bei Rhein, etc. bearbeitet von Dr. J. von Hefner und Dr. J.-W. Wolf.* — Le Château de Jannenburg et ses fouilles. Publié sous la protection de Son Altesse royale le grand-duc de Hesse et du Rhin, etc., par le Dr J. von Hefner et Dr J.-W. Wolf. *Frankfurt a. M.*, 1850. In-4 de 95 p. 12 pl. gravées sur cuivre.

Le château de Jannenberg (Hesse) fut entièrement détruit

en 1399. Dans les ruines des objets de tout genre ont été trouvés qui sont gravés dans les planches, entre autres des carreaux et des briques de poêle.

Hefner. (Voir Becker.)

Hensel. — Essai sur la Majorique (*sic*) ou terre émaillée, adressé à la Société libre des beaux-arts. *Berlin*, 1836. In-8 de 18 p.

> Extrait d'un mémoire adressé à la *Société libre des beaux-arts*, à Paris.
> M. Hensel était, à l'époque où il publia cet opuscule, peintre du roi de Prusse.

Jaennicke (Friedrich). — *Grundriss der Keramik in Bezug auf das Kunstgewerbe. Eine historische Darstellung ihres Entwickelungsganges in Europa, dem Orient und Ost-Asien von den ältesten Zeiten bis auf die Gegenwart. Ein zuverlässiger Führer für Kunst-freunde, Sammler, Fabrikanten, Modelleure und Gewerbeschulen, wie auch als Ergänzung zur Kunstgeschichte von Friedrich Jaennicke.* — Abrégé de céramique dans ses rapports avec l'art industriel. Exposé historique de son développement en Europe, en Orient et dans l'Asie orientale, depuis les temps les plus reculés jusqu'à nos jours. Guide fidèle pour les amateurs, collectionneurs, fabricants, modeleurs et écoles industrielles, et servant de complément à l'histoire de l'art, par Frédéric Jaennicke. Avec 460 illustrations et 2,645 marques et monogrammes. In-4 de xxvii-1,021 p., plus 94 pl. de marques. *Stuttgart*, Paul Neff. 1879.

Kenzelmann (C.-B.). — *Historische Nachrichten über die königliche Porzellan-Manufactur zu Meissen und deren Stifter Johann Friedrich Freiherrn von Böttger. Jesam* *mell von.* — Notes historiques sur la manufacture royale de porcelaine de Meissen et sur son fondateur J.-F. Freiherrn de Bottger. *Meissen*, 1810. In-16 de 32 p.

Kolbe (G.). — *Geschichte der königlichen Porzellanmanufactur zu Berlin nebst einer einleitenden Übersicht der geschichtlichen Entwickelung der ceramischen kunst. In Veranlassung des hundertjährigen Bestehens der königl. Manufactur zusammengestellt durch G. Kolbe Geheimenregierungsrath und Direktor der königl. porzellan manufactur.* — Histoire de la Manufacture royale de porcelaine à Berlin, avec un aperçu du développement historique de l'art céramique, composée à l'occasion du centenaire de la fondation de la manufacture royale par G. K., conseiller privé et directeur. *Berlin*, 1863. R. Decker. In-8 de 299 p.

Lübke (Wilh.). — *Geschichte der Plastik. 2 Aufl.* — Histoire des arts plastiques, deuxième édition. *Leipzig*, 1871. In-8.

Schmitz (K.-F.-L.). — *Grundzuge zur Geschichte der königlich-bayerischen-Porzellan-Manufactur zu Nymphenburg.* — Notice sur la Manufacture royale de Nymphenburg, 1819. In-8 de 40 p.

Schmitz. — Grès limbourgeois à Raeren. *Bruxelles*, 1879-1880. En cours de publication dans le *Bulletin des Commissions royales d'art et d'archéologie*, XVIII-XIX° années.

Les grès étudiés par M. Schmitz sont ceux anciennement

fabriqués à Racren, près Eupen, village de Prusse à deux pas de la frontière belge ; ces grès, qui furent longtemps considérés d'origine allemande, doivent être attribués à la Flandre.

Schœbel. — Congrès des Américanistes, 1re section tenue à Nancy en 1875. T. II, p. 271.

Description d'anciens vases péruviens, trouvés près de Lima.

Sybel (Johann Karl). — *Nachrichten von dem Städtchen Planen an der Havel, besonders von der dort angelegten Porzellan Manufaktur.* — Nouvelles de la petite ville de Planen sur l'Havel, surtout de la Manufacture de porcelaine située en ce lieu. *Berlin,* Nicolaï, 1812. In-8.

Wolf (Dr J.-W.). (Voir HEFNER.) — Die Burg Tannenberg, etc.

Anonyme. — *Abbildung der vorzüglicheren Artikel der königl.-bayerischen Porzellan Manufaktur zu Nymphenburg.* — Dessins des pièces les plus importantes de la Manufacture royale de Bavière à Nymphenburg, 1831. In-4 oblong, 6 p. nombreuses formes.

Anonyme. — *Ueber eine im Kgl. Ethnologicken Museum zu Berlin peruanische Vase mit Figürchen.* — Notice sur un vase péruvien du Musée ethnologique royal de Berlin, avec figures. *Berlin.* 1875. In-8.

Notice descriptive sur un vase antique trouvé aux environs de Truxillo (Pérou).

3° *Marques.*

Barth (C.). — *Porzellan-Marken und Monogramme (Shee tof marks).* — Marques et monogrammes de porcelaines. Pl. de marques. *Stuttgart,* en allemand et en anglais.

Graesse (J.-G.-Théodore). — Guide de l'amateur de porcelaines et de poteries ou collection complète des marques de fabriques de porcelaines et de poteries de l'Europe et de l'Asie. (Quatrième édition, revue et considérablement augmentée.) *Dresde,* 1864, G. Schœnfeld. In-12.

> Trois autres éditions ont paru successivement : la dernière de 1873 contient huit pages de préface et 124 planches de marques.

Graesse. — Guide de l'amateur de porcelaines et de poteries ou collection complète des marques de fabriques de porcelaines et de poteries de l'Europe et de l'Asie. Sixième édition revue, considérablement augmentée et contenant la seule collection complète des marques du vieux saxe. *Dresde,* 1880, Schoenfeld. In-12 de 194 p. de marques.

Jaennicke (Friedrich). — *Marken und Monogramme auf Fayence, Porzellan, Steinzeug und sonstigen Keramischen Erzeugnissen. Separat-Abdruck aus Grundriss der Keramik mit Bezug auf das Kunstgewerbe von den ältesten Zeiten bis auf die Gegenwart.* — Marques et monogrammes sur faïence, porcelaine, pierres et poteries. *Stuttgart,* Paul Neff, 1878. In-8 de xv pages et de 94 pages de marques gravées.

4° Biographies.

Engelhardt (Aug. et Maur.). — *J.-F. Böttger Erfinder des sächsischer Porzellans.* — Biographie de J.-F. Böttger, inventeur de la porcelaine de Saxe. *Leipzig,* Johann Ambrosius Barth, 1837. In-12 de x-659 p.

> Portrait de Böttger avec fac-similé de sa signature.

Tieck (Friedrich). — *Verzeichniss von Werken der Della Robbia, Majolica, Glasmalereien, des königlisches Museum zu Berlin.* — Description des della Robbia, majoliques et vitraux peints du musée royal de Berlin. *Berlin,* 1835. In-12.

5° Catalogues de Musées nationaux et de Collections particulières.

Demmin (Auguste). — Catalogue par ordre chronologique, ethnologique et générique du Musée des arts plastiques et des industries qui s'y rattachent. *Paris,* veuve Renouard, 1868. In-8, iii-132 p. Nombreuses vignettes dans le texte.

> La plus considérable partie de ce catalogue est consacrée à la description des pièces céramiques qui composaient la collection de l'auteur, avant les diverses ventes qu'il fit plus tard.

Demmin (Auguste). — Vente du vendredi 12 mars 1875. Cent cinquante numéros de la collection Auguste Demmin. *Paris,* impr. Pillet, 1875. In-8 de iv-34 pages, vign. dans le texte.

Graesse (D' J.-G.-Th.). — *Beschreibender Catalog der K. Porzellan-und Gefäss-Sammlung zu Dresden. Mit histor. Einleit. üb. die Geschichte der Porzellans und der Thongefässe.* — Catalogue descriptif de la Collection royale de porcelaines et de poteries à Dresde. Avec une introduction historique sur l'histoire de la porcelaine et de la faïence. *Dresde,* Thongefässe, 1873. In-16 de 126 p.

Heberlé (J.-M.). — Catalogue de la collection des antiquités et objets de haute curiosité qui composent le cabinet de feu M. Pierre Leven à Cologne, dont la vente aura lieu le 4 octobre 1853 et jours suivants au domicile de M. Heberlé, à Cologne. *Cologne,* 1853, impr. Steven. Grand in-8 de 51 p. Plus 8 planches hors texte.

Klemm (D' Gustav). — *Die königlich Sächsische Porzellan Sammlung. Eine Uebersicht ihrer vorzüglichsten Schätze, nebst Nachweisungen uber die Geschichte der Gefässbildnerei in Thon und Porzellan.* — Collection royale des porcelaines de Saxe. Aperçu de ses trésors les plus remarquables, avec quelques données sur l'histoire de la poterie, de l'argile et de la porcelaine. *Dresde,* 1834. In-12 de IV-154 p. Pl.

Klemm (D' Gustav). — *Die königlich Sächsische Porzellan und Gefässe-Sammlung nebst dem Specksteincabinet und dem Buddha-Tempel im Japanischen Palais zu Dresden.* — La Collection royale saxonne de porcelaine et de poterie, avec le cabinet de speckstein (stéatite), et le temple de Bouddha au palais japonais de Dresde. *Dresde,* S. d. In-12 de IV-171 p. Pl.

Lehner (Hofrath Dr F.-A.). — *Fürstlich Hohenzollern'sches Museum zu Sigmaringen.* — *Verzeichniss der Thonarbeiten von... Fürstlich Hohenzollern'schem Bibliothekar und Conservator.* — Musée des princes de Hohenzollern à Sigmaringen. Catalogue de la céramique, par le conseiller Dr F.-A. Lehner, bibliothécaire et conservateur des collections des princes de Hohenzollern. *Sigmaringen*, C. Toppen, 1871. Grand in-8.

[Schomberg (comte de)]. — Catalogue des objets d'art du cabinet de M. le comte de Schomberg. — Verroteries vénitiennes. — Faïences allemandes et italiennes du XVIe siècle. — Grès de Flandre et d'Allemagne. — Porcelaines de Sèvres. — Ivoires, etc. — Vente par Bonnefons de La Vialle en janvier 1836. *Paris*, 1836, impr. Boudon. Petit in-4 de 28 pages.

> Divers bois dans le texte ont trait à des faïences, d'anciens grès et des porcelaines de Sèvres.

Anonyme. — Catalogue de la collection des peintures sur la porcelaine dans la nouvelle pinacothèque royale à Munich. *Munich*, impr. Hübschmann, 1869. In-18 de IV-54 p.

> En 1810, le prince royal Louis de Bavière fit peindre, à la Manufacture royale de porcelaine de Nymphenbourg, des plats et des assiettes d'après les tableaux de maîtres des diverses écoles. Cette collection, continuée jusqu'en 1868, comprend 285 numéros.

AMÉRIQUE

Beckwith (Arthur). — *Majolica and Fayence : Italian, Sicilian,- majorean, Hispano-moresque and Persian. By A.-B. With photo-engraved illustrations. Second edition.* — Majolique et Faïence italiennes, siciliennes de Majorque, hispano-moresques et persanes. New-York. Appleton, 1877. In-12 de 1-185 p. Bois dans le texte.

Blake (William-P.). — *International Exhibition. Vienna, 1873. Ceramic Art. A report on pottery, porcelain, tiles, terra cotta, and brick, with a table of marks and monograms, a notice of the distribution of materials for pottery. Chronicle of events., etc., etc. By William-P. Blake. United States centennial commissioner and delegate to the international jury. Group 1, Vienna (from the volume of reports of the Massachusetts Commission to Vienna).* — Exposition internationale de Vienne. 1873. Art céramique. Rapport sur la poterie, la porcelaine, les tuiles, les terres cuites et les briques, avec une table des marques et monogrammes, une notice sur la situation des gisements de matières premières utiles dans l'industrie de la poterie. Suite d'anecdotes, etc. New-York, D. Van-Nostrand, 1875.

In-8 de 1-146 p. Gravures dans le texte. Extrait du volume des Rapports de la Commission de Massachusetts, à Vienne.

Elliott (Chas.-W.). — *Pottery and Porcelain from early times down to the Philadelphia Exhibition of 1876. 165 illustrations with marks and monograms.* Poteries et porcelaines anciennes exposées à l'Exposition de Philadelphie de 1877. 165 illustrations avec marques et monogrammes. *New-York*, 1878. In-8.

Griffis (Rev. W. E.). — *The Mikados Empire. A new edition, contains special reference on pottery of Japan.* L'Empire des Mikados. Nouvelle édition contenant des renseignements particuliers sur la céramique au Japon. *New-York*, Harper, 1878.

Janvier (milady C.-A.). — *Practical Ceramics for students.* Leçons de céramique pour les étudiants. *New-York*, H. Holt, 1880. In-8 de xi-258 p.

Jarves (James-Jackson). — *A Glimpse at the art of Japan.* Un Sillon de lumière sur l'art du Japon. *New-York*, Hurd et Houghton, 1876. In-16 de 216 p. Figures sur bois.

> M. Jarves, dans cet ouvrage sur l'art au Japon, n'a traité qu'incidemment de la céramique au chapitre v : « Japanese decorative and ornemental art. »

Laughlin (miss Louisa). — *China Painting. A practical manual for the use of amateurs in the decoration of hard porcelain.* Peinture sur porcelaine. Manuel pratique à l'usage des décorateurs de porcelaine. *Cincinnati*, Robert Clarke, 1877. In-12 carré de 69 p. — Fleurons et culs-de-lampe céramiques dans le texte.

Lockwood (M.-S.).—*A Manual of ceramic art.*— Manuel d'art céramique. *New-York*, 1878. In-16.

Nichols (Georges-Ward). — *Art education applied to industry.* Éducation artistique appliquée à l'industrie. *New-York*, Harper, 1877.

Voir le chapitre sur les poteries.

Nichols (Georges-Ward). — *Potery how it is made; its shape and decoration, practical instructions for painting on porcelain and all kinds of pottery, with vitrifiable and common oil colours. With a full bibliography of standard works upon the ceramic art and 42 illustrations, by Geo. Ward Nichols, author of Art education applied to industry.* — La poterie, comme elle est fabriquée et décorée ; instructions pratiques pour la peinture sur porcelaine et sur toutes sortes de poteries avec des couleurs vitrifiables et des couleurs ordinaires à l'huile. Avec une bibliographie complète des ouvrages remarquables sur l'art céramique, et 42 illustrations par G.-W. Nichols, auteur de l'Éducation artistique appliquée à l'industrie. *New-York*, G.-P. Putnam, 1878. In-8 de VIII-142 p. Bois dans le texte ; 6 planches lithogr.

Une bibliographie céramique est jointe au volume, mais composée seulement de 124 ouvrages pris un peu à la volée dans les notes de traités céramiques ou d'après les annonces de librairie.

Prime (William-C.).— *Pottery and Porcelain of all times and nations. With tables of factory's and artist's marks, for the use of collectors.* — Poteries et porcelaines de toutes les époques et de toutes les nations. Avec tables des marques des fabriques et des artistes, à

l'usage des collectionneurs. *New-York*, Harper, 1878.
In-8° de 531 p. Frontispice et nombreuses gravures
sur bois dans le texte.

Tilton (S.-W.).— *Designs and Instructions for decorating
on pottery.* — Dessins et indications pour décorer les
poteries. *Boston*, 1877.

Tomlinson (C.). — *Pottery and Porcelain, in « History of
processes of Manufactures ».* — Poteries et porcelaines,
chapitre de l'Histoire des progrès des Manufactures.
New-York, 1864. In-12.

Treadwell (John-H.). — *A Manual of pottery and porcelain for american collectors.* — Manuel de poteries et
porcelaines à l'usage des collectionneurs américains.
New-York, Putnam, 1872. In-8 de ix-161 p. Bois dans
le texte.

Aperçu des principales fabriques de l'Europe et de l'Orient.

Young (J. Jennie). — *The ceramic Art, a compendium of
the history of manufactures of pottery and porcelain.
With 464 illustrations.* — L'Art céramique, complément
à l'histoire des manufactures de poteries et porcelaines. Avec 464 illustrations. *New-York*, Harper,
1878. Grand in-8° de 499 p. Grav.

Anonyme. — *Heatin on the origin, progress in improvement and present state of the manufacture of porcelain
and glass.* — Notice sur les origines, progrès, découvertes et état actuel des manufactures de porcelaines
et de verres. *Philadelphie*, 1846. In-12.

Anonyme. — *Philadelphia, Exhibition 1876. Treasures of* *art industry.* — Philadelphie. Exposition 1876. Trésors de l'art industriel. *New-York*, Buffalo, 1877. In-folio. Chromolithographies.

Anonyme. — *The china Members Club.* — Les Membres du club de la Porcelaine. *New-York*, Harper.

> Ce titre bibliographique, qui m'a été donné par un voyageur américain, est sans doute inexact.

ANGLETERRE

1° Industrie. — Technique

Aikin (A.). — *On Pottery.* — Sur les poteries, 1829.
In-8 de 49 p. Extrait du LXVIII° volume des *Transac-
tions de la Société d'encouragement de Londres.*

Barry (C.). — *On terra cotta, especially as used in new
buildings in Dulwich college. From a paper read by
M. C. Barry at the Institute of architects june 22nd.
1868.* — Des terres cuites employées actuellement dans
les constructions du collège de Dulwich. Tiré d'une
notice lue par M. C. Barry à l'Institut des architectes,
le 22 juin 1868. Extrait de la revue *The Builder*, du
18 juillet 1868.

Birdwood (D' George-C.). — Exposition universelle de
1878 à Paris. Manuel de la section des Indes britanniques. 1878. *Londres*, impr. de G. Eyre, bureaux de
la commission royale. *Paris*, 40, avenue de Suffren.
In-8 de 144 p. et de 5 pl.

> Notes et renseignements sur les poteries hindoues de Madura,
> les poteries indiennes du Pendjab et du Scinde, les poteries
> rouges de Travancore, d'Hyderabad, de Dinapur et l'école d'art
> de Bombay.
> M. Birwood donne les noms des maîtres potiers suivants : Jumu,
> fils d'Osman le potier, à Karachi ; Mahomed Azim, même ville ;
> Nur, Mahommed et Khamil, à Hyderabad ; Rutta Wuleed Mingu,
> même ville, et Peranu, fils de Jumu, à Tatta.
> Chapitre utile pour l'histoire de l'art industriel.
> Une autre édition a paru en anglais à la même époque.

Doulton. — Tarif des poteries de bâtiment de la manufacture de poteries en grès de terre cuite. *Paris*, E. Lacroix, 1873. Pet. in-4 de 48 p.

Doulton (James). — *Terra cotta and stoneware applied to architecture. A paper read before the architectural Society, Liverpool, by M. James Doulton, april 1875.* — Terres cuites et grès appliqués à l'architecture. Note lue à la Société d'architecture de Liverpool, par M. James Doulton, avril 1875. *Londres*, impr. Howard Doulton, 1877. In-8 de 31 p.

[**Doulton**]. — *Doulton Ware. Lambeth art pottery. Lambeth faïence.* — Produits de Doulton. Poteries et faïences d'art de Lambeth. *Londres*, F. Howard Doulton, 1878. In-4 de 34 p.

> Ce catalogue, qui fut distribué aux visiteurs de l'Exposition du Champ de Mars, en 1878, contient les citations de la presse anglaise et américaine relatives à la maison Doulton.
> Les Anglais, aussi bien que personne, savent parer leur marchandise. Le *Doulton-Ware* illustré, imprimé à deux tirages, peut être classé parmi les modèles de bonne typographie, ce qui n'amoindrit en rien la qualité des grès Doulton.

Jewitt (Liewellyn). — *Encaustic Tiles. Paper read at Plymouth and Exeter.* — Poterie vernissée. Note lue à Plymouth et à Exeter. *Exeter*, 1850. In-4 de 7 p.

Maw. — *Patterns of encaustic tiles manufactured by Maw and Company, Benthall, near Broseley, Shropshire.* — Fabrication des terres vernissées exécutées par Maw et Cⁱᵉ, à Benthall, près de Broseley (Shropshire). 1853. In-4 de 26 planches.

> Reproductions de carrelages.

Minton (Herbert). — *Examples of old english tiles.* —

Exemples d'anciens produits céramiques anglais, 1842. In-4.

Nichols (John Gough). — *Examples of decorative tiles, sometimes termed encaustic, engraved in fac-simile, chiefly in their original size. Edited, with introductory remarks, by John Gough Nichols* F. s. A. *London, printed by J.-B. Nichols and son.* — Exemples de produits céramiques décorés, généralement vernissés, gravés en fac-similé, dans la situation où ils se trouvent sur les monuments. Publiés par J.-G. Nichols, gravés par Nichols et fils, 1845. In-4 de xix pages, plus un index de 2 p. Planches i-ci, en quatre parties. Imprimé en rouge sur papier chamois.

Shaw (Siméon). — *The Chemistry of the several natural and artificial heterogeneous compounds, used in manufacturing porcelain, glass and pottery.* — Étude chimique de plusieurs composés naturels et artificiels, employés dans les manufactures de porcelaines, de verres et de poteries. *Londres,* Lewis, 1837. Grand in-8 de xiv-685 p. Frontispice, portrait de Siméon Shaw.

> Cet ouvrage, qui contient 400 compositions de vernis, de verres et de couleurs, fut publié à Londres à petit nombre d'exemplaires, à la suite de souscriptions de manufacturiers anglais pour rendre honneur aux recherches chimiques de leur compatriote.

Smith Soden (M.-A., F.-S.-A.). — *Philadelphia international exhibition 1876. Extract from the official report. Ceramic and glass wares.* — Exposition internationale de Philadelphie. Extrait du rapport officiel. Produits céramiques et verrerie. *Londres,* 1876. In-8 de 38 p.

Sparkes (J.-C.-L.) — *A Handbook to the practice of pottery painting, by John C.-L. Sparkes, head master of the national art training School South-Kensington, director of the Lambeth school of art.* — Guide pour la pratique de la peinture des poteries, par J.-C.-L. Sparkes, premier maître de l'École nationale des beaux-arts de South-Kensington, directeur de l'École artistique de Lambeth. *Londres*, Lechertier, 1878. In-16 de 78 p.

Wall (B.). — *Lecture on pottery, delivered before the literary and scientific Society at Salisbury.* — Lecture sur la poterie, faite à la Société des lettres et des sciences de Salisbury. *Londres*, 1853. In-12.

Ward. — *History of Stoke-upon-Trent.* — Histoire de Stoke-upon-Trent. *Londres*, 1848.

Stoke-upon-Trent est le plus grand centre de productions céramiques de l'Europe.

Wenger (A.). — *List of prices of patent spurs and stills, etc.* — Liste des prix de supports et soutiens, etc. *Cambridge?* 1876. In-8.

Cette brochure, publiée par un fabricant, contient une planche avec la représentation des instruments dont on se sert pour soutenir les assiettes, les tasses, etc., dans les fours.

Willement (Thomas). — *Scrap-Book of pavements and encaustic tiles.* — Recueil d'exemples de pavages et de poteries vernissées. In-folio.

Album factice contenant des dessins originaux et des gravures de carrelages. Au British Museum ou à Kensington?

Wyatt (Matthew Digby). — *On the influence exercised on ceramic manufactures by the late M. Herbert Min-*

ton. — De l'influence exercée sur les manufactures céramiques par feu Herbert Minton. 1858. Grand in-8 de 12 p. sans titre. Extrait du journal *The Society of Arts*.

Wundt (capitaine). — *English pottery and porcelain, being a concise account of the development of the potter's art in England. Profusely illustrated.* — Poteries et porcelaines anglaises, comprenant un rapide examen du développement de l'art des potiers en Angleterre. Avec de nombreuses illustrations. *Londres*, « the Bazaar » office [1875]. In-8 de 138 pages. Bois dans et hors texte.

Anonyme. — *Patents relating to pottery and porcelain published by the Patent Office.* — Brevets relatifs à la poterie et à la porcelaine. Publié par le Bureau des brevets. *Londres*, 1863.

Anonyme. — *South Kensington Museum art handbooks; industrial arts (Woodcuts).* — Musée South-Kensington, arts industriels. *Londres*, 1876. In-8.
Chapitre sur la poterie.

Anonyme. — *Encaustic Tiles. Designs for tile pavements.* Poterie émaillée. Dessins de carrelages émaillés. *Leicester*, n. d. In-12.
Chromolithographies.

Anonyme. — *Encaustic Tiles. Patterns of encaustic glaze and tiles, etc.* — Produits émaillés. Procédés de terres et faïences émaillées. *Hanley*, n. d. In-4.
Chromolithographies.

Anonyme. — *The pottery and glass Trade's Journal. A*

monthly review of the pottery, glass and decorative trades.
— Journal de l'industrie de la poterie et de la verrerie. Revue mensuelle de l'industrie de la poterie, de la verrerie et des produits décorés. *Hanley*, Wenger, 1878-1879. In-4 de 16 p. à 3 col. Planches dans et hors texte.

2° *Histoire de la Céramique*
Traités généraux

Alabaster (**G.**). (*Voir à la Chine.*) — *Catalogue of Chinese.*
— Catalogue de produits chinois. In-8.

Alcok (**sir R.**). — *Art and art Industries in Japan.* —
L'Art et les Industries artistiques du Japon. *Londres*, Longmans, 1878. In-8 de 210 p. avec de nombreuses illustrations.

> Cet ouvrage, que je n'ai pu voir, contient vraisemblablement des dessins ou des renseignements sur la céramique.

Audsley (**George Ashdorn et J.-L. Bowes**). — *Keramic Art of Japan. Liverpool, published for the subscribers by the authors.* — L'Art céramique au Japon. Liverpool, publié pour les souscripteurs par les auteurs. *London*, Sotheran, 1875. In-folio.

Audsley (**G.-A.**). — La Céramique japonaise, par G.-A. Audsley et J.-L. Bowes de Liverpool. Édition française publiée sous la direction de M. P. Louisy. Quarante planches en couleurs, or et argent, vingt-trois planches en autotypie et photolithographie avec un texte français comprenant : 1° un essai sur l'art

japonais en général; 2º une étude historique et descriptive sur les diverses productions de la céramique
au Japon, depuis les temps les plus reculés jusqu'à
nos jours, et de nombreuses gravures sur bois dans
le texte. *Paris*, Firmin-Didot, 1877-1880. Grand in-4.

Binns (R.-W.). — *The Poetry of Pottery, Homer's hymn
from Cowper. Longfellow's poem, from Harper's new
monthly Magazine. With pottery illustrations by
R.-W. Binns. Published as descriptive of a pair of vases
manufactured at the Royal porcelain works of Worcester,
for the Paris Exhibition*, 1878. — La Poésie de la céramique, hymne d'Homère par Cooper. Poème de
Longfellow's, extrait de la revue mensuelle *Harper's
Magazine*, avec des illustrations de poteries, par Binns.
Publication et description d'une paire de vases de la
Manufacture royale de Worcester, fabriqués pour
l'Exposition de 1878 à Paris. *Londres*, impr. Gresham.
In-8 carré de 37 p. Plus 3 phot.

> Un hymne de Cooper en l'honneur d'Homère, chantre des
> potiers, et un poème de Longfellow sur la céramique sont joints
> à une courte notice relative à deux vases de la fabrique de
> M. R.-W. Binns, envoyés à l'Exposition universelle du Champ
> de Mars, en 1878. On y trouve également les noms des artistes
> et des ouvriers qui ont collaboré à ces vases.

Birch (Samuel). — *History of ancient pottery.* — Histoire
de la poterie ancienne. *Londres*, John Murray, 1858.
2 vol. in-8.

Bouvier (Gustave-A.). (Voir baronne DELAMARDELLE).
— *Practical Lessons in painting on china, etc.* — Leçons
pratiques pour peindre la porcelaine, etc.

Bowes (James-L.). (Voir AUDSLEY.) — *Keramic Art of Japan.*

Burty (Philippe). — *Chefs d'œuvre of the industrial arts. Pottery and porcelain, glass, enamel, metal, goldsmith's works, jewellery and tapestry. Illustrated. Edited by W.-Chaffers.* Chefs-d'œuvre de l'art industriel. Poteries et porcelaines, verres, émaux, métaux, travaux de bijouterie et joaillerie, tapisseries. Illustré. Édité par Chaffers. *Londres*, Chapman, 1869. In-8 de 392 p., pl.

Traduction de l'ouvrage cité dans le chapitre relatif à la France.

Chaffers (William). — *The Keramic Gallery containing several hundred illustrations of rare, curious and choice examples of pottery and porcelain, from the earliest times to the begining of the present century, with historical notices and descriptions, by William Chaffers.* — La Galerie céramique, comprenant 500 figures de spécimens rares et curieux de poteries et porcelaines, depuis les temps les plus reculés jusqu'au commencement du siècle actuel, avec des notes historiques et descriptives. *Londres*, Chapmann et Hall, 1872. 2 vol. in-8, xxviii-228 pages et 227 pl. photog.

Cooper. (Voir BINNS (R.-W.) — *Homer's hymn. The poetry of pottery, etc.*

Delamardelle and Goupil. — *Painting on china, porcelain, earthenware, faïence and enamel. Translated from the french by G.-A. Bouvier.* — Peinture sur porcelaine. Poterie, faïence, émaux. Trad. du français par G.-A. Bouvier. *Londres*, Lechertier, 1877. In-18 de 84 p.

Dennistoun (James). — *Memoirs of the dukes of Urbino, illustrating the arms, arts and literature of Italy from*

1440 *to* 1630. — Mémoires des ducs d'Urbino, pour servir à l'histoire des armures, des arts et de la littérature de l'Italie, de 1440 à 1630. *Londres*, Longman, 1851. 3 vol. in-8.

Le chapitre LV traite de la fabrique de majoliques dans le duché d'Urbino. Des monogrammes de Giorgio, des plats et plaques sont reproduits dans cet ouvrage.

Drake (William-Richard).—*Notes on Venetian ceramics.* — Notes sur les céramiques vénitiennes. *Londres*, John Murray, 1868. In-8 de 40 p. avec appendice de XXIV p.

Drake (William-Richard). — Voir GOURY, au chapitre FRANCE, traduction manuscrite de ce Mémoire

Fletcher (Samuel). — *A Treatise on the art of enamel painting on porcelains, metals, glass and potter's wares; describing the materials, process and qualities of the several kinds of porcelain and pottery; together with the exterior marks of distinction and value of each. Also a plan suggested for the improvement and extention of enamel painting, founded on original discoveries, practical experience, and critical observation.* — Traité de l'art de la peinture vitrifiable sur porcelain, métaux émaillés, verres et poteries avec description du matériel, des procédés, des qualités des différentes espèces de porcelaines et de poteries, accompagnées de leurs marques extérieures et de leur valeur. De plus un plan suggéré par l'idée de développer l'industrie des couleurs vitrifiables. Accompagné de découvertes originales, d'expériences pratiques et d'observations critiques. *Londres*, Spragg. In-8 de IV-47 p.

Gallick (T.-J.). — *Painting popularly explained, inclu-ding painting on ivory, vellum, pottery, porcelain, enamel, glass, etc.* — Explications des peintures ordi-naires comprenant peintures sur ivoire, écaille, pote-ries, porcelaine, émaux, verre, etc. *Londres*, 1873. In-18.

Goupil. (Voir DELAMARDELLE.)

Gruner (L.). — *The Terra-Cotta Architecture of North Italy,* (xII[th]-xV[th] *centuries*). — La Terre cuite dans l'architec-ture du nord de l'Italie du xII[e] au xV[e] siècle. *Londres,* 1867. In-4 (avec 48 planches gravées et imprimées en couleur).

Hall (H.-Byng). — *The bric-a-brac Hunter; or chapters on china mania.* — Le Chasseur de bric-à-brac, ou récit sur la manie de collectionner les porcelaines. *Londres,* 1875-76. In-12.

Jewitt (Ll.). — *The ceramic Art of Great Britain from pre-historic times down to the present day, being a history of the ancient and modern pottery and porcelain works of the kingdom, and of their productions of every class, by Llewellynn Jewitt, F.-S.-A. Illustrated with nearly 2,000 engravings.* — L'Art céramique de la Grande-Bretagne, depuis les temps préhistoriques jusqu'à nos jours. Histoire des poteries et porcelaines anciennes et modernes du royaume et des productions analogues de toute sorte. Illustré de près de 2,000 gravures. *Londres,* Virtue, 1878, 2 vol. gr. in-8.

Jones (Owen). — *Examples of Chinese ornaments selected from objects in the South Kensington Museum and other collections. One hundred plates.* — Exemples d'orne-

ments chinois choisis dans le South-Kensington et
autres collections. Une centaine de planches. *Londres,*
Gilbert, 1867. In-folio de 15 pages.

Planches chromolith. La majeure partie des dessins est em-
pruntée aux vases en porcelaine chinoise.

Knight's. — *Vases and ornaments designed for the use of
architects, silversmiths, jewellers, modellers, chasers, desi-
gners, founders, carvers and all ornamental manufactu-
rers.*—Vases et Ornements dessinés à l'usage des architectes, orfèvres, bijoutiers, dessinateurs, modeleurs,
ciseleurs, fondeurs, graveurs et de tous ceux qui font
de l'ornement. *Londres,* 1833. In-4 de 50 planches.

Leyshon (E.-J.). — *Operative potter, with receipts for the
manufactures of china,* etc. — Poterie commune, avec
recettes à l'usage des manufactures de porcelaine, etc. *Londres,* 1866.

Longfellow's. (Voir BINNS (R.-W.) — *Kéramos.* — *The
Poetry of pottery,* etc. — Kéramos. — Poème sur la
poterie.

Minns (Rev.-G.-W.-W.). — *Notes upon acoustic pottery.
Egham; W. Larkin.* — Notes sur la poterie acoustique,
1871. In-8 de 10 p., fig. dans le texte.

Lors de la première découverte de vases dans les murs des
églises, on voulut y voir une destination funèbre, un moyen d'as-
sainissement, ou dans certains cas un abri pour les oiseaux; on
parla même des pots à boire qui avaient servi aux ouvriers cons-
tructeurs; mais un document manuscrit du xvᵉ siècle, trouvé
en France, fit pencher la balance du côté des archéologues qui
regardaient ces poteries comme instruments d'acoustique. En Angleterre, en Irlande, le fait se présenta dans divers monuments religieux; en France, les églises Saint-Blaise d'Arles, de Montivilliers,
de Fry et particulièrement de Saint-Laurent-en-Caux, monuments où ces vases affectaient une forme spéciale.

semblèrent donner raison aux rédacteurs des *Annales archéologiques*, au Dr Keller de Zurich, à l'abbé Cochet et au révérend G.-W.-W. Minns.

Oldham (Thomas). — *Ancient Irish pavement Tiles, exhibing thirty-two patterns, illustrated by forty engravings, after the originals existing in Saint Patrick's cathedral, and Howth, Mellifont, and Newton abbeys, with introductory remarks.* — Anciens Carrelages irlandais, suite de quarante gravures donnant trente-deux spécimens des carrelages originaux qui existent dans la cathédrale de Saint-Patrick et dans les abbayes de Howth, Mellifont, etc. *Dublin*, John Robertson, s. d. In-4 de 8 pages et 25 planches.

[**Porter (G.-R.)**. — *A Treatise on the origin, progressive improvement and present state of the manufactures of porcelain and glass.* — Traité sur l'origine, les progrès, les découvertes et l'état actuel des manufactures de porcelaine et de verre. *Londres*, Longman, 1832. In-12 de xiv-332 p. Gravures en bois dans le texte.

Timbs (John). (Voir GALLICK (T.-J.) — *Painting popularly explained*, etc.

Wedgwood (Josiah). — *Reprint of a description of the Portland vase, formerly the Barberini; the manner of its formation, and the various opinions hitherto advanced on the subjects of the bas-reliefs. By Josiah Wedgwood, with the addition of notes by Thomas Windus, in juxtaposition to the most favoured theories, with his contrary opinions thereon.* — Nouvelle description du vase de Portland, dit anciennement le Barberini;

son procédé de fabrication et les différentes opinions
émises au sujet des bas-reliefs de ce vase, par
J. Wedgwood, avec addition de notes par T. Windus,
au sujet de la théorie la plus exacte émise à ce sujet,
avec ses observations personnelles. Publié par J.-B. et
J.-G. Nichols. *Londres,* Pickering, 1845. In-folio de
66 colonnes numérotées.

Wedgwood (Josiah). — *An Address to the young inhabi-
tants of the pottery, by..., potter of her Majesty. Printed
at Newcastle, by J. Smith. R. printed by J. Bellows,
Glocester,* 1877. In-12, 24 p. — Allocution aux jeunes
potiers, par Josiah Wedgwood, potier de Sa Majesté.
Imprimé à Newcastle, par J. Smith, réimprimé par
Bellows, à Glocester, 1877. *Glocester,* Bellows, 1877.
In-12 de 24 p.

L'allocution originale est datée du 27 mars 1783.

Wedgwood (Rev.-G.-R.). — *The History of the tea cup,
with a descriptive account of the potters art.* — L'Histoire de la tasse à thé avec un examen descriptif de
l'art du potier, par le révérend G.-R. Wedgwood.
Nombreuses gravures sur bois. *Londres,* Conference
office. 1878. In-16 de I-154 p.

Windus (Thomas F.-S.-A.). — *A new Elucidation of the
subjects on the celebrated Portland vase, formerly called
the Barberini, and the sarcophagus in which it was
discovered. Printed by J.-B. Nichols and J.-G. Nichols,
published for the author by W. Pickering, Piccadilly.*
— Nouvelle Explication sur les sujets du remarquable vase de Portland appelé autrefois le Barberini ;
inscriptions du sarcophage dans lequel il a été dé-

couvert. *Londres*, Pickering, 1845. In-folio de 106 col.
Pl. lithogr. et bois dans le texte.

Whiteford (S.-T.). — *A Guide to porcelain painting. By
Sidney T. Whiteford. With illustrations by the author.*
— Guide du peintre sur porcelaine, avec illustrations
de l'auteur. *Londres*, Rowney, 1873. In-8 de 48 p.
8 planches lithographiées et en couleur.

Wyatt (Matthew Digby). — *Specimens of the geometrica
mosaics of the middle ages.* — Les Mosaïques géométriques du moyen âge. 1850? In-folio. Pl. en couleur.

> Je n'ai pu vérifier si les carrelages vernissés occupent une
> place dans cet ouvrage; peut-être est-il consacré spécialement à
> l'art de la mosaïque.

Anonyme. — *Artistic Amusements including... painting
on China*, etc. — Amusements artistiques comprenant... peinture sur porcelaine, etc. *Londres* [1877].
In-8.

Anonyme. — *Artistic Amusements, being instructions for
a variety of art work for home employment and
suggestions for a number of novel and saleable articles
[for Fancy Bazaars.* — Amusements artistiques, servant d'enseignement pour une variété de travaux
d'art pouvant se faire à domicile; idées sur un certain nombre d'inventions nouvelles et lucratives.
Londres, Bazaar office. In-8 de 48 p. Bois dans le
texte.

3° Histoire des diverses Manufactures.

Bemrose (William) (Voir WALLIS (Alfred). — *The Pottery and Porcelain of Derbyshire,* etc. — Poterie et Porcelaine du Derbyshire, etc. 1870.

Binns (Richard-William). — *The Origin and early History of the manufacture of porcelain at Worcester. A memoir read at the annual meeting of the Archæological Institute held at Worcester,* 1862. — Origine et histoire de la manufacture de porcelaine de Worcester. Mémoire lu à la réunion annuelle de l'Institut archéologique tenue à Worcester en 1862. *Worcester,* Deighton, 1862. In-8 de 12 p. Pl. et marq. dans le texte.

Binns (R.-W.). — *A century of pottery in the city of Worcester, being the history of the Royal porcelain works, from 1751 to 1851, to which is added a hort account of the Celtic, Roman, and mediæval pottery of Worcestershire, by R.-W. Binns, a proprietor of the Royal porcelain works, and the Art director since 1852. Illustrated.* — Un Siècle de fabrication de poteries dans la ville de Worcester ou histoire de la Manufacture royale de porcelaine de 1751 à 1851, par W. Binns, à laquelle est ajoutée une courte notice sur les poteries celtiques, romaines et du moyen âge du Worcestershire. *Londres,* Bernard Quatrich, 1865. In-4 de xix-228 p.

L'exemplaire offert à la bibliothèque du Musée céramique de Sèvres par M. A. Thibaudeau contient, outre les planches habituelles, un certain nombre de photographies des pièces les plus remarquables de la fabrique de Worcester.

Binns (R.-W.). — *A Century of pottery in the city of Worcester, being the history of the Royal porcelain works, from 1751 to 1851, to which is added a short account of the Celtic, Roman, and mediæval pottery of Worcestershire, by R.-W. Binns, F. S. A., proprietor of the Royal porcelain works, and the Art director since 1852.*
— Un Siècle de poterie dans la ville de Worcester, ou histoire des ouvrages fabriqués à la Manufacture royale de 1781 à 1851, note à laquelle est ajoutée une courte notice sur les poteries celtiques, romaines et du moyen âge du Worcestershire. *Londres,* Bernard Quatrich, 1877. In-4 de xxviii-376 p. Chromolith. et gr. hors texte. Nombreux bois dans le texte, plus spécimens de vases photogr.

Champion (Richard). — *Two Centuries of ceramic art in Bristol.* — Deux Siècles de fabrication céramique à Bristol. (Voir Owen (Hugh.)

Franks (Augustus W.). — *Notes on the manufacture of porcelain at Chelsea.* — Notice sur la manufacture de porcelaine de Chelsea, 1863. In-8 de 10 pages.

Greens (Voir Hartley).—Desseins de poteries de la reine.

[Hartley et Greens]. — Desseins de divers articles de poteries de la reine en couleur de crème, fabriqués à la poterie de Hartley, Greens et Cie à Leeds, avec une quantité d'autres articles; les mêmes émaillés, imprimés ou ornés d'or à chaque patron, aussi avec des armes, des chiffres, des paysages, etc. *Leeds,* 1785. Pet. in-4 de 8 pages, plus 45 planches contenant la reproduction de 197 pièces de service.

Une autre édition en anglais a paru à Leeds, en 1794. Même

format. Ce catalogue de la manufacture Hartley et Greens, imprimé parfois en français, en hollandais et en anglais, était envoyé aux marchands faïenciers de ces trois nations.

Outre les diverses pièces de table, on fabriquait, dans les ateliers du Yorkshire, des « bassins à raser », des « pots à petoncles ou pots pourris », des chandeliers, des encriers, des croix, des « boîtes à oublies ».

Un exemplaire de ce catalogue, fort rare même en Angleterre, se trouve dans la bibliothèque du comte de Liesville, à Paris.

Haslem (John). — *The old Derby china Factory; the workmen and their productions containing biographical sketches of the chief artist workmen, the various marks used, fac-simile copied from the old Derby pattern books, the original price list of more than 400 figures and groups*, etc. — L'Ancienne Fabrique de porcelaine de Derby ; les ouvriers et leurs produits ; contenant des esquisses biographiques des travailleurs les plus renommés dans leur art, les différentes marques employées, des fac-similés copiés sur les anciens livres de modèles du vieux Derby, et le prix courant original de plus de 400 figures et groupes, etc. *Londres*, George Bell, 1876. Grand in-8 de XVI-255 p. — Frontispice de marques en couleur. 1 pl. en bois. Pl. 1-XI chromolith. reproduisant les dessins des vieux « pattern books » de la fabrique.

Jewitt (Ll.). — *History of the Coalport porcelain works.* — Histoire de la fabrique de porcelaines de Coalport. *Londres*, 1862. In-16 de 30 p.

Jewitt (Ll.). — *Account of the Derby porcelain works, of the Chelsea, of the Coalport.* — Notice sur la fabrication de la porcelaine de Derby, Chelsea, Coalport. *Londres*, 1862. Extrait de l'*Art-Journal*.

Mayer (Joseph). — *History of the art of pottery in Li-verpool.* — Histoire de l'art de la poterie à Liverpool. *Liverpool,* T. Brakell, 1855. In-8 de 37 pages. Vign.

Mayer (Joseph). — *History of the art of pottery of Liver-pool,* deuxième édition. — *Liverpool,* D. Marples, 1871. In-8 de 55 pages. Grav.

> M. Mayer, orfèvre à Liverpool, avait formé une collection com-posée presque exclusivement de « faïences fines » ayant trait à des souvenirs politiques et de la vie domestique. (Cette collection, me dit-on, a été depuis donnée au musée de Liverpool.) Le décor de ces pièces, obtenu généralement par impression, pourrait faire pendant, si ce système décoratif était moins industriel, aux faïences nivernaises de 1789 à 1814. La même préoccupation patriotique existait à cette époque à Liverpool, moins intense toutefois qu'à Nevers.
>
> Comme points de comparaison de cet art anglais et français, voir dans Champfleury, *Histoire des faïences patriotiques,* la repro-duction gravée de certaines faïences du commencement de la Révo-lution, entre'autres les pièces du service en l'honneur de Necker.

Meteyard (miss Eliza). — *The Wedgwood Handbook. A manual for collectors, treating of the marks, monograms and other tests of the old period of manufacture,* etc. — Le Livre de poche de Wedgwood. Manuel pour les collectionneurs, traitant des marques, monogrammes, et autres caractères distinctifs de la première période de la manufacture de Wedgwood, renfermant égale-ment les catalogues avec les prix obtenus aux diffé-rentes ventes et un glossaire des termes. *Londres,* G. Bell, 1875. In-16 de xi-413 p.

Owen (Hugh). — *Two Centuries of ceramic art in Bristol ... ng an history of the manufacture of The True Porcelain by Richard Champion, with a biography compiled from private correspondence, journals and family papers con-*

taining unpublished letters of Edmund Burke, Richard
and William Burke, the duke of Portland, the marquis
of Buckingham and others, with an account of the Delft-
earthenware and enamel, glass works from original
sources. Illustrated with one hundred and sixty engravings. — Deux siècles de l'art céramique à Bristol;
manufacture de porcelaines de Richard Champion,
avec une biographie extraite de sa correspondance et
de ses papiers de famille, contenant des lettres inédites d'Edmond, Richard et William Burke, du duc de
Portland, du marquis de Buckingham et autres, avec
une notice sur les faïences de Delft et les travaux sur
émail et verre, prises aux sources originales. Illustré
de 160 gravures. Publié particulièrement pour l'auteur, par J. Bellows, *Glocester*, 1873. Grand in-8 de
xxiv-402 p. Plus préface de 6 pages non chiffrée.

Shaw (Siméon). — *History of the Staffordshire potteries
and the rise and progress of the manufacture of pottery
and porcelain and notices of eminent potters.* — Histoire
des poteries du comté de Stafford; origine et progrès
des manufactures de poteries et de porcelaine, avec
les biographies des potiers les plus célèbres. *Hanley*,
1829. In-8 de viii-244 pages.

[Tiffin (W.-F.). — *A Chronograph of the Bow, Chelsea,
and Derby porcelain manufactories, shewing their si-
multaneous progress and their various marks.* — Histoire
chronologique des manufactures de porcelaine de
Bow, Chelsea et Derby, montrant leurs progrès simul-
tanés et leurs différentes marques. *Salisbury*, Brown ;
Londres [1874]. In-8 de 13 p. imprimées à trois co-

lonnes en forme de tableaux chronologiques. Planche
de marques imprimée en couleur.

Wallis (Alfred). — *The pottery and porcelain of Derbyshire. A sketch of the history of fictile art in the county.
Compiled from data hitherto unpublished, and illustrated by a set of the 'Marks' in use at the Derby China factory, arranged in chronological order; with biographical notices of the proprietors, artists, modellers, and
others connected with the works.* — Esquisse de l'histoire de l'art céramique dans le comté de Derby. Publié
à l'aide de documents inédits. Planches comprenant la
suite des marques en usage dans la fabrique de Derby,
disposées chronologiquement, avec notices biographiques sur les propriétaires, artistes, modeleurs et
autres collaborateurs, avec description de leurs
œuvres. Pour servir de guide aux visiteurs de l'Exposition des arts et de l'industrie, à Derby, en 1870.
Londres, Bemrose, 1870. In-8 de 51 p. marq. dans
le texte et pl. représentant la manufacture de Derby.

Wegdwood (Josias). — Catalogue de *camées, intaglios,
médailles,* bas-reliefs, *bustes et petites statues,* accompagné d'une description générale de diverses *tablettes,
vases, écritoires,* et autres articles tant utiles que purement agréables; le tout fabriqué en *porcelaine et
terre cuite* de différentes espèces, principalement
d'après *l'antique* et aussi d'après quelques-uns des
plus beaux modèles des artistes modernes, par
Josias Wegdwood, membre de la Société royale et
de celle des antiquaires de Londres et manufacturier de la reine ainsi que de Leurs Altesses Royales,

le duc d'York et d'Albanie et le prince Guillaume-
Henri, et dont la vente est perpétuellement ouverte
en son magasin dans Greek street, Soho, à Londres,
et à sa manufacture à Etrurie dans le comté de Stafford, 1788.

[**Wedgwood**]. — *Museum Etruria, or a catalogue of cameos, intaglios, medalls, busts and bas-reliefs, with a gene-
ral account of vases and other ornemental articles; the
whole formed in various kinds of terra cotta, chiefly
after the antique. By the late Josiah Wedgwood, potter
of her Majesty,* etc. — Musée d'Etruria, ou catalogue
de camées, intailles, médailles, bustes et bas-reliefs,
avec un état général des vases et autres objets décoratifs; le tout reproduit en terres de différentes
espèces principalement d'après l'antique, par feu
Josiah Wedgwood, potier de Sa Majesté, imprimé par
James Boardman. *Liverpool*, 1817 ou 1827? In-8 de
xvi-149 p.

Sur le frontispice, gravure d'un vase de la fabrique de Wedgwood.

Anonyme. — *Catalogue of the Worcester porcelain at the
royal porcelain works, Worcester.* — Catalogue des
porcelaines de la manufacture royale de Worcester.
In-4.

4° Marques de Porcelaines
et de Faïences.

Brooks (George). — *The china collector's Assistant.* — Guide du collectionneur de porcelaines. *Londres,* George Brooks, 1860. In-8 de 15 p.

Marques lithographiées en bleu et collées sur les marges des pages.

Chaffers. — *Marks and monograms on pottery and porcelain,* etc. — Marques et monogrammes de poteries et de porcelaines (2ᵉ édition). *Londres,* 1866.

On jugera de la conscience de l'érudit anglais par les amélioration successives apportées à cet ouvrage : la première édition de 1863 ne comportait que mille marques ; celle de 1866 fut augmentée de mille marques nouvelles ; la troisième édition (1874) contient trois mille marques.

Chaffers (William). — *Marks and Monograms on pottery and porcelain of the Renaissance and modern periods, with historical notices of each manufactory, preceded by an introductory essay on the vasa fictilia of the Greek, Romano-British, and mediæval evas.* — Marques et monogrammes des poteries et porcelaines de la Renaissance et des temps modernes, avec des notes historiques sur chaque manufacture, précédé d'un essai sur les vases d'argile grecs, anglo-romains et du moyen âge. 4ᵉ édit. revue et considérablement augmentée avec 3000 marques de potiers et des illustrations. *Londres,* Bickers et fils, 1874. In-8 de xi-1000 p.

Les travaux précédents de M. Chaffers sur les arts céramiques,

le soin qu'il prend de se tenir au courant des publications
étrangères, donnent à cet ouvrage sur les marques une autorité
qui fait trop souvent défaut à d'autres spéculations sur le même
sujet.

Hooper (W.-H.) and Phillips. — *A Manual of marks
on pottery and porcelain, a dictionary of easy references.*— Manuel des marques de faïences et de porcelaines et dictionnaire de renseignements utiles.
Londres, Macmillan, 1876. In-16 de 238 p.

> Ce dictionnaire de marques des porcelaines et faïences est
> particulièrement intéressant en ce qui touche les produits de
> l'Orient; M. Hooper s'est spécialement préoccupé d'en relever
> quelques marques inédites.
> Un certain nombre d'exemplaires de cette édition contient
> des cartons aux pages 189 et 210, l'auteur ayant corrigé de
> fausses attributions.

Palliser (Mʳ Bury). — *The china collector's pocket Companion.* — Le Compagnon de poche du collectionneur
de céramiques. *Londres,* Sampson Low, 1874. In-12
de 142 p. Nombre de marques.

> Une seconde édition a paru en 1875.

Phillips (W.-C.) (Voir Hooper (W.-H.). — *A Manual of
marks on pottery and porcelain,* etc. — Manuel des
marques de faïences et de porcelaines.

Anonyme. — *English China and china Marks; being a
guide to the principal marks found on English pottery
and porcelain. With engravings of upwards of one
hundred and fifty marks,* 1878. — Porcelaine anglaise
et Marques de porcelaine. Guide pour les principales
marques qui se rencontrent sur la porcelaine et la
poterie anglaises, avec gravure de plus de 150 marques. *Londres,* Wyman [1878]. In-12 de 35 p.

3° *Biographie.*

Brightwell (C.-L.). — *Palissy the huguenot potter. A true tale.* — Palissy, le potier protestant ; histoire vraie. *Londres,* Société des traités religieux. In-12 de 201 p. Vign. sur bois hors et dans le texte.

Gladstone (Rt. Hon. William Ewart). — *Address, delivered at Burslem, Staffordshire, october 26, 1863.* — Discours prononcé à l'occasion de la pose de la première pierre du « Wedgwood Institute » à Burslem. *Londres,* John Murray, 1863. In-8 de 64 p. Gravures sur bois et frontispice, grav. sur le titre.

Jewitt (Llewellyn). — *The Wedgwoods : being a life of Josiah Wedgwood ; with notices of his works and their productions, memoirs of the Wedgwood and other families, and a history of the early potteries of Staffordshire, with a portrait and numerous illustrations.* — Les Wedgwood : la vie de Josiah Wedgwood avec notices sur ses usines et leurs productions. Histoire des Wedgwood et d'autres familles de potiers ; histoire des poteries primitives du Staffordshire, avec un portrait et de nombreuses illustrations. *Londres,* 1864. In-8.

Meteyard (Eliza). — *The Life of Josiah Wedgwood from his private correspondance and family papers. With an introductory sketch of the art of pottery in England.* — Vie de Josiah Wedgwood, d'après sa correspondance privée et des papiers de famille, avec une intro

duction sur l'art de la poterie en Angleterre. *Londres,*
Blackett, 1865-1866, 2 vol. in-8 de xxxii-1147 p. Portraits et nombreuses vignettes dans le texte.

Meteyard (Eliza). — *Wedgwood and his works. A selec-*
tion of his plaques, cameos, medallions, vases, etc., from
the designs of Flaxman. — Wedgwood et son œuvre.
Choix de ses plaques, camées, médaillons, vases,
d'après les dessins de Flaxman.

Meteyard (Eliza). — *Memorials of Wedgwood. A selec-*
tion from his fine art works in plaques, medallions,
figures and other ornamental objects. With an intro-
duction and descriptions of the objects. — Mémorial de
Wedgwood. Choix de ses travaux artistiques, plaques,
médaillons, statuettes et autres objets d'ornements,
avec introduction et description de ces objets. *Lon-*
dres, G. Bell, 1874. In-folio. Planche photogr.

Meteyard (miss Eliza). — *The Wedgwood Handbook,*
etc. *Londres,* Bell, 1875.

Morley (Henry). — *Palissy the Potter. The life of Ber-*
nard Palissy, of Saintes, his labours and discoveries in
art and science; with an outline of his philosophical
doctrines, and a translation of illustrative selections
from his works. — Palissy le potier. La vie de Bernard Palissy de Saintes, ses travaux et découvertes
scientifiques ; avec un aperçu de ses doctrines philosophiques, et la traduction d'un choix illustré de ses
œuvres. *Londres,* 1852. 2 vol. In-8.

Une seconde édition a paru à Londres, en 1853 ; une troisième
en 1869.

Robinson (John-Charles). — *Lives of Benvenuto Cellini and Bernard Palissy (Extracted from Hughes's « Reading Lessons »).* — Vie de Benvenuto Cellini et de Bernard Palissy (Extrait des *Leçons de Hughes*). *Londres,* 1855. In-8.

Smiles (Samuel). — *The Huguenots; their settlements,* etc. — Les Huguenots; leurs hommes illustres. 1867. In-8.

Palissy trouve sa place naturelle dans cet ouvrage sur les protestants.

Wedgwood (Josiah). (Voir Anonyme.) — *Windus-Reprint of the description of the Portland vase,* etc., 1845.

Anonyme. — *The Story of Palissy the potter.* — Histoire de Palissy le potier[1]. *Londres,* T. Nelson, 1877. In-16 de 119 p. Chromolithographie.

Ce livre fait partie de la collection *Lessons from noble lives,* c'est-à-dire de biographies de grands hommes destinées à être répandues à grand nombre dans les classes populaires.

1. Pour faciliter les recherches de ceux qui désireraient trouver réuni tout ce qui a paru sur Josiah Wedgwood, sa famille, ses ateliers et ses procédés de fabrication, je groupe ci-dessous les divers ouvrages, mémoires, brochures, catalogues, publiés en Europe sur le célèbre potier :
Voir Jewitt, *The Wedgwoods.* — Voir Jonveaux, *Histoire de trois potiers,* 1874. — Voir Metevard, *The life of J. Wedgwood,* 1865-1866. — Voir Shaw (Siméon), *History of the Staffordshire,* etc., 1820. — Voir Anonyme, *Catalogue of antiques ornaments,* 1877-1878. — Voir Anonyme, *Museum Etruria,* etc., 1827. — Voir Anonyme, *The Gladstone speeches,* etc., 1863. — Voir Anonyme, *The collection of Thomas La Rue,* 1866.
Sur la vie et l'œuvre de Wedgwood, consulter également *Blackwood's Magazine* (août 1865), *Shilling Magazine* (juin-juillet 1865), *Edinburgh Review* (juillet 1867), etc.

6° Catalogues de Collections
Céramiques, d'Établissements nationaux, de Musées,
de Clubs, de Particuliers.

Alabaster (C.). — *South-Kensington Museum.* — *Catalogue of chinese objects in the South-Kensington Museum, with an introduction and notes.* —Catalogue des objets chinois du musée de South-Kensington avec introduction et notes. *Londres,* Georges Eyre. In-8 de 80 p.

Audsley (Ashdown-George). — *Catalogue raisonné of the oriental Exhibition of the Liverpool art Club, held at the Club rooms,* décembre 1872. — Catalogue raisonné de l'exposition orientale du Cercle artistique de Liverpool, organisée dans les salons du Cercle, en décembre 1872. *Liverpool,* publié par le Club. In-8 de 163 p.

Audsley (G.-A.). — Catalogue. — *Blue and White Sale.* — Catalogue d'une collection de porcelaines bleues de Chine vendues à Liverpool, en novembre 1878. *Liverpool,* Impr. D. Marples. 1878. In-8 de viii-43 p. Photogr. hors texte.

Beche (sir Henry de la C. B.). — *Museum of practical Geology. Catalogue of specimens illustrative of the composition and manufacture of british pottery and porcelain from the occupation of Britain by the Romans to the present time.* — Catalogue explicatif des spécimens de poteries et porcelaines de composition et de fabrication anglaise, depuis l'occupation de la Grande-Bretagne par les Romains jusqu'au temps

présent. *Londres*, Georges Eyre, 1855. In-8 de
xxiii-179 p.

Une seconde édition avec additions par Trenham Recks et F.-W.
Rudier fut publiée à Londres en 1871. In-8° de xvi-269 p.
Une troisième édition, par les mêmes, parut augmentée en 1876.
In-8° de xvi-336 p.

Bohn (Henry-G.). — *A Guide to the knowledge of
pottery, porcelain, and other objects of vertu. Compri-
sing an illustrated catalogue of the Bernal collection of
works of art, with the prices at which they were sold
by auction, and the names of the present possessors.
To which are added an introductory essay on pottery
and porcelain, and an engraved list of marks and monograms. Numerous wood engravings.* — Guide pour la
connaissance des poteries, porcelaines et autres
objets de curiosité, comprenant un catalogue illustré
de la collection d'objets d'art de Bernal, avec les prix
auxquels ils furent vendus aux enchères et les noms
des possesseurs actuels. On y a ajouté une introduction sur la poterie et la porcelaine, et un tableau des
marques et monogrammes. Nombreuses gravures sur
bois. — *Londres*, 1857. In-12 de 504 p. Fig.

Une seconde édition in-8° a paru à Londres en 1862.

Chaffers (William). — *Catalogue of the special Exhibition of Loans at the South-Kensington Museum (Sèvres
porcelain, European pottery and porcelain, and English
pottery and porcelain).* — Catalogue de l'Exposition
particulière d'objets prêtés au musée de South-Kensington. (Porcelaine de Sèvres, poteries et porcelaines d'Europe, poteries et porcelaines anglaises.)
Londres, 1862.

Chaffers (W.). — *Catalogue of an exhibition of old Wedgwood ware, at Messrs. Phillips' ceramic galleries, catalogued and Arranged by M. W. Chaffers.* — Catalogue d'une exhibition de vieux Wedgwood, aux galeries céramiques de Phillips', annoté par Chaffers. *Londres*, 1877. J. Davy. In-8 de 49 p.

Church (Arthur Herbert). — *Catalogue of the specimens of old English and other pottery, in the collection of Arthur Herbert.* — Catalogue de spécimens d'anciennes poteries anglaises et autres de la collection A.-Herbert Church. *Cirencester*, 1870. In-12 de 40 p.

Cole (H.-H.). — *Catalogue of objects of Indian art exhibited at the South-Kensington Museum.* — Catalogue d'une exposition d'art indien au musée Kensington. *Londres*, 1874. In-8.

    Chapitre sur la poterie indienne, avec gravures sur bois.

Delamotte (Ph.). — *Choice Examples of art workmanship, selected from the Exhibition of ancient and mediæval art at the Society of arts* [1850]. — Exemples remarquables de travaux artistiques manuels, choisis à l'Exposition des arts antiques et du moyen âge de la Société des arts, 1850. *Londres*, George Bell. 1851. In-4 de 16 p. et 61 pl.

    Quelques planches concernent la céramique : Vase grec ; Majoliques italiennes ; Faïence Henri II ; Palissy ; Böttcher ; Nevers.

Drury (C.). — *South-Kensington Museum. Art Handbooks. Maiolica by C. Drury. With numerous woodcuts.* — Guide artistique du musée Kensington. Majoliques. *Londres*, Chapmann, 1875. In-8, VII-192 p. Grav. sur bois dans le texte.

Fortnum et C. Drury. — *A descriptive catalogue of the Maiolica, Hispano-Moresco, Persian, Damascus, and Rhodian wares, in the South-Kensington Museum. With historical Notices, Marks, and Monograms.* — Catalogue descriptif des majoliques italiennes et des faïences hispano-moresques, persanes, de Damas et de Rhodes, du musée de South-Kensington, avec notices historiques, marques et monogrammes, par C. Drury et Fortnum. Publié par le département des sciences et des arts du Comité du conseil d'éducation. *Londres,* Chapman et Hall, 1873. Grand in-8 de cix-699 p.

> Chromolithographies et nombreuses figures dans le texte.
> Une édition plus sommaire a paru à Londres, en 1876, sous forme de guide.
> On doit à M. Fortnum d'autres rapports sur diverses exhibitions de céramiques.

Fortnum (E.). (Voir Drury.) — *South-Kensington Museum. Art Handbooks Maiolica; by C. Drury et E. Fortnum,* etc.

Franks (A.-W.). — *Catalogue of the collection of oriental porcelain and pottery, lent for exhibition by A.-W. Franks, esq.* — Catalogue de la collection de porcelaines et de poteries orientales, de Franks, prêtées pour une exposition. *Londres,* Eyre et Spottiswood, 1876. Petit in-8 de 124 p. avec 14 pl. de marques.

> M. Franks, conservateur du British Museum, venait d'exposer temporairement, suivant l'habitude anglaise, ses collections au Musée de Bethnal Green ; en même temps, il dressait un catalogue raisonné de ses pièces chinoises et japonaises, et les classait d'après un système nouveau. Dans l'état actuel des connaissances embryonnaires sur l'industrie céramique de l'extrême Orient, il est utile de comparer les points qui séparent les obser-

11

vations de l'érudit anglais de la classification de M. Jacquemart, points qui ont encore besoin d'être étudiés longuement et profondément.

Une seconde édition du même ouvrage, très augmentée (pet. in-8° de 246 p. et de 25 pl. de dates et de marques), a paru chez les mêmes éditeurs en 1878.

Franks (A.-W.). — *Catalogue of works of ancient and medieval Art, exhibited at the house of the Society of Arts.* — Catalogue des produits de l'art ancien et du moyen âge, exposés à la Société des arts. *Londres,* 1850. Impr. Wittingham. In-8 de 32 p.

Une section de cette exposition était consacrée à des vases grecs, à des faïences de Luca della Robbia, à des majoliques italiennes, à d'anciens vases germains, à des faïences fines d'Oiron, (Henri II), à des poteries de Palissy et à des grès de Böttcher.

Gatty (Charles-T.). — *Liverpool Art Club.* — *Catalogue of a loan collection of the works of Josiah Wedgwood exhibited at the Liverpool art Club. February* 1879. — Cercle artistique de Liverpool. — Catalogue de la collection prêtée d'œuvres de Josiah Wedgwood exposée au Cercle artistique de Liverpool en février 1879. *Liverpool.* Publié par le Club en 1879. In-8 de xxiv-175.

Haslem (John). — *A Catalogue of china, chiefly Derby, of enamels and other paintings, etc., etc.; the property of M. R.-John Haslem, of Derby.* — Catalogue de porcelaines, principalement de la fabrique de Derby, d'émaux et autres peintures, etc., appartenant à M. J. Haslem, de Derby. *Derby,* Keene, 1879. In-8 carré de 68 p. et de 5 photog., plus 2 pl. de marques.

La Rue (Thomas de). — *The collection of Thomas de la Rue, Esq. Catalogue of the renowned collection of old Wedgwood ware.* — Catalogue de la collection célèbre

de vieux Wedgwood, du cabinet de Thomas de la
Rue. In-8 de 72 p.

Vignettes dans le texte : médaillons, figurines, bustes, vases,
bas-reliefs des ateliers de Josiah Wedgwood.
La vente de ce cabinet eut lieu à Londres en 1866.

[Marks (M.)]. — *A catalogue of blue and white Nankin
porcelain forming the collection of sir Henry Thompson,
illustrated by the autotype process from drawing by
James Whistler, Esq. and sir Henry Thompson.* — Catalogue des porcelaines bleues de Nankin (Chine) composant la collection de sir Henry Thompson, illustré
par le procédé autotypique de gravure de James
Whistler et de sir Henry Thompson. *Londres*, Ellis and
White, 1878. In-4 de VII-67 p. et de 26 pl.

Tiré à 120 exemplaires, dont vingt seulement en vente.

Marryat (Joseph). — *Collections toward a history of
pottery and porcelain, in the fifteenth, sixteenth, seventeenth, and eighteenth centuries ; with a description of
the manufactures, a glossary and a list of Monograms.
Illustrated with coloured plates and woodcuts.* — Collections relatives à l'histoire de la poterie et de la
porcelaine dans les XVᵉ, XVIᵉ, XVIIᵉ et XVIIIᵉ siècles ;
avec une description de la fabrication, un glossaire et
une liste de monogrammes ; illustrations gravées en
couleur et vignettes sur bois. *Londres*, J. Murray,
1850. In-8° de XXIII-381 p., nombreuses planches en
couleur.

Maskell (William). — *South Kensington Museum art
Handbooks. Maiolica by C. Drury E. Fortnum.* Londres,
Chapman [1875]. (Voir DRURY et FORTNUM.)

Maskell (William). — *South-Kensington Museum. Ar Handbooks. The Industrial arts. Historical Sketches with numerous illustrations. Published by the committee of conseil on education.* — Guide artistique du musée de Kensington. Arts industriels. Notices historiques avec nombreuses illustrations. Publié par le Conseil d'éducation. *Londres,* Chapman [1876]. In-8 carré de xiv-276 p. Gravures en bois dans le texte.

Chapitres importants consacrés aux poteries, porcelaines et majoliques.

Morren (Paul). — *Catalogue of the valuable collection of oriental porcelain, Frankenthal and Dresden groups, and Handsome Cabinets, of the late M. Paul Morren, not aire of Brussels.* — Catalogue de la remarquable collection de porcelaines orientales, de statuettes de Frankenthal et de Dresde, du cabinet Handsome, etc. Vente aux enchères, à Londres. *Londres,* 1879, impr. Clowes. In-8 de 15 p., 21 pl. photographiques.

Phillips' (Voir CHAFFERS.) — *Catalogue of old Wedgwood ware, at Messrs. Phillips' Ceramic Galleries,* etc., 1877.

Robinson (John-Charles). — *A descriptive Catalogue of a collection of Oriental and old Sèvres Porcelain, the property of her Majesty the Queen, deposited for Exhibition in the Museum of the Department of science and art.* — Catalogue détaillé de la collection orientale et de vieux Sèvres, propriété de Sa Majesté la Reine, exposée dans le Musée des sciences et arts. *Londres,* 1853. In-8.

Robinson (John-Charles). — *Catalogue of the Soulages Collection being a descriptive inventory of a collection of works of decorative art, formerly in the possession of M. Jules Soulages of Toulouse. Now, by permission of the committee of privy Council for trade, exhibited to the public at the Museum of Ornamental Art, Marlborough house.* — Catalogue de la collection Soulages ou inventaire descriptif d'œuvres d'art décoratif, autrefois en la possession de M. J. Soulages de Toulouse et maintenant exposée publiquement, avec l'autorisation du Comité du Conseil privé du commerce, au Musée d'art ornemental, Marlborough house. *Londres,* Chapman, 1856. Grand in-8 de 200 p.

L'importante collection Soulages a été une des bases du musée de South-Kensington.

Robinson (J.-C.). — *Art Treasures of the United Kingdom from the Art Treasures Exhibition at Manchester; edited by J.-B. Waring.* — Notices par Owen Jones, Digby Wyatt, A.-W. Franks, J.-B. Waimg, J.-C. Robinson et G. Scharf junior. Trésors artistiques du Royaume-Uni exposés à l'Exhibition des trésors artistiques de Manchester. *Londres,* Day et Pon, 1838. In-folio. Chromo-lithogr. et gr. sur bois.

Dans cet ouvrage se trouve : *Ceramic Art,* par J.-B. Robinson, 32 p. avec planches coloriées.
Les éditeurs de *Art Treasures* ont publié séparément les différents mémoires.

Robinson (John-Charles). — *Catalogue of the special exhibition of works of art of the mediæval, Renaissance, and more recent periods, on loan at the South-Kensington Museum.* — Catalogue de l'Exposition spé-

ciale des œuvres de l'art du moyen âge, de la
Renaissance et de l'époque moderne prêtées au
musée South-Kensington. Édité par J.-C. Robinson.
Londres, 1862-1863. In-8 de 766 p.

La section I comprend sculptures en marbre, terres cuites;
la section VII, produits de l'époque Henri II; la section VIII,
poteries de Bernard Palissy; la section IX, porcelaines de
Sèvres, cataloguées par W. Chaffers et revues par J.-C. Robinson; la section XIV, produits de Perse; la section XV, porcelaines et poteries de diverses manufactures, par W. Chaffers,
revues par J.-C. Robinson; la section XVI, porcelaines anglaises,
faïences, etc., de diverses manufactures, par W. Chaffers, revues
par J.-C. Robinson; la section XXI, majoliques.

Robinson (John-Charles). — *Catalogue of the works of
art forming the collection of Robert Napier of West
Shand » (Dumbartonshire).* — Catalogue des œuvres
d'art formant la collection de Robert Napier de West
Shandon. *Londres*, Privately printed, 1865. In-8 de
x-326 p.

La céramique est comprise dans les sections XX, XXIX et XXXI,
environ 102 p.
Cette collection, vendue en 1877, comprenait d'anciennes faïences
italiennes, des poteries de Palissy, des porcelaines de Dresde, de
Sèvres, ainsi que des porcelaines anglaises et orientales.

Robinson (John-Charles). — *Catalogue of the various
Works of Art forming the collection of Matthew Uzielli.*
Catalogue de diverses œuvres d'art formant la collection de M. Uzielli. *Londres*, Clayton [Privately prin-
ted]. In-8 de VI-304 p.

Cette collection a été depuis vendue aux enchères.

Rudler (F.-W.). (Voir Beche sir Henry de la) and
Reeks Trenham. — *Museum of practical Geology.*

[Smith R.-H. Soden]. — *Science and art department of the* *committee of council on education, South-Kensington Museum. A list of works on pottery and porcelain in the national art library, including those containing references to the subject or illustrations. [Compiled for the use of students and visitors.]* — Section des sciences et arts du Comité du conseil général de l'éducation au South-Kensington Museum. Liste d'ouvrages sur la poterie et la porcelaine, publiés par la librairie anglaise, comprenant tous ceux qui contiennent des renseignements intéressants ou des illustrations (à l'usage des étudiants et visiteurs).

Cet essai de bibliographie, quoiqu'il contienne divers traités sur l'art grec, romain et préhistorique céramique, ne mentionne toutefois que 269 ouvrages.

Smith (Major R.-Murdoh). — *South-Kensington Museum; Art handbooks; Persian Art. With Map and Wodcuts.* — Guide de poche de l'art persan au musée South-Kensington, avec cartes et gr. sur bois. *Londres,* **1877,** Chapman. Grand in-8 de 60 p.

Une partie de cet ouvrage est consacrée à la céramique persane ; l'autre partie comprend les armes, les tapis, les objets de métal, etc.

Thompson (sir H.). (Voir MANKS.) — *Catalogue of blue and white Nankin porcelain,* etc.

Trenham Reeks. (Voir BECHE sir Henry de la, C.-B.) — *Museum of practical Geology,* etc.

Vizetelly (F.). — *Catalogue of the Worcester Collection of Porcelain, divided into six classes or periods, and illustrating the progress of the ceramic manufacture at Worcester from its earliest period (1751 to 1862).* — Catalogue des porcelaines de Worcester, divisé en six

168   BIBLIOGRAPHIE CÉRAMIQUE

périodes, montrant les progrès de la manufacture de
Worcester, depuis sa création en 1751 jusqu'en 1862.
Londres, impr. G. Unwin. In-4 de 30 p.

> Catalogue d'une collection de 256 numéros qui a été, je crois,
> exposée à Londres.

Wedgwood. (Voir Chaffers.) — *Catalogue of an exhibition, of old Wedgwood ware.* — Catalogue d'une exposition de vieux Wedgwood, 1877.

Wedgwood (J.). — *Extract from J.-Wedgwood's Cata-
logue of Camees,* etc., *published 1787, with additions.* —
Extrait du catalogue des camées de J. Wedgwood.
Publié en 1787 avec additions. In-8 de 8 p.

> Brochure contenant une liste de têtes (médaillons) en « black
> basaltes », en « blue and white jasper black basalt » (lave noire)
> et en « blue and white jasper » (pierre tendre bleue et blanche).
> Non mis dans le commerce.

Wedgwood (Josiah). — « *Catalogue of Antique Ornaments* », etc., *on sale by him. Londres,* 1777 et
1778. — Catalogue d'ornements d'après l'antique, etc.,
en vente chez l'auteur.

Whistler (J.). (Voir Marks, M.)

Anonyme (Voir Reeks). — *Catalogue of British Pottery
and Porcelain, German Street Museum.*— Catalogue des
poteries et porcelaines anglaises exposées au Musée
de German Street, 1871. In-8.

Anonyme. — *Burlington fine Arts Club. A short description of the English and continental porcelain, exhibited june* 1873. — Catalogue d'une exposition faite
en juin 1873 par le cercle Burlington des beaux-arts.

Porcelaines anglaises et étrangères. *Londres,* Spottiswoode, 1873. In-4 de 24 p.

Le même catalogue a paru en grand papier avec 18 planches
en photographie, où se trouvent, réduites à une petite échelle,
toutes les porcelaines exposées. Imprimé à petit nombre pour
les souscripteurs.

Anonyme. — *Catalogue of the loan autumn exhibition of
works of art at the Bristol academy for the promotion
of the fine art.* — Catalogue de l'exposition automnale
d'objets d'art prêtés à l'académie de Bristol, pour
l'avancement des beaux-arts. *Bristol,* impr. Arrowsmith, 1878. In-12 de 52 p.

Anonyme. (Voir Owen [Hugh]). — *Pottery of Bristol. A
Loan Collection of stardpaste porcelain.* — Poteries de
Bristol. Exposition prêtée de porcelaines dures. In-8,
N. P., 1878 ?

COLONIES ANGLAISES

Anonyme. — *Catalogue of the objects of ceramic art and
school of design, at the Melbourne public library.* — Catalogue des objets d'art céramique et école de dessin.
Melbourne, J. Ferres. S. D. [1877 ou 1878?]. In-16.

AUTRICHE

Bucher (Bruno). — *Die faïencen von Oiron (Henri-Deux).* *Vortrag gehalten im K.-K. Oesterr. Museum für Kunst und Industrie.* — Les faïences d'Oiron (Henri-Deux). Conférence faite au Musée royal impérial des Arts et de l'Industrie. *Vienne*, 1878. Imp. de Carl Gerold's. In-8 de 18 p. Grav. et marques dans le texte.

Salvetat (L.-A.). — *Uber Decoration von Thonwaaren u. Emaillage. Aus d. Dictionnaire des arts et manufactures, Complément übersetzt. Herausg. von K.-K. Oesterr. Museum f. Kunst und Industrie.* — La décoration de la faïence et l'émaillage. Édité par le Musée autrichien pour l'art industriel. *Vienne*, 1871. Grand in-8.

> Trad. du *Dictionnaire des arts et manufactures.*

Teirich. — *Thonwaaren Industrie auf der Wiener Austellung.* — L'industrie céramique à l'exposition de Vienne. *Vienne*, 1873.

Anonyme. — *Gefässe der deutschen Renaissance, im Auftrage d. K.-K. Handelsminist. herausg. v. Oest. Museum f. Kunst-Industrie. Mit 16 Heliog.* — Vases de la renaissance allemande, édités par le Musée autrichien pour l'art industriel, par ordre du ministère du commerce. Avec 16 héliogravures. *Vienne*, 1876. In-folio.

BELGIQUE

Clerfeyt (J.). — La céramique à l'Exposition internationale de Londres en 1871. *Bruxelles*, impr. Mertens,
1872. In-8 de 451 p.

> Tirage à part, avec couverture et titres modifiés, du tome I
> des *Rapports des délégués belges à l'Exposition internationale
> de Londres, en 1871*. M. Clerfeyt était secrétaire de la commis-
> sion belge.

Devigne (Félix). — Poterie ancienne. Une gourde en
faïence du xvi⁵ siècle. *Gand*. In-8 de 8 p. Vign. dans
le texte. Extrait des *Annales de la Société royale des
beaux-arts et de littérature de Gand*. Tome VI, 1855.

> L'auteur donne un dessin de carreau de l'ancienne abbaye de
> Saint-Bavon, à Gand, ainsi qu'un dessin de burette de la fin du
> xiiiᵉ siècle, attribuée à la fabrication gantoise, plus la repro-
> duction d'une gourde-aumônière du xviᵉ siècle, ornementée avec
> le mot *aura* sur la face; suivant M. Devigne, cette pièce sort
> d'une fabrique de faïences de Bruges. Ce Mémoire est un des
> rares qui, jusqu'ici, ait été publié sur les anciennes faïences
> flamandes. Toutefois, l'Exposition de 1880 à Bruxelles, les nom-
> breuses faïences exposées ont éveillé l'attention des érudits fla-
> mands, et il est à croire que peu de temps se passera sans que
> l'historique des fabriques locales ne soit élucidé.

Fétis (Frédéric). — (Voir ANONYME.) Cinquantième anniversaire de l'indépendance de la Belgique. 1880.
Exposition nationale.

Guillery (E.). — Arts céramiques. Encyclopédie populaire. *Bruxelles*, s. d. Jamar. In-12 de 104 p. Planches
dans le texte. Portr. de Palissy.

Huyvetter (Jean d').— Objets rares recueillis et publiés par Jean d'Huyvetter, grav. sur cuivre par C. Onghena. *Gand,* impr. Goesin-Verhaegue, 1829. In-4° de 4 p. et de xvii pl.

La majeure partie des planches est consacrée à des vases, des cruches, d'anciens grès flamands et allemands.

Huyvetter (Jean d'). — Voir VERHELST. — Description des antiquités du cabinet d'Huyvetter.

Juste (Théodore). — Catalogue des collections composant le musée royal d'antiquités, d'armures et d'artillerie de Bruxelles. *Bruxelles,* impr. Bruylant-Christophe, 1874. Deux parties in-12. Ensemble de xxvi-266 p.

La première partie de ce catalogue comprend les armes, les armures, l'artillerie ; la dernière, les monuments du moyen âge, de la Renaissance, etc. A cette seconde partie appartiennent les faïences italiennes, hollandaises, françaises, les grès allemands flamands, les poteries et porcelaines anciennes.

Knyff (chevalier Alfred de). — Collection de M. le chevalier Alfred de Knyff. — Vente les 23 janvier et jours suivants. *Bruxelles,* 1865. Impr. Bols-Wittouk. In-8 de 95 p. et de 9 pl.

Reproductions lithographiées de grès allemands et flamands ; vingt-cinq marques de faïences de Delft en fac-similé.

Lambert (Guillaume). — Art céramique. Description de la fabrication actuelle des faïences fines et autres poteries en Angleterre avec indication des ressources que présente la Belgique pour ce genre d'industrie. Publié avec le concours du gouvernement. Accompagné d'une carte et de 27 planches. *Bruxelles,* E. Flatau, libr. 1865. In-8, xi-380 p.

Lambert (G.). — Exposition universelle de Vienne, 1873. Documents et rapports des jurés et délégués belges. IXᵉ groupe céramique par G. Lambert, membre du jury. *Bruxelles,* impr. E. Guyot, 1874. In-8 de 79 p., 3 pl.

Lambert (G.). — Exposition universelle de Paris en 1878. Rapports publiés par la Commission belge. Classe xx. Céramique. Rapport de M. G. Lambert, membre du jury. *Bruxelles,* typ. Vanderauwera, 1879. In-8 de 80 p.

Lyon (Clément). — L'industrie de la poterie à Chatelet et à Bouffioux avant le xixᵉ siècle. Lettres à M. Schuermans. *Charleroi,* 1880. Articles publiés dans le journal hebdomadaire l'*Éducation populaire à Charleroi.*

Pinchart (A.). — Preuves authentiques de l'existence de la fabrique de porcelaine établie au château de Tervueren. *Bruxelles,* impr. Bols-Wittouck, 1864. In-8 de 8 pages.

Schuermans. — Anciens grès et verres liégeois. *Liège,* 1879. In-8. Tiré à part du *Bulletin de l'Institut archéologique liégeois,* tome XV.

Schuermans (H.). — Grès flamands, limbourgeois et liégeois. *Liège,* 1879. In-8 de 41 p. Pl. Extrait du *Bulletin des Commissions royales d'art et d'archéologie.*

L'historique des grès mosans et rhénans se poursuit avec activité dans les revues de Sociétés savantes belges; déjà de nombreux documents publiés jettent une éclaircie sur l'art des potiers de Raeren.

Schuermans. — (Voir Anonyme.) Cinquantième anniversaire de l'indépendance de la Belgique. 1880. Exposition nationale.

Van Bastelaer (D.-A.). — Académie d'archéologie. Les couvertes, lustres, vernis, enduits, engobes, etc., de nature organique employés en céramique chez les Romains; recherches chimiques et archéologiques. *Anvers*, typ. J. Plasky, 1877. In-8 de 48 p.

> Cette brochure, d'après son titre, semblerait utile à consulter pour la fabrication moderne; elle est purement archéologique et ne figure ici qu'en raison d'un titre trop et pas assez explicite.

Van de Casteele (D.). — Grès liégeois. *Bruxelles*, 1879. In-8 de 5 p. Tiré à part du *Bulletin des Commissions royales d'art et d'archéologie*. XVIe année.

[Van de Casteele]. — Grès wallons. *Bruxelles*, 1880. In-8 de 7 p. Tiré à part du *Bulletin des Commissions royales d'art et d'archéologie*. XIXe année.

Verhelst (Benoni-Karel). — Description des antiquités et objets d'art composant le cabinet d'Huyvetter à Gand. *Gand*, impr. Vanderhaeghen-Hulin, 1851. In-8 de 108 p.

> Le catalogue analytique de cette vente donne la description de poteries, de grès flamands et allemands, qui faisait défaut à l'ouvrage publié en 1828 par M. d'Huyvetter.

Anonyme. — Cinquantième anniversaire de l'indépendance de la Belgique. 1880. Exposition nationale. IVe section. — Industries d'art en Belgique antérieures au XIXe siècle. Catalogue officiel. *Bruxelles*, Vanderauwera, 1880. Grand in-18. Marques.

> Le catalogue céramique, grès (avec notice par M. H. Schue-

mans), briques de foyer, faïences de Bruxelles, faïences de Tervueren (avec notice par M. Fr. Fétis), faïences d'Andenne, faïences
de Sept-Fontaines (Luxembourg), de Bruges, de Namur, de Liège,
porcelaine de Bruxelles, de Tournay, etc., comprend 137 pages.

———

BRÉSIL

Hartt (Chas. F.). — *Notes on the manufacture of pottery
among savage races.* — Notes sur la fabrication des
poteries chez les races sauvages. *Rio Janeiro,* 1875.
In-8.

———

CHINE

Ly (le P. Joseph). — Instructions sur la manière de faire la porcelaine en Chine, dressées, en 1844, par le P. Joseph Ly, Chinois, prêtre de la mission de Saint-Vincent de Paul, à Kin-te-tching. — Pour MM. les directeurs de la manufacture royale de Sèvres, sur la demande de M. Stanislas Julien. Manuscrit de 7 p. In-4.

On lit sur le verso de l'enveloppe du manuscrit : « Cette collection a été formée sur la demande de M. Stanislas Julien, professeur en langue chinoise, et par l'entremise des missionnaires de la congrégation de Saint-Lazare à Paris, M. Viallier, procureur général ; M. Savayre, secrétaire général. »

La majeure partie des renseignements du P. Ly a été fondue dans *l'Histoire de la porcelaine chinoise*, de M. Stanislas Julien.

Tching - thing - koueï. — 景德鎮陶錄
King - te - tchin - thao - lou.
— Histoire des porcelaines de King-te-chin, 1815.

Tchou-thong-tch'ouen. 陶說 Dissertations
— *Thao - choue.* — sur la cérami-que. Entre 1736 et 1795.

La Bibliothèque nationale en possède un exemplaire.

Anonyme. (Voir Amiot.) — Album de 22 dessins pour la fabrication de la porcelaine en Chine avec description manuscrite.

Anonyme. — *Chinese porcelain. King-te-chin-tao-lou.* 1 vol. in-folio.

Original en langue chinoise de l'ouvrage traduit par M. Stanislas Julien.

Anonyme. — 陶 政 — Description du district de *Feou-liang-hien - tchi.* ·· Feou-liang. Publié en Chine en 1325. — Le livre VIII est consacré à un mémoire de soixante-douze pages, intitulé *Thaot-ching*, administration de la porcelaine [dans la Manufacture Impériale].

Suivant M. Stanislas Julien, cet ouvrage a eu vingt et une éditions du XIVe au XIXe siècle. La Bibliothèque nationale possède l'édition de 1823.

Anonyme. — *Thieu-King-Khaï-Won.* — Manuel de l'industrie chinoise. — Dans le livre II on trouve des renseignements sur l'art du potier et du tuilier, ainsi que sur la fabrication de la porcelaine.

La Bibliothèque nationale possède ce petit ouvrage.

———

DANEMARK

Falbe (C.-T.). — *Vases antiques du Pérou. Copenhague,* 1843. In-8 de 8 p. Pl. — Extrait des *Mémoires de la Société royale des antiquaires du Nord.*

Planches reproduisant des formes de vases.

———

ESPAGNE

Campaner y Fuertes (Alvaro). — *Dudas y conjeturas acerca de la antigua fabricacion mallorquina de la loza con reflejos metalicos.* — Doutes et conjectures au sujet de l'ancienne fabrication de majoliques émaillées à reflets métalliques. *Palma*, 1875. Impr. Gelabert. In-8 de 11 p. Pl. hors texte. Extrait du *Museo Balear de historia y literatura, ciencias y artes.*

Campaner y Fuertes (Alvaro). — *Mas sobre lozas con reflejos metalicos.* — Quelques faïences à reflets métalliques. *Palma*, 1876. Impr. de Pedro-José Gelabert. In-8 de 6 p. — Extrait du *Museo Balear de historia y literatura, ciencias y artes.*

Lumiarés y Valcarcel (comte Antonio de). — *Barros Saguntinos. Disertacion sobre estos monumentos antiguos : con varias inscripciones ineditas de Sagunto recogidos, esplicados y representados en laminas. Valencia,* chez Joseph Toinas de Orga, 1879. In-8. — Terres de Sagonte. [Aujourd'hui Murviedo, près Valence]. Dissertation sur les monuments antiques, avec diverses inscriptions inédites de Sagonte, recueillis, expliqués et représentés en gravures, etc.

Le comte de Lumiarès possédait une collection nombreuse de poteries de Murviedo; il les a divisées en quatre classes : 1º Poteries rouges ; 2º Poteries jaunes veinées de rouge et imitant le jaspe; 3º Poteries couleur de cendre; 4º Poteries sans vernis, ornées de reliefs d'animaux, de fleurs, de sujets mythologiques.

Riano (Juan F.). — *The industrial arts in Spain.* — Les arts industriels en Espagne. *Londres,* Chapman et Hall, 1879. In-8 de 276 p.

Au nombre des anciens arts cultivés en Espagne, la céramique doit être considérée comme tenant une certaine place; c'est pourquoi M. Riano lui a consacré un chapitre développé, « Pottery and porcelain », renfermant des marques et gravures.

Riano (Juan F.). — *Classified and descriptive catalogue of the arts-objects of spanish production in the South-Kensington museum, with an introduction and notes.* — Catalogue méthodique et descriptif des objets d'art de production espagnole dans le musée de South-Kensington, avec une introduction et des notes. *Londres,* Eyre et Spottiswoode, 1872. In-8 de xiv-75 pages.

Introduction utile pour l'histoire de la céramique espagnole. Marques dans le texte.

Riano (don Juan F.). — *Sobre la manera de fabricar la antigua loza dorada de Manises.* — Recette de procédés employés à Manises pour la fabrication des faïences à reflets métalliques. *Madrid,* impr. Fortanet, 1877. In-12 de 18 p.

« Cette recette, datée de Valencia, de 1785, m'écrit M. Ch. Davillier, et extraite du *Maioral del Gremio, y el actual Alcalde* de Manises, fut envoyée à Madrid, où elle avait été demandée officiellement pour faire des essais de reflets métalliques; les essais donnèrent de bons résultats, mais n'eurent pas de suite. »

Ricord (D.-Thomas). — *Noticia de las varias y diferentes producciones del Reyno de Valencia, como tambien de sus fabricas y artefactos segun el estado que tenian en el ano 1791. Sacada de los correos mercantiles de España y sus Indias, con varias tablas sinopticas que* *p or acuerdo de la real sociedad de amigos del pais de Valencia ha formada D. Tomas Ricord presbytero secretario.* — Note sur les différentes productions du royaume de Valence, avec le nombre des fabriques, le nom des ouvriers et leur spécialité en l'an 1791. Tirée du rapport sur l'état du commerce de l'Espagne et de ses colonies', avec différents tableaux synoptiques dressés par les membres de la Société des amis du pays de Valence, par don Thomas Ricord, *Valence,* impr. Benito Monfort, 1793. In-8 carré de XIII p.

Cet ouvrage contient des tableaux synoptiques où sont mentionnées quelques fabriques de faïences espagnoles de la province de Valence, le nombre des ouvriers et des pièces fabriquées.

Sarvy. (C.). — *Azulejos en Toledo (España)* 1861. — 4 planches in-folio, gravées par C. Sarvy, sans texte.

Il n'a sans doute paru que cette première livraison.

FRANCE

1ᵉ SÉRIE

INDUSTRIE. — TECHNIQUE.

A. — *Généralités relatives à l'histoire des arts*
et produits céramiques.

Alluaud (aîné). — Histoire et statistique de la porcelaine en Limousin. *Limoges,* impr. Darde, 1837. In-8
de 24 p.

Armand (Ch.). — Notice du four continu pour cuire les
ciments, les produits céramiques, etc., par Ch.
Amand, ingénieur, système breveté en France et à
l'étranger. *Paris,* E. Bernard, 1879. In-8 de 6 p. et
1 pl.

Arnaud (E.). — Rapport présenté à M. le ministre de
l'agriculture et du commerce sur la céramique. Exposition de Philadelphie. *Paris,* impr. nationale, 1877.
Grand in-8 de 44 p.

> Ce travail est ainsi divisé : 1° Pays exposants ; sortes de pro-
> duits exposés ; 2° Classements de ces produits ; fabrications com-
> parées ; 3° Étude des machines et fours ; 4° La céramique aux
> États-Unis et principalement à Philadelphie. L'auteur, choisi
> par le comité de l'Union céramique et chaufournière de France,
> avait été agréé par le ministre pour faire partie de la délégation
> ouvrière à l'Exposition de Philadelphie.

Arnoux (Léon). — *Lectures on the results of the great Exhibition of* 1851 *(Ceramic manufactures).* — Lectures sur les résultats de la grande Exposition de 1851. (Produits céramiques.)

> M. Léon Arnoux, fils du directeur de la fabrique de porcelaine *la Valentine* (Haute-Garonne), est, depuis un certain nombre d'années, directeur d'art et inspecteur de la manufacture anglaise, Minton et Cⁱ.

Arnoux (Léon). — *Lectures on the ceramic manufactures delivered at the Society of arts.* — Lectures sur la fabrication céramique faites à la Société des arts. *Londres,* 1852.

Arnoux (Léon). — *Paris universal exhibition. Report on ceramic manufactures.* — Exposition universelle de Paris (1855). Rapport sur les produits céramiques. *Londres,* impr. Eyre et Spottiswoode, 1857. In-8 de 24 p.

> Extrait des *Rapports sur l'Exposition de Paris adressé à lord Stanley, président du Conseil de commerce,* etc.

Arnoux (Léon). — *British manufacturing industries. Pottery.* — Industries céramiques anglaises. Poterie. *Londres,* 1876. In-16.

Blanchetière. — Visite à la manufacture de porcelaine de Bayeux par les membres de l'Association normande, le 14 juillet 1876. Compte rendu par M. Blanchetière, inspecteur de l'Association normande. *Caen,* Le Blanc-Hardel, 1877. In-8 de 16 p.

> Extrait de l'*Annuaire normand,* 1877.

Bonneville, Paul et L. Jaunez. — Les arts et les produits céramiques. La fabrication des briques et des

tuiles, suivie d'un chapitre sur la fabrication des pierres
artificielles et d'une étude très complète des produits céramiques, poteries communes, porcelaines,
faïences, etc. Ouvrage accompagné de notes, de tableaux, avec nombreuses figures dans le texte et plusieurs planches, par MM. Bonneville, Paul et L. Jaunez,
ingénieurs manufacturiers. *Paris*, E. Lacroix, 1879.
In-8 de viii-184 p. Fig. dans le texte.

Boyer. — Manuel du porcelainier, du faïencier et du potier de terre; suivi de l'art de fabriquer les terres
anglaises et de pipe, ainsi que les poêles, les pipes,
les carreaux, les briques et les tuiles. *Paris*, Roret,
1827. 2 vol. In-12, ensemble de xii-748 p. Pl.

Ouvrage technique d'un ancien fabricant de porcelaines.

Brongniart (Alex.). — L'art de la porcelaine et de la
faïence fine, extrait d'un traité de L.-F. Schumann.
[*Weimar*, 1835]. In-12 de 25 feuillets.

Traduction manuscrite. Bibliothèque de Sèvres.

Burty (Ph.). — Union centrale des beaux-arts appliqués
à l'industrie. Exposition de 1874. Rapport présenté
par le jury de la VIe section. Art appliqué à la céramique et à la verrerie. *Paris*, impr. Pougin, 1875.
In-8 de 14 p.

Bussy (Ch. de). — Exposition internationale de Philadelphie en 1876. Section française. Rapport sur la
céramique et la verrerie, par M. Ch. de Bussy, membre du jury international. *Paris,* imp. nationale. Gr.
in-8 de 26 p.

Chevreul (E). (Voir Ebelmen). — Chimie, céramique, etc.

Deyrolle (Émile). — Musée scolaire pour l'enseignement primaire des sciences usuelles disposées en tableaux et comportant des échantillons naturels. — Céramique, terres cuites, faïence et grès. Matière première, traitement et produits : 22 échantillons. — Four à poterie, instruments de travail. — Faïence fine et porcelaine : 27 échantillons. — Four à faïence et instruments. 4 tableaux. *Paris*, Deyrolle, 1878-1880. In-folio.

> Grâce à ces tableaux, les enfants qui suivent les cours des écoles primaires ont sous les yeux des échantillons en nature des matières constitutives entrant dans la composition des faïences, porcelaines, grès, etc. Combien d'hommes des plus érudits auraient besoin de s'entourer de ces excellentes leçons de choses par l'aspect !

Dubouché (Adrien). — La céramique contemporaine à l'exposition de l'Union centrale des beaux-arts. *Paris*, impr. Quantin [1876]. In-folio de 14 p. Vign.

> Tirage à part de l'*Art*.

Ebelmen (feu) et Salvetat. — Rapport sur les arts céramiques, fait à la Commission française du jury international de l'Exposition universelle de Londres. *Paris*, impr. impériale, 1854. In-8 de 135 p.

> En tête de l'ouvrage on trouve un « hommage à la mémoire de M. Ebelmen » par le baron Ch. Dupin, président de la commission française à Londres; c'est un résumé succinct des travaux du savant chimiste.

Ebelmen. — Chimie, céramique, géologie, métallurgie. Revu et corrigé par Salvetat, suivi d'une notice sur la vie et les travaux de l'auteur. *Paris*, Mallet-Bachelier, 1861, 3 vol. in-8, ensemble de 1508 pages. Plus tableau géologique.

Flachat (Stephane). — L'Industrie. Exposition de 1834. *Paris*, Tenré, 1834. Grand in-8 de 160 p. à 2 col. Plus 20 pl.

Un chapitre développé de cette Revue est consacré à l'examen des produits des divers exposants de province et de leurs tarifs de fabrique. Les planches reproduisent des formes étrusques, imitées à Sarreguemines, des porcelaines anglaises, françaises et particulièrement les grands ouvrages en porcelaine de Jacob Petit.

Fontenay (H. de). — Chimie industrielle. Sur le bleu égyptien. Note de M. H. de Fontenay, présentée par M. Peligot. 1874. In-4 de 3 p.

Extrait des *Comptes rendus des séances de l'Académie des sciences*, n. 13, 30 mars 1874.

Fourcroy. — Rapport sur un mémoire du citoyen Brongniart, qui a pour titre : Essai sur les couleurs obtenues des oxydes métalliques, et fixées par la fusion sur les différents corps vitreux. Lu à la classe des sciences mathématiques et physiques de l'Institut national, dans sa séance du premier floréal an X. *Paris*, Baudouin, an X. In-4 de 14 p.

Gabelle (Martial). — Procédé simple pour cuire chez soi, sans moufle, les peintures vitrifiables sur porcelaine. *Paris*, 1876. In-8 de 6 p.

Haviland. — Exposition universelle de 1878. Groupe III. Classe 20. Salle E. Haviland et Cᵉ. Fabrique de porcelaines à Limoges. Fabrique de faïences d'art et échantillons de Limoges, 116, rue Michel-Ange, Paris-Auteuil. *Paris*, in-4 oblong de 80 p. Grav. dans le texte.

De nombreuses gravures donnent une idée de la multiplicité des compositions de l'habile graveur Bracquemond, directeur d'art de la fabrique Haviland d'Auteuil, ainsi que de l'aide que lui prêtent les peintres et sculpteurs Delaplanche, Lindencher, Aubé, etc.

Jaunez. (Voir BONNEVILLE.) — Les arts et les produits céramiques, etc.

Jouhanneaud (C.). — Le repos du dimanche dans les fabriques de porcelaine, par Camille Jouhanneaud. *Limoges,* impr. Chapoulaud frères, 1879. In-8 de 15 p.

Langlois (Frédéric). — Société en commandite pour la fabrication de la porcelaine, grès cérame et poteries diverses à Isigny (Calvados), sous la direction de F. Langlois. *Isigny,* impr. Maurin. In-8 de 12 p.

Lemasson. (Voir JUMELIN.)

Magnier (M.-D.). — Nouveau manuel complet du porcelainier, faïencier, potier de terre, comprenant la fabrication des grès cérames, des pipes, des boutons de porcelaine, des diverses porcelaines tendres, et contenant les procédés pratiques de ces fabrications, ainsi que la description des machines et appareils usités dans les industries céramiques. Ouvrage entièrement neuf, orné de 10 pl. gr. sur acier. *Paris,* Roret, 1864. 2 vol. in-18, ensemble de 495 p.

Magnin (Célestin). — Compte rendu fait à la Chambre syndicale de la céramique et verrerie de nouveaux procédés de moulage, etc., appliqués à la céramique et verrerie. *Cherbourg,* impr. Bedelfontaine, 1876. Petit in-12 de 16 p.

    L'auteur, qui signe : «Mouleur, électro-métallurgiste, photographe, sculpteur initié (sic) aux procédés de l'impression photographique en gravure chimique », débute, dans ses considérations sur les beaux-arts industriels par ceci : « L'art céramique, tombé dans sa *gourde* (?), a besoin de transformation artistique », etc. On pourrait citer un grand nombre d'autres appréciations de même nature.

Magnin (Célestin). — Céramique et science du moulage ; beaux-arts en reliefs et art décoratif ; porcelaine, vieux Sèvres et kaolin. In-32 de 223 p. *Cherbourg*, imp. Bedelfontaine et Syffert.

Péligot (Eug.). — Instructions pour le peuple. Cent traités sur les connaissances les plus indispensables, etc. 96e livr., : verrerie, poterie, arts céramiques. *Paris*, Paulin. Gr. in-8.

Proth (Mario). — A travers l'Union centrale. *Paris*, Vaton, 1877. In-18 de 56 p.

> Étude des produits des faïenciers, porcelainiers, émailleurs modernes, exposés au palais des Champs-Élysées par l'Union centrale en 1876.

Racle (Léonard). — Réflexions sur l'art de la terre cuite, soumise à la Société d'émulation de Bourg-en-Bresse, par Racle, architecte et ingénieur du canal de navigation de Pont-de-Vaux. Manuscrit in-4 de 45 feuillets.

> Ce mémoire fut envoyé, vers la fin du xviiie siècle, à la Société d'émulation par Racle qui avait fondé une manufacture de faïence aux environs de Bourg.
> La préoccupation marquée de cet architecte-ingénieur était d'appliquer la faïence à l'architecture. Son esprit inventif le poussa à construire de grands poêles, et Voltaire en a parlé dans sa *Correspondance*; mais Racle n'eut pas occasion de mettre en œuvre ses idées qui étaient justes et applicables.
> Une copie de ce mémoire se trouve à la Bibliothèque du Musée céramique de Sèvres. A la suite du mémoire on a ajouté le Rapport manuscrit des membres de la Société sur la communication du travail de Racle.

Racle (Léonard). — L'art du tuilier et du briquetier perfectionné, dédié à la Société d'émulation de Bourg-en-
Bresse, par le sieur Racle, un de ses associés non
résidant, architecte et ingénieur du canal de navigation de Pont-de-Vaux en Bresse. In-8 carré de 51 p.
S. D. Plus atlas, gr. in-8 de 8 feuilles.

> La Bibliothèque du Musée céramique de Sèvres possède copie
> de ce mémoire et des dessins, dont l'original appartient à la biblio-
> thèque de la ville de Dijon. Ce travail est postérieur à celui sur
> l'art de la terre cuite que Léonard Racle avait envoyé à la même
> Société savante.

Salvetat. — Rapport fait par M. Salvetat, au nom du
Comité des arts chimiques, sur l'introduction, à Creil,
de la fabrication d'une pâte nouvelle dite de Paros,
présentée par M. Adrien Lebeuf. *Paris*, impr. Bouchard-Huzard, 1852. In-4 de 3 p.

> M. Salvetat, entré en 1841 à la manufacture nationale de
> Sèvres, comme chimiste-analyste attaché au laboratoire de
> M. Brongniart, fut, en 1846, nommé chimiste, chef des moufles
> dans le même établissement. A la retraite depuis juillet 1880.

Salvetat. — Rapport fait par M. Salvetat, au nom du Comité des arts chimiques et de la Commission des
beaux-arts appliqués à l'industrie, sur les porcelaines
décorées et vernissées de M. J. Lesme, de Limoges.
Paris, impr. Bouchard-Huzard, 1853. In-4 de 5 p.

Salvetat. — Rapport fait par M. Salvetat au nom de la
Commission permanente des beaux-arts appliqués à
l'industrie, sur les travaux de M. Pierrat, restaurateur
d'objets d'art. *Paris*, impr. Bouchard-Huzard, 1854.
In-4 de 3 p.

Salvetat. — Rapport fait par M. Salvetat, au nom de la Commission permanente des beaux-arts appliqués à l'industrie et du comité des arts chimiques, sur la porcelaine tendre fabriquée par M. de Bettignies, à Saint-Amand-les-Eaux (Nord). *Paris,* impr. Bouchard-Huzard, 1854. In-4 de 6 p.

Salvetat. — Programme de divers prix à décerner, relatifs à l'emploi de l'acide borique et du borax dans les arts céramiques, par M. Salvetat. *Paris,* impr. Bouchard-Huzard, 1854 (?) In-4 de 5 p.

Salvetat. — Rapport fait par M. Salvetat, au nom de la Commission de Bordeaux et du Comité des arts chimiques, sur la manufacture des produits céramiques de Bordeaux, dirigée par M. Vieillard. *Paris,* impr. Bouchard-Huzard, 1854. In-4 de 5 p.

Salvetat. — Rapport sur le concours pour le perfectionnement de la fabrication des faïences fines dures, des grès-cérames fins et ordinaires, et des porcelaines tendres anglaises. *Paris,* impr. Bouchard-Huzard, 18.. In-4 de 12 p.

Salvetat (A.). — Rapport sur les arts céramiques, fait à la Commission française du jury international de l'Exposition universelle de Londres, par feu M. Ebelmen et par A. Salvetat. *Paris,* impr. impériale, 1854. In-8 de 135 p.

Salvetat (A.). — Note sur la verrerie et la céramique. *Paris,* impr. Guiraudet et Jouaust, 1857. In-8 de 27 p.

Extrait des *Mémoires de la Société des ingénieurs civils.*

Salvetat (A.). — Leçons de céramique professées à l'école centrale des arts et manufactures, ou technologie céramique, comprenant les notions de chimie, de technologie et de pyrotechnie, applicables à la fabrication, à la synthèse, à l'analyse, à la décoration des poteries. *Paris,* Mallet-Bachelier, 1857. 2 vol. in-12, ensemble de ix-987 p. Nombreuses figures dans le texte.

Salvetat. — Les arts céramiques, exposés à Londres en 1862, par M. Salvetat, membre du jury international. *Paris,* impr. Bourdier. In-8 de 18 p.

Extrait des *Mémoires de la Société des ingénieurs civils.*

Salvetat. — Les arts céramiques à l'Exposition internationale. — Les arts céramiques à l'Exposition internationale. (Deuxième article). La manufacture nationale de Sèvres. *Paris,* A. Quantin, impr., 1878-1879. In-8, ensemble de 24 p.

Extrait de la *Revue des industries chimiques et agricoles.*

Vauquelin. (Voir Fourcroy.)

Anonyme. — Moniteur de la céramique, de la verrerie et des industries qui s'y rattachent, publié sous la direction d'une société d'ingénieurs, de professeurs et de fabricants. Paraissant à la fin de chaque mois. *Paris,* 9, passage Saulnier, 31 janvier 1869 à 1876.

La première année de ce recueil fournit d'utiles renseignements sur l'art céramique; les années suivantes sont consacrées à des intérêts purement industriels.

Anonyme. — Tarif des produits de Sarreguemines. Sans date. In-8 de 11 p. Pl.

Poteries fines, diverses couleurs. Cailloutage blanc, marbré, imprimé et reverbère. Porcelaine anglaise. Impression fine sur porcelaine anglaise. La couverture est ornée d'une vue de la faïencerie de Sarreguemines.

Anonyme. — Tarif de la manufacture de poterie fine de Sarreguemines. Sans date. In-4 oblong de 28 p. Nombreuses formes gravées.

B. — *Argiles.* — *Kaolins.*

Alluaud (aîné). — Rapport sur les grès molasses ou granits arénacés kaoliniques de Dignac (Charente). *Limoges,* Chapoulaud, 1832. In-8.

Brongniart (Alex.). — Argile. Article extrait du *Dictionnaire des sciences naturelles. Strasbourg,* Levrault, 1816. In-8 de 96 p.

> Les épreuves, corrigées de la main de Brongniart, contiennent un certain nombre de modifications, que le savant mit à profit dans les ouvrages techniques qui suivirent l'insertion de cet article. Le manuscrit se trouve à la Bibliothèque du Musée céramique de Sèvres.

Brongniart (Alex.). — Premier mémoire sur les kaolins ou argiles à porcelaine, sur la nature, le gisement, l'origine et l'emploi de cette sorte d'argile. *Paris,* Gide. In-4 de 57 p. Pl.

> Ce Mémoire, extrait des *Archives du Museum,* t. Ier, a conservé la pagination du recueil dans lequel il avait été inséré. Un titre seul a été ajouté.

Brongniart (Alex.) et Malaguti. — Second mémoire sur les kaolins ou argiles à porcelaine, sur la nature et l'origine de cette sorte d'argile. *Paris,* Gide, 1841. In-4 de 83 p., plus 5 p. de tableaux relatifs à la composition des felspath. 6 pl.

> Ce second mémoire, lu à l'Académie des sciences le 24 décem-

bre 1838, a paru dans les *Archives du Museum d'histoire naturelle*, t. Iᵉʳ, et en a conservé la pagination. Le titre seul a été
ajouté.

Fourmy (citoyen). — Mémoire qui a remporté le prix
proposé par l'Institut national, sur cette question
mise au concours pour la troisième fois : « Indiquer
les substances terreuses et les procédés propres à fabriquer une poterie résistante aux passages subits du
chaud au froid, et qui soit à la portée de tous les
citoyens. » *Paris*, l'auteur, 1800. In-8 de 37 p.

  Fourmy, fabricant « d'hygiocérames » et autres produits céramiques, contribua fortement pour sa part au mouvement céramique industriel de son temps.

Gaultier de Claubry. — Rapport sur une demande en
déchéance de brevets d'invention de perfectionnement et d'addition pour des compositions de terres
ingerçables et réfractaires, spécialement applicables
aux poêles et panneaux de cheminées, formée par
MM. Vogt, Birckel, Scheib, fabricants de poêles. —
Contre MM. Pichenot et Cᵉ, fabricants de poêles, bre-
vetés. *Paris*, impr. Beaulé, In-4 de 76 p.

Jumelin (Silvestre). — Rapport fait au Bureau de consultation des arts, concernant M. Lemasson, artiste,
et concluant à ce qu'il lui soit accordé une récompense
nationale de 6 000 livres pour les perfectionnements
qu'il a apportés dans la fabrication des poteries et
des porcelaines, avec les argiles de la Manche et no-
tamment avec le kaolin de Valognes. *Valognes*, impr.
Buhoc, an Iᵉʳ de la République. Manuscrit de 19 p.

  La copie de la Bibliothèque du Musée céramique de Sèvres a
  été faite d'après un imprimé fort rare, appartenant à M. Léopold
  Delisle, de l'Institut.

Linden (Adrien). — L'argile. Petite Bibliothèque des connaissances utiles. Causeries enfantines et récréatives. *Paris*, Delagrave, 1879. In-12 de 16 p. Grav. en couleur dans le texte.

Malaguti. (Voir Brongniart.) — Second mémoire sur les kaolins.

C. — *Tuiles et briques.*

Carville (aîné). — Machine à fabriquer les briques, les tuiles, les carreaux et tous les produits de terre cuite. *Paris*, impr. Proux, 1841. In-8 de 23 p.

Chabat (Pierre) et Monmory (Félix). — La brique et la terre cuite. Étude historique de l'emploi de ces matériaux, fabrication et usages, motifs de construction et de décoration choisis dans l'architecture des différents peuples. *Paris*, Morel, 1878-1880. In-folio de 150 p. et de 80 pl. en couleur.

Les auteurs de cet ouvrage, architectes tous deux, ont réuni les documents pour l'étude de la brique et de la terre cuite employées soit comme parties constitutives, soit comme éléments décoratifs des édifices.

Clère (J.-F.). — Essai pratique sur l'art du briquetier au charbon de terre, d'après les procédés en usage dans le département du Nord et dans la Belgique. *Paris*, Carilian-Gœury, 1828. In-8 de 188 p., plus 4 pl.

L'auteur, ingénieur en chef des mines, a divisé son ouvrage en quatre parties : Choix et préparation de la terre; fabrication; dessiccation; cuisson. Dans ce traité, M. Clère prend pour

pour exemple une localité connue, de telle sorte que les intéressés puissent apprécier les gains et les pertes qu'est susceptible d'éprouver en de certains endroits l'industrie des briquetiers.

Degen (Louis). — Les constructions en briques, avec un volume de supplément. Combinaisons et études variées sur l'emploi de la brique, au point de vue décoratif. *Paris*, Morel, 1859. 2 vol. in-4. 84 pl. en couleur.

Détain (C.). (Voir Lacroux (J.) — Constructions en briques, etc.

Duhamel du Monceau, Fourcroy et Gallon. — L'art du tuilier et du briquetier. *Paris*, 1773. In-folio de 67 p. Planches.

Cette notice, extraite de l'*Encyclopédie* de 1773, se termine par un glossaire de certains termes particuliers à l'art du tuilier et du briquetier.

Eck (Ch.) architecte. — Application des globes ou pots creux à l'art de bâtir les planchers, cloisons, etc., avec planches. *Paris*, impr. Guyot, chez l'auteur, rue de Bourgogne, n° 20. 1831. In-8 de 16 p.

Fourcroy. (Voir Duhamel du Monceau.) — L'art du tuilier et du briquetier.

Gallon. (Voir Duhamel du Monceau.) — L'art du tuilier et du briquetier.

Lacroux (J.) et Détain (C.). — Constructions en briques. La brique ordinaire au point de vue décoratif. Étude théorique suivie de nombreux exemples d'applications pratiques de l'emploi de la brique ordinaire, au double point de vue de la construction

raisonnée et de la décoration qui en résulte. 75 pl.
en couleur. *Paris*, Ducher, 1878-1879. Grand in-4.

[**La Pierre (Xavier de)**]. — Société en commandite de la
manufacture de cruchons à bière, bouteilles à eaux
gazeuses. Poteries de grès, faïences blanches et bru-
nes, briques, tuiles et carreaux d'appartement, briques
et creusets réfractaires, etc. Sur le canal du Nivernais,
à Clamecy (Nièvre). *Clamecy*, impr. Cégrétin, 1844.
Gr. in-8 de 4 p.

   La fabrique de Clamecy fut fondée en 1789.

Lejeune (Émile.). — Guide du briquetier et du chaufournier. *Paris*, librairie du *Dictionnaire des arts et
Manufactures*, 1870. In-8. Grav.

Malepeyre (F.). — Manuel du briquetier, tuilier, fabricant de carreaux et de tuyaux de drainage, contenant
les procédés de fabrication, la description d'un grand
nombre de machines, fours et appareils usités dans
ces industries, orné de 8 pl. *Paris*, Roret, 1864. 2 vol.
in-18, ensemble de 628 p.

Monmory (Félix). Voir CHABAT (Pierre). — La brique et
la terre cuite, etc.

O'Reilly. — Manière de fabriquer des briques légères, à
l'imitation des briques flottantes des anciens. *Paris*,
ans VIII et IX. In-8 de 7 p.

   Extrait des *Annales des arts et manufactures*, an VIII, n° 5,
an IX, n° 8.

Salvetat (A.). — Opinion sur la fabrication des briques
creuses. (Cour impériale de Paris. Affaire Boric contre
Chevalier, Bouju et C°.) *Paris*, typ. Renou et Maulde,
1858. In-4 de 94 p.

Salvetat (A). — Produits céramiques. Terres cuites, considérées dans leur rapport avec l'art de bâtir. 2 brochures faisant suite, la première de 29 p., la seconde de 47 p. S. n. d'impr.

Extrait du *Bulletin des Ingénieurs civils.*

●

Anonyme. — Notice sur la fabrication mécanique des briques, tuiles, carreaux, etc., de quelque dimension et de quelque forme que ce soit. *Reims,* impr. Laton, 1843. In-8 de 16 p.

Comparaison des anciennes machines et des nouvelles pour le moulage des briques.

D. — *Poteries.*

Arnoux (Léon). — *Report on pottery. (Class 17.)* — Exposition universelle de Paris, 1867. Rapport sur l'Exposition de Paris, 1867. Rapport sur la poterie (classe 17). In-8 de 24 p.

Arnoux (Léon). — *London international Exhibition 1871. Official reports on the various sections of the Exhibition. Edited by the right hon. Lord Houghton. Division II. Manufactures (class VIII). Report on Miscellaneous pottery.* — Exposition internationale de Londres, 1871. Rapports officiels sur les différentes sections de l'Exposition, publiés par le très hon. lord Houghton. Division II. Manufactures, classe VIII. Rapport sur les différentes poteries, par Léon Arnoux. *Londres,* J.-M. Johnson. In-4 de 26 p.

Bouillon-Lagrange. (Voir OPPENHEIM.) — Fabrication de la poterie anglaise moderne.

Brongniart (Alex.). — Essai sur les arts céramiques, composant l'article Poteries, du *Dictionnaire technologique. Paris,* 1830. In-8 de 292 p., plus 7 pl.

Darcet (J.). — Deux mémoires sur l'action d'un feu égal, violent et continué pendant plusieurs jours sur un grand nombre de terres, de pierres et chaux métalliques, essayées pour la plupart telles qu'elles sortent du sein de la terre. *Paris,* 1766 et 1771, 2 part. In-8.

Darcet ou d'Arcet, chimiste distingué, membre de l'Institut, mort en 1801.

Duhamel du Monceau. — L'art du potier de terre. Impr. Delatour, 1773. In-folio de 84 p. avec 17 pl. Extrait de l'*Encyclopédie.*

Ce mémoire, publié au point de vue technique, contient quelques renseignements sur certaines fabriques de poteries de Paris, de la province et de l'Angleterre. A la fin du travail est joint un Dictionnaire des termes employés par les potiers de terre.

Fourmy. — Mémoire sur les ouvrages de terre cuite, et particulièrement sur les poteries, par le citoyen Fourmy. *Paris,* l'auteur, an X (1802). In-8 de 95 p.

Fourmy. — Mémoire sur les ydrocérames, vases de terre propres à rafraîchir les liquides, considérés sous le rapport de la fabrication et sous celui de l'emploi domestique, rédigé pour la Société d'encouragement. *Paris,* l'auteur, an XII (1804). In-8 de 40 p.

Pour l'analyse de cette invention, voir O'REILLY.

Fourmy. — Recueil de mémoires relatifs à l'art céramique. *Paris*, 1805. In-8.

> Réunion des principaux articles publiés par Fourmy dans le *Journal des mines.*

Gourlier. — Essai sur la construction des tuyaux de cheminée et autres. *Paris*, Béchet jeune, 1830. In-8 de 42 p. avec pl.

> Extrait des *Annales de l'industrie française et étrangère.*

Gourlier. (Voir GAULTIER DE CLAUBRY.) — Brevets d'invention pour poêles, etc.

Johnston (David). — Traité fait pardevant M⁰ Castéja et son collègue, notaires à Bordeaux, enregistré, etc., entre M. David Johnston et M. de Saint-Amans. *Paris*, typogr. Firmin-Didot, 1839. In-8 de 8 p.

> Voir *Jouannet.*

Jouannet (F.). — Rapport à la Société philomatique, sur les poteries fabriquées par M. de Saint-Amans, à la manière anglaise, avec les argiles du département de la Gironde. *Agen*, P. Noubel, 1832. In-8 de 16 p.

> M. de Saint-Amans avait fait déjà, vers 1827, à Sèvres, des essais de grès décorés qu'on voit dans les collections du Musée céramique.

Jousselin (C.-R.). — Essais sur le perfectionnement général des poteries, ou l'art de faire à moindres frais des vaisselles pour toutes sortes d'usages, plus belles, plus solides et plus salubres, sans employer ni plomb, ni étain dans la composition des couvertes, émaux et vernis. *Paris*, Moronval, 1807. In-8 de 21 p.

> L'auteur, fabricant de poteries à Nevers, avait réussi à se passer de plomb et d'étain, deux métaux pour lesquels l'in-

dustrie française payait alors des sommes importantes à l'Angleterre. Il émet le vœu que le sol des divers départements soit étudié par les ingénieurs du gouvernement, de telle sorte que les minéraux particuliers à chaque territoire puissent être signalés aux manufacturiers et employés par eux, afin d'échapper au tribut prélevé par l'étranger sur ces matières premières.

La Tour d'Aigues (de). — Description d'un four dans lequel on peut cuire des briques, des tuiles et toutes sortes de poteries très économiquement. 1787. In-18 de 8 p.

Extrait des *Mémoires de la Société royale d'agriculture de Paris.*

Limouzin (Charles). — Monaco artistique et industriel. La poterie. La parfumerie. Objets d'art. Le chalet. Le sculpteur Colonna. *Nice*, impr. Verani, 1876. In-18 de 32 p.

Morière. — Industrie potière dans le département du Calvados. *Caen*, imp. A. Hardel, 1848. In-4 de 13 p. à 2 col.

Extrait des *Mémoires de l'Institut des provinces de France.*

Morière. — Industrie potière dans le département du Calvados. Essai sur la poterie de Noron. Considérations générales sur la fabrication des poteries. État actuel de la fabrication de la poterie dite en grès, à Noron. Améliorations que l'on pourrait apporter aux procédés suivis à Noron. Poterie de grès allant au feu, d'après le nouveau procédé de M. Frédéric Langlois. Importance commerciale de la fabrication des poteries de grès du Calvados. *Caen*, Hardel ; *Paris*, Deruelle, 1847 ou 1848? In-8 de 38 p., 9 planches lithographiées.

Extrait de l'*Annuaire des cinq départements de l'ancienne Normandie*, publié par l'Association normande.

Morière. — Essai sur la poterie de Noron. *Caen*, impr. Hardel, 1848. In-4 à 2 col. de 22 p.

Extrait des *Mémoires de l'Institut des provinces de France.*

Oppenheim. — L'art de fabriquer la poterie, façon anglaise, contenant les procédés et nouvelles découvertes de la fabrication du minium, celle d'une nouvelle substance pour la couverte, celle des couleurs vitrifiables, l'art d'imprimer sur faïence et porcelaine, et un vocabulaire des termes techniques et chimiques, avec gravures à l'usage des fabricants et de ceux qui veulent établir des poteries. Revu, pour la partie chimique, par M. Bouillon-Lagrange. *Paris*, impr. Rougeron. In-12 de 298 p., plus 2 pl.

O'Reilly. — Sur la poterie vernissée et sur les poteries d'Espagne. In-8 de 3 p.

Extrait des *Annales des arts et manufactures*, n° 68, an XIV.

O'Reilly. — Sur les ydrocérames, vases de terre propres à rafraîchir les liquides. In-8 de 29 p. Pl.

Analyse du mémoire de Fourmy sur les ydrocérames, adressé à la Société d'encouragement. La planche contient neuf dessins de divers modèles inventés par Fourmy.
Extrait des *Annales des arts et manufactures*, an XIII.

O'Reilly. — Procédé pour remplacer la céruse et le minium dans les compositions de l'émail ou de la couverte de la poterie fine, et considérations sur l'état actuel de cet art. In-8 de 14 p.

Extrait des *Annales des arts et manufactures*, n° 8, an IX.

Pajot-des-Charmes. — Nouvelle méthode pour la cuisson des poteries fines sans cazettes. *Paris*, Bachelier,
1824. In-8 de 15 p.

> Extrait des *Annales de l'Industrie*.

Vogt (G.) — Poteries. Extrait du *Dictionnaire de chimie
pure et appliquée,* par Wurtz. *Paris*, Hachette, 1873.
Gr. in-8.

> M. Vogt a succédé à M. Salvetan en qualité de chimiste à la
> Manufacture de Sèvres.

B. B. — Comparaison entre la fabrication des poteries
en Angleterre et sur le continent, pour servir de base
aux modifications à apporter au tarif des douanes,
concernant cette industrie. *Luxembourg*, impr. J. Lamort, 1835. In-8 de 26 p.

> Discussion des opinions émises par les fabricants de faïence
> et de porcelaine, lors de l'enquête sur les douanes françaises faite
> à Paris, en 1834.

E. — *Faïence et faïence fine.*

Barluet. [Voir Escamps (Henry d')]. — Exposition universelle de 1878. Notice sur les manufactures de Creil
et de Montereau.

Barral. — Mémoire sur les faïences pour poêles, panneaux de cheminées, carreaux, etc., par M. Barral,
ancien élève de l'École polytechnique. *Paris*, Ducessois [vers 1843]. In-4 de 34 p.

> Défense des potiers Vogt, Birkel et Scheib dans un procès à
> eux intenté par Pichenot, fabricant de poêles.

Bastenaire-Daudenart. — L'art de fabriquer la faïence, recouverte d'un émail opaque blanc et coloré, suivi de quelques notions sur la peinture au grand feu de reverbère, et d'un vocabulaire des mots techniques. *Paris*, Malher, 1828. In-12 de xiv-480 p. Plus 2 pl.

Bastenaire-Daudenart. — L'art de fabriquer la faïence blanche, recouverte d'un émail transparent, à l'instar français et anglais, suivi d'un traité de la peinture à réverbère et d'un vocabulaire des mots techniques. *Paris*, Anselin, 1830. In-8 de 539 p. et de 3 pl.

> Refonte, avec modifications, de l'édition de 1828.

Bosc d'Antic. — Œuvres de M. Bosc d'Antic, Dr en médecine, médecin du roi par quartier, etc., contenant plusieurs mémoires sur l'art de la verrerie, sur la faïencerie, la poterie, l'art des forges, la minéralogie, l'électricité, et sur la médecine. *Paris*, rue et hôtel Serpente, 1780. 2 vol in-12, ensemble de xlviii-789 p. Plus 3 pl.

> Bosc d'Antic, d'abord médecin, puis industriel, s'attacha à perfectionner la fabrication des glaces et des verres. Ses *Observations sur l'art de la faïencerie* furent lues à l'Académie de Dijon, insérées dans le 1er volume de cette société et réimprimées dans le tome 1er des *Œuvres* (p. 258 à 283).

Boulenger (H. et Cᵉ). — Faïencerie de Choisy-le-Roi (Seine). Exposition universelle de Paris, 1878. Troisième groupe, classe 20, céramique. *Paris*, impr. Tolmer, 1878. In-8 de 16 p.

Caussy. — *Traité de l'art de la faïence*, 1747. Manuscrit in-folio de 398 p.

> Ce manuscrit appartient à M. Fougeray, directeur de la manufacture de faïence, à Locmaria près Quimper. Quelques citations

sur la tenue des ateliers, le salaire des ouvriers, insérées dans la notice de M. Le Men sur la manufacture de Quimper, donnent une idée d'une fabrique de faïences au XVIIIᵉ siècle.

Claye (J.). — Vente du lundi 1ᵉʳ mars 1875. Peintures sur faïence grand feu, par Gustave Noël [1]. *Paris,* imp. Claye. In-8 de 21 p. Pl. à l'eau-forte.

Le catalogue est précédé d'une notice signée de l'imprimeur J. Claye.

Desloges. — Traité général de peintures vitrifiables sur porcelaine dure, sur porcelaine tendre, sur émail, miniature, émail genre Limousin, faïence et sur verre. D'après les méthodes les plus perfectionnées et les plus récentes, 2ᵉ édition, revue et augmentée par Goupil. *Paris,* Arnaud de Vresse, 1866. In-8 de 88 p.

Dietrich (baron). — Rapport de la visite de M. le baron Dietrich, aux verreries de Trois-Évêchés et Ardennes, 1875. Manuscrit in-folio de 59 p.

Outre les renseignements techniques sur les verreries de Monthermé, Vannes, Sainte-Anne, Saint-Quirin, ce mémoire contient des détails sur les manufactures de porcelaines, de terre de pipe et de faïences de la contrée. (Note extraite d'un catalogue du libraire Menut.)

Duhamel du Monceau. — L'art de faire les pipes à fumer le tabac. Impr. Delatour, 1771. In-folio de 34 p., plus 11 pl. Extrait de l'*Encyclopédie.*

Certains modèles de pipes de ce recueil représentent des emblèmes de la royauté, de petites figurines historiques en relief, qui pourraient concourir à l'illustration d'une étude sur les pipes historiées.

---

1. Malgré l'aspect artistique cherché par le peintre, le procédé de *grand feu* sur fond *cuir,* employé par M. G. Noël et analysé par M. Claye, motive l'introduction de ce catalogue dans la partie technique de la bibliographie.

[Escamps (Henry d')]. — Exposition universelle de 1878. Notice sur les faïenceries de Longwy et de Senelle (Meurthe-et-Moselle). *Paris*, typ. Robert et Buhl, 1878. In-4 de 7 p.

[Escamps (Henry d')]. — Exposition universelle de 1878. Notice historique sur les manufactures de faïences de Creil et de Montereau. Barluet et Cᶜ. *Paris*, impr. Goupy, 1878. Pet. in-4 de 12 p.

Fiolet (L.). — Fabrique de pipes de Saint-Omer. Grand in-8 de 2 p. lith. et de 70 pl.

On trouve dans ce recueil, destiné à l'industrie et aux voyageurs de commerce, des dessins de têtes .e pipes sculptées du commencement du règne de Louis-Philippe, la pipe-botte, la tête de Turc, la tête de Pandour, la Dame Blanche, la tête du général Foy, celle de Lafayette, la pipe représentant la Charte de 1830 avec les portraits du roi et de la reine, la pipe à tête de saint-simonien et autres modèles qui constitueraient une collection déjà suffisamment archaïque.

Voir Duhamel du Monceau, *l'Art de faire les pipes.*

Gaidan (F.). — Notes sur la maison de fabrication de faïence artistique, F. Gaidan, 104, rue de l'Abbé-Groult, Paris-Vaugirard, 1876. *Nancy*, impr. Vagner. Petit in-8 de 7 p.

« Chacun, dit l'auteur, est forcé de m'attribuer le premier rang auquel je me suis élevé dans la fabrication des faïences artistiques..... Des découvertes aussi importantes, obtenues par le travail d'un seul homme, paraîtraient choses exagérées et même impossibles; mais, comme aujourd'hui mon nom s'est forcément imposé, on a dû arriver à ne plus discuter les résultats que j'énonce, et les hommes, même les plus rebelles à reconnaître mes succès, ont dû les accepter... »

En conséquence, M. Gaidan fait appel aux capitalistes pour organiser une exploitation plus étendue de ses produits.

[Gallé]. — Exposition universelle de 1878. Notice concernant l'exposition de M. Gallé, de Nancy, exposant, classe 20. *Nancy*, impr. Réau, 1878. Petit in-4 de 3 p.

Girard (Aimé). — Exposition universelle de 1867, à Paris. Rapports du jury international, publiés sous la direction de M. Michel Chevalier. Faïences fines, faïences décoratives et porcelaines tendres. *Paris,* impr. Paul Dupont, 1867. In-8 de 56 p.

Goupil. (Voir Desloges.) — Traité général de peintures vitrifiables, etc.

Noël (Gustave) [Voir Claye (Jules)]. — Peintures sur faïence grand feu, par Gustave Noël.

Saint-Amans (de). (Voir Johnston, voir Jouannet.)

Turgan. — Faïencerie de Gien. Faïences fines. Ornementation ancienne. 1867. *Paris,* Michel Lévy. In-8 de 16 p. Pl.

Extrait des *Grandes usines.*

Turgan. — Faïencerie de M. Signoret, à Nevers. *Paris,* Michel Lévy, 1865. In-8 de 16 p. Pl.

Extrait des *Grandes usines.*

Anonyme. — Statistique industrielle du canton de Creil, à l'usage des manufacturiers de ce canton. *Senlis,* impr. Tremblay, 1826. In-8 de 110 p.

Renseignements sur les faïenceries et les cristalleries de Creil, Chantilly, Mouchy-Saint-Éloi (fabrique de carreaux étrusques) et Liancourt.

Anonyme. — Faïencerie. *Paris,* [Briasson, 1765]. Petit in-folio de 5 p. et 12 pl.

Extrait du *Recueil de planches sur les sciences, les arts libéraux*

et les arts mécaniques avec leur explication, t. IV. Planches faisant suite à *l'Encyclopédie* de Diderot.

L'analyse des planches donne la désignation de termes du
XVIIIe siècle qui ne sont plus usités aujourd'hui pour la forme de
certaines faïences; de même pour le dessin des outils employés
à cette époque.

Anonyme. — Société philomathique de Bordeaux. Exposition des produits des arts et de l'industrie, 1838.
Bordeaux, impr. Ramasié. In-8 de 25 p.

Rapport sur les poteries fines de D. Johnston à Bordeaux et
les carreaux mosaïques de Claudius Fellot.

Anonyme. — Manufacture de Saint-Clément; son histoire, sa fabrication, son exposition. *Nancy*, impr.
Berger-Levrault et Ce, 1878. In-8 de 39 p.

F. — *Porcelaine.*

[Alluaud aîné]. — Lettre des fabricants de porcelaine
de Limoges, à M. le secrétaire d'État ministre des
finances et à M. le secrétaire d'État ministre du commerce et des travaux publics, contre les taxes muni-
cipales illégalement établies sur les matières qui
servent d'aliment à leur industrie. *Limoges*, impr.
Chapoulaud, 1836. In-8 de 50 p.

Cette requête est signée par les fabricants Alluaud aîné, Bellut,
Besse et Clostermann, Charpentier, Michel et Valin, Nivet,
Roche, Rudeuil et Tharaud.

Alluaud aîné. — Historique et statistique de la porcelaine du Limousin. *Limoges*, 1837. In-8 de 24 p.

Arnoux. (Voir Fouque.) — Terres cuites et biscuits modernes.

Bastenaire-Daudenart. — L'art de fabriquer la porcelaine, suivi d'un vocabulaire des mots techniques et d'un traité de la peinture et dorure sur porcelaine. *Paris*, Malher, 1827. 2 vol. in-12, ensemble de XVIII-846 p.

Bastenaire-Daudenart avait été propriétaire et directeur de la manufacture de porcelaine de Saint-Amand-les-Eaux.

Berthevin (N.-P.). — Cahier de diverses formules chimiques concernant la fabrication de la porcelaine et de ses couleurs, etc., recueillies ou expérimentées par N.-P. Berthevin, de la ville d'Orléans. Manuscrit in-12 de 212 p.

Berthevin mourut en 1777. Ce manuscrit, antérieur de quelques années, fut acheté, pour la Bibliothèque du Musée céramique, à la sœur du défunt par Parent, intendant de la Manufacture de Sèvres. La majeure partie du manuscrit a trait à la fabrication de la porcelaine, de la faïence et de la terre de pipe; on y trouve en outre diverses recettes d'onguents, de purgatifs, d'emplâtres pour diverses maladies.

Brévière (L.-H.). — Note sur des porcelaines imprimées de différentes grandeurs au moyen d'une seule planche par le procédé de feu Gonord, peintre et graveur à Paris, et offertes à l'Académie. *Rouen*, N. Périaux, 1833, in-8 de 15 p.

Extrait des *Mémoires de l'Académie de Rouen*.
Le Musée céramique de la Manufacture de Sèvres renferme quelques types des procédés de Gonord.

Brongniart (Alex.). — Sur la porcelaine. *Paris*, impr. Locquin, 1830. In-18 de 24 p.

Extrait de l'*Encyclopédie moderne*.

Dommartin. (Voir GIRARD (Aimé). — Porcelaine dure.

Ebelmen. — Rapport fait par M. Ebelmen au nom du comité des arts chimiques, sur le procédé de cuisson de la porcelaine dure avec la houille employé par M. Vital-Roux. Impr. Bouchard-Huzard. In-4 de 7 p. [1846-1847].

Extrait du *Bulletin de la Société d'encouragement.*

Ebelmen exerça les fonctions d'administrateur de la Manufacture nationale de porcelaine de Sèvres, de 1847 à 1852.

Ebelmen et Salvetat. — Recherches sur la composition des matières employées dans la fabrication et la décoration de la porcelaine en Chine, exécutées à la Manufacture nationale de porcelaine de Sèvres et présentées à l'Académie des sciences. *Paris*, Bachelier, 1852. In-8 de 341 p.

L'ouvrage se compose de deux mémoires, l'un contenant la composition des substances employées par les Chinois comme matières premières dans la fabrication des pâtes et des couvertes à porcelaines, l'autre réservé à l'examen des diverses matières colorantes qui entrent dans la décoration de ces poteries; à ces deux mémoires est joint un Rapport sur la céramique des mêmes auteurs, fait au nom de la Commission française du Jury international pour l'Exposition de Londres, en 1851.

Fouque. — Manufacture d'ornements en terre cuite et biscuit de porcelaine, de Fouque, Arnoux et Cᵉ, à Toulouse. Lith. Mercadier. In-4 de 11 pl.

[Girard (Aimé)]. — Porcelaines, faïences et autres poteries de luxe. Extrait des *Rapports du jury international, publiés sous la direction de M. Michel Chevalier.* Tome III. Groupe III. Classes 14 à 26. *Paris*, Paul Dupont, 1867. In-8.

Le même volume contient à la suite « Section I. Terre cuite et grès par M. Chandelon ; Section III. Porcelaine dure par M. Dommartin. » Ces trois rapports (p. 101 à 181) forment ensemble 80 pages.

Guettard. — Histoire de la découverte faite en France, de matières semblables à celles dont la porcelaine de la Chine est composée. Lue à l'assemblée publique de l'Académie royale des sciences, le 13 novembre 1765. *Paris*, impr. royale, 1765. In-4 de 23 p.

Ce mémoire contribua pour une bonne part au développement de la Manufacture de Sèvres.

Guettard. (Voir LAURAGUAIS.) — Mémoire sur la porcelaine.

Johnston (D.). — Rapports divers sur la manufacture de porcelaines et de poteries fines fondée à Bordeaux par M. D. Johnston, actuellement sous la raison sociale J. Vieillard et Cⁱ. *Bordeaux*, impr. J. Delmas, 1855. In-8 de 30 p.

Mariette de Wauville. — Mémoire pour M. Mariette de Wauville, propriétaire du tiers de l'ancienne manufacture de porcelaine de Valognes, contre M. Langlois, docteur-médecin, propriétaire d'une autre partie de cette manufacture. *Valognes*, impr. Gomont. (Vers 1823). In-4 de 18 p.

Salvetat (A.). — Rapport sur les progrès récents réalisés par l'industrie privée dans la fabrication de la porcelaine. État actuel de la fabrication de Limoges. *Paris*, 1875. In-4 de 17 p.

Extrait du *Bulletin de la Société d'encouragement.*

Turgan. — Fabrique de boutons céramiques de M. Bapterosses, à Briare. *Paris*, Michel Lévy, 1865. In-8 de 16 p.

Extrait des *Grandes usines.*

14

Valière. — Rapport du citoyen Valière, délégué des ouvriers porcelainiers au Congrès de Paris en 1876. *Limoges*, 1878. Impr. Ducourtieux. In-8 de 16 p.

> Un ouvrier porcelainier de Limoges traite, dans cette brochure, des graves questions économiques et sociales qui préoccupent l'époque actuelle. Pour remédier aux crises commerciales, qui atteignent l'industrie porcelainière comme les autres industries, M. Valière prêche l'association ouvrière, les sociétés de secours mutuels, les sociétés coopératives de consommation. Il montre le travail et l'épargne comme la conquête certaine d'un capital qui permettra à l'ouvrier de réaliser trois légitimes aspirations : la femme dans le ménage, l'enfant à l'école, le mari à l'atelier.

Vialle. — Rapport du délégué des céramistes de Limoges (délégation libre) à l'Exposition universelle de Philadelphie, en 1876. *Limoges*, 1877, impr. Chatras. In-8 de 38 p.

Villers (G.). — Notice sur la manufacture de porcelaine dure de Bayeux. *Caen*, typ. Hardel, 1856. In-8 de 16 p.

Extrait de *l'Annuaire normand.*

Vital-Roux. (Voir Edelmen.) — Rapport fait au comité des arts chimiques sur la cuisson de la porcelaine dure avec la houille employée par M. Vital-Roux.

G. — *Terres cuites et grès.*

Chandelon (Voir Girard Aimé). — Terres cuites et grès.

Corbassière (A.). — Dalles et pavés céramiques à base de fer des manufactures de Sarreguemines (Lorraine). *Paris*, impr. Moquet, 1877. In-8 de 13 p. et 4 pl. hors texte.

Revol (père et fils). — Note présentée à MM. les membres du jury de l'Exposition universelle, par MM. Revol père et fils, fabricants de grès-cérames fins et autres produits chimiques à Saint-Uze (Drôme). Exposants de la classe 20. *Vienne,* impr. Savigné. In-4 carré de 8 p.

II. — *Couleurs.* — *Dorure.*

Arclais de Montamy (d'). — Traité des couleurs pour la peinture en émail et sur la porcelaine, précédé de l'art de peindre sur émail, et suivi de plusieurs mémoires sur différents sujets intéressants, tels que le travail de la porcelaine, l'art du stuccateur, la manière d'exécuter les camées et les autres pierres figurées, le moyen de perfectionner la composition du verre blanc et le travail des glacés, etc. *Paris,* Cavelier, 1765. In-12 de LU-287 p.

En tête de ce traité, notice sur l'auteur, Didier d'Arclais, seigneur de Montamy, mort en 1765 à Paris, au Palais-Royal, en qualité de premier maître d'hôtel du duc d'Orléans.

Desloges. — Peintures vitrifiables sur porcelaine. *Paris,* 1866. In-8.

Ducom. (Voir SALVETAT.) — Procès en contrefaçon de MM. Dutertre.

Dorure sur porcelaine sans brunissage.

Goupil. — Traité général des peintures vitrifiables sur porcelaine dure. — Porcelaine tendre. — Sur émail. — — Miniature. Émail genre limousin. Faïence et sur

verre. D'après les méthodes les plus perfectionnées
et les plus récentes. 2ᵉ édition revue et augmentée.
Paris, Arnaud de Vresse, 1866. In-8 de 88 p.

M. Fréderic Goupil fut attaché, en qualité de peintre-décora-
teur, à la Manufacture nationale de Sèvres, de 1863 à 1870.

Jacquelain. (Voir SALVETAT.) — Procès en contrefaçon de
MM. Dutertre.

Dorure sur porcelaine sans brunissage.

Lacroix (A.). — Des couleurs vitrifiables et de leur emploi pour la peinture sur porcelaine, faïence, vitraux,
par A. Lacroix, chimiste, ex-élève des laboratoires de
M. Pelouze et de la Manufacture de Sèvres. Notices et
renseignements, par MM. Fragonard, Fontaine et
Goupil, de la Manufacture de Sèvres ; Riottot, Ch.
Houry, Claudius Lavergne, Em. Bourières, Dagron.
Paris, A. Lacroix, avenue Parmentier, 78, 1872. In-8
de VIII-32 p.

A la préface est joint un rapport, fait par M. Salvetat à la
Société d'encouragement pour l'industrie nationale, sur la fabrication des couleurs vitrifiables présentées par M. Lacroix

Prieur (C.-A.). — Considérations sur les couleurs irisées
des corps réduits en pellicules minces, suivies d'une
explication des couleurs de l'acier recuit et de celles
des plumes de paon. Fragment d'un ouvrage sur la
coloration. *Paris*, impr. Perronneau, 1807. In-8 de
28 p.

Salvetat. — Sur la préparation d'un jaune fusible à
mêler pour la peinture sur porcelaine. *Paris*, impr.
Bachelier, 1845. In-8 de 8 p.

Extrait des *Annales de chimie et de physique.*

Salvetat. — Rapport de MM. Salvetat, Jacquelain et Ducom. Procès en contrefaçon de M. Dutertre contre MM. Weil et Marix, Chailly, Renaud, Batier, Bertrand, Antoine, Bouzeret, Langlais, Lemaire, Benoist. *Paris*, typ. Renou et Maulde, 1858. In-4 de 91 p.

Ce rapport a trait à un procédé de dorure sur porcelaine sans brunissage.

I. — *Art de peindre sur porcelaines et faïences.*

Cellière (Louis). — Traité élémentaire de peinture en céramique. *Beauvais*, impr. Père. *Paris*, chez l'auteur, peintre-céramiste, 20, rue de la Sorbonne, 1878. In-12 de III-76 p.

Une seconde édition du même ouvrage a paru en 1879, in-12 de VI-94 pages.

Chauvigné (A.). — Traité de décoration sur porcelaine et faïence, précédé d'une notice historique sur l'art céramique. *Paris*, Raphaël Simon. In-12 de 72 p.

Cool (Delphine de). — Traité de peinture sur porcelaine dure et tendre, émail, faïence cuite et crue et sur lave. *Paris*, à la Palette de Rubens, 4, rue de Seine. S. D. In-8 de 29 p.

Instructions sommaires pour les jeunes filles qui suivent les cours de l'atelier de Cool.

Delamardelle (baronne) et Goupil. — Leçons pratiques de peinture vitrifiable sur porcelaine dure, pâte tendre, faïence, émail, par M⁻ᵉ la baronne Delamardelle, professeur, et M. F. Goupil, élève d'Horace Vernet, peintre de figures à la manufacture de Sèvres. *Paris*, Renauld. In-8 de 72 p.

Goupil (F.). — Manuel vulgarisateur des connaissances artistiques. *Paris*, Desloges, 1864. In-16 de 142 p.

> Ce petit ouvrage à l'usage des gens du monde contient, entre autres matières, un chapitre traitant de la peinture sur porcelaine.

Goupil (F.). (Voir DELAMARDELLE.)

Reboulleau de Thoirres (E.-F.). — Nouveau manuel complet de la peinture sur verre, sur porcelaine et sur émail. *Paris*, Roret, 1843. In-18 avec 1 pl.

Robert (Karl). — Bibliothèque de l'art et de la curiosité. Le fusain sur faïence, petit guide des peintures vitrifiables en grisaille, pour servir d'études préparatoires aux peintures vitrifiables en général : 1° du noir et du blanc ; 2° du matériel ; 3° l'iridium et l'essence ; 4° préparation et dilution de l'iridium ; 5° un mot sur les crayons de faïence ; 6° leçons écrites : rivière, village et sous bois ; 7° de la cuisson des pièces. *Paris*, A. Quantin, 1879. In-8 de 40 p. Grav. dans le texte.

Anonyme. — Peinture sur porcelaine, verre et cristaux, procédés de la Manufacture royale de Sèvres, suivie de la peinture orientale ou l'art de peindre sur papier, mousseline, velours, bois, etc. et de décalquer sur verre. *Paris*, Desloges, 1847. In-18 de 31 p.

J. — *Art de restaurer les faïences et porcelaines.*

Davillier (J.-C.). (Voir THIAUCOURT.) — Restauration des faïences, porcelaines, etc.

Ris-Paquot. — Restauration des porcelaines. Manière de restaurer soi-même les faïences, porcelaines, cristaux, marbres, terres cuites, grès, biscuits, émaux, etc. Suivie de la restauration des ouvrages en laque de Chine et du Japon, et des procédés pour blanchir, teindre et ramollir l'ivoire. *Amiens*, 1872. In-12. 9 pl. en couleur.

Thiaucourt (P.). — Essai sur l'art de restaurer les faïences, porcelaines, terres cuites, biscuits, grès, verreries, émaux, laques, marbres, albâtres, plâtre, etc., avec un avant-propos par J.-C. Davillier. *Paris*, Aubry, 1865. In-12 de 51 p.

K. — *Décoration des monuments.*

Bourgoin (Jules). — Les arts arabes. Architecture, menuiserie, bronzes, plafonds, revêtements, pavements, vitraux, etc. 1re partie, trait général de l'art arabe, texte avec gravures intercalées et description des planches; 2e partie, 92 pl. grav. ou chromolith. *Paris*, Morel, 1873.

Cadorin (Louis). — Études historiques et pratiques d'architecture et d'ornement appliqués principalement à la confection des travaux en terre cuite, texte italien et français. *Paris*, Bance. In-folio de 28 pl.

L'auteur montre, d'après quelques monuments de Venise, de Vienne, de Bassano, de Trieste, de Florence, du Caire, l'emploi de la terre cuite dans l'ornementation, l'économie qu'elle présente en construction et son aptitude à se prêter à tous les besoins et exigences de l'architecture.

Mathon. — Dessins originaux, lithograp'ies, gravures relatives à l'ornementation céramique de la maison de la rue Saint-Nicolas à Beauvais. In-folio. Bibliothèque du Musée de Sèvres.

> C'est à un don de M. Mathon fils qu'on doit les plans, profils et détails de façade d'une des rares maisons du centre de la France, décorée de carreaux vernissés et de figures en relief émaillées.

Parvillée (Léon). — Architecture et décoration turques au xv⁰ siècle, par Léon Parvillée, avec une préface de E. Viollet-Le-Duc. *Paris,* vᵉ A. Morel et Cᵉ, 1874. In-folio de ιv-9 p. et 50 pl.

> On doit à M. Parvillée, architecte-décorateur et céramiste, d'exactes reproductions des principaux monuments de Brousse. L'artiste, appelé à des travaux de restauration en Asie Mineure, releva les dessins de revêtement des tombeaux, des mosquées et en étudia les lois décoratives. M. Viollet-Le-Duc, qui patronna de son nom cette utile publication, fait remarquer à juste titre que le titre de *décoration turque* ne rend qu'imparfaitement l'assemblage d'art arabe et persan, base de l'ornementation de ces monuments, sur les murs desquels la céramique joue un grand rôle.

Prisse d'Avennes. — L'art arabe d'après les monuments du Kaire depuis le vⁱⁱᵉ siècle jusqu'à la fin du xvⁱⁱⁱᵉ siècle. *Paris,* Morel, 1877. Petit in-4 de 296 p. et 34 pl.

Sédille (Paul). — La terre cuite et la terre émaillée dans la construction et la décoration, conférence de M. Paul Sédille au Congrès des architectes français. *Paris,* A. Morel. 1877. In-8 de 19 p.

> Extrait de l'*Encyclopédie d'architecture*.
> La citation suivante témoigne du but que poursuit l'auteur :
> «Fils et petit-fils de générations qui, depuis Louis XIV, ont vu passer toutes les nuances du blanc sous leurs yeux, c'est-à-dire toute la gamme des gris fades, nous n'avons plus foi dans la

couleur. Seules les natures rudes et naïves subissent encore la
fascination des tons simples, si bien que la franchise du rouge,
du bleu, du vert, du jaune semble aujourd'hui réservée aux en-
seignes et aux devantures de boutique. »

Sédille (Paul). — Conférence sur la céramique monumentale. 19 septembre 1878. Congrès et conférences
du palais du Trocadéro. *Paris*, impr. Nationale, 1879.
In-8 de 22 p. [1]

Viollet-Le-Duc (E.). — [Voir PARVILLÉE (Léon)]. — Architecture et décoration turques.

L. — *Esthétique.* — *Ornementation des vases.*

Beulé. — Les vases chinois et les vases grecs. In-8.

Extrait de la *Revue des Deux Mondes.*

Beulé. — Causeries sur l'art. *Paris*, Didier, 1867. In-12
de 390 p.

Dans ce volume, renfermant divers articles sur les arts, se
trouve le morceau sur les *Vases chinois et les vases grecs*, publié
primitivement par la *Revue des Deux Mondes*. Un enthousiasme
légitime pour l'art grec rend un peu partial l'ancien secrétaire
perpétuel de l'Académie pour les Chinois qui, dit-il, « ont hor-
reur de la forme. » Suivant M. Beulé, les vases chinois appartiennent au domaine de « l'industrie ». Son point de vue exclusif lui fait condamner l'art céramique de la Chine.

Blanc (Charles). — Institut de France. Du décor des

---

1. Voir aux pages 193 à 195 Chabat et Monmory, Degen (Louis),
Lacroux et Détain, dont les publications sur l'emploi de la brique au
point de vue ornemental peuvent rentrer dans cette série de la
Décoration des ornements.

vases, fragments d'un ouvrage sur les arts décoratifs.
Paris, typ. Firmin Didot, 1873. In-4 de 23 p.

Ce mémoire est dû à la formation de la Commission de perfectionnement près la Manufacture de Sèvres, instituée par M. Jules Simon, ministre de l'instruction publique.

Ziegler (J.). — Études céramiques. Recherche des principes du beau dans l'architecture, l'art céramique et la
forme en général. *Paris*, Mathias, 1850. In-8 de 348 p.
Plus atlas in-folio de 14 planches. Gihaut, éditeur.

Ziegler, qui eut une certaine réputation de peintre d'histoire
à l'époque du romantisme, entreprit de se faire potier dans le
Beauvaisis pour retremper sa vue fatiguée. Attiré à Voisinlieu par
un passage de Palissy, qui signalait les terres de ce pays, il tenta
de faire revivre l'industrie des grès bruns de l'ancienne Allemagne. En 1813, la fabrique avait assez d'activité pour qu'un industriel exploitât les modèles dessinés par Ziegler ; mais le succès
de ce genre de poterie ne fut que passager et, malgré les hautes
aspirations de l'inventeur, les motifs décoratifs, qu'il tentait d'introduire à la fois dans les palais, les temples et les maisons les
plus humbles, sont restés dans les musées à l'état d'essai, sans
qu'il en ressorte un durable enseignement pour l'époque actuelle.
Si on étudie les théories de Ziegler, on trouve qu'elles ne
partent pas d'un cerveau ordinaire, bien qu'un peu fantasque.
L'analogie, préconisée par le père du fouriérisme, semble avoir
poussé l'écrivain dans des voies plus aventureuses qu'esthéti-
ques. Ziegler parle de tout un peu à l'aventure, témoin le sommaire de la conclusion des *Études céramiques :* « Enchaînement
des principes. — Analogie universelle. — Du blanc et du noir...
— Du vrai et du faux... — Du juste et de l'injuste. — De la santé
et de la maladie... — Du bien et du mal ; l'Église et l'armée...
— Du fort et du faible ; les constitutions politiques... — L'har-
monie sociale. — Du froid et du chaud, etc... »
Ziegler dut être un brillant causeur de salon.

A. D. — Un vase proposé pour une manufacture. 1806.
In-4 de 6 p., 1 pl.

Extrait de l'*Athœneum* dirigé par Baltard.

M. — *Art décoratif.* — *Recueils d'ornements pour les peintres et décorateurs de vases, carrelages et revêtements.*

Asselineau. — Céramique du moyen âge et de la Renaissance. 28 pl. lith. *Paris*, Lévy, 1876. Grand in-4.

> Ces planches, extraites des *Meubles et Armures* du moyen âge, publiées par le même éditeur, ont pour particularité d'offrir, sous le titre *céramique*, nombre de vases d'*orfèvrerie* et de *marbre*.

Avisse (Paul) et Renard (Émile). — L'art céramique au xixᵉ siècle. Recueil de modèles, dessins, formes et motifs dans tous les styles en grandeur naturelle. Compositions nouvelles et pratiques par nos meilleurs artistes. *Paris*, Félix Désiré, 1861. In-folio.

> Il ne fut publié que 17 livraisons de cet album.

Avisse (Paul) et Renard (Émile). — L'art céramique au xixᵉ siècle, recueil de compositions nouvelles, formes et décorations, par MM. Paul Avisse et Renard, attachés à la Manufacture nationale de Sèvres. 35 pl. in-folio gravées et coloriées. *Paris*, A. Lévy, 1876.

> Titre nouveau ajouté à la publication ci-dessus.

Boullemier (F.). — Suite d'ornements, frises, bordures et mosaïques applicables à la porcelaine, les cristaux, l'orfèvrerie, les bronzes, la tôle vernie, la gaufrure, la reliure, les étoffes de tous genres et à tout ce qui concerne le décor. *Paris*, Engelmann, 1831. In-4 de 36 pl.

> Boullemier, auteur de ces dessins, était, à l'époque de cette publication, attaché, en qualité de peintre, à la Manufacture de

Sèvres. Ses compositions décoratives, traitées avec conscience, témoignent du goût particulier à l'époque du gouvernement constitutionnel.

Bourgoin (J.). — Théorie de l'ornement. Ouvrage accompagné de 330 motifs d'ornements gravés sur acier et de nombreuses figures intercalées dans le texte. *Paris*, A. Lévy, 1873. Grand in-8 de I-XI-366 p. et de 24 pl.

Clerget (C.-E.). — Nouveaux ornements composés, dessinés et gravés à l'usage des manufactures et pour l'ornementation en général. *Paris*, Aubert, 1840. In-folio de 36 pl.

Clerget (Ch.-Ernest). — Mélanges d'ornements divers. Recueil destiné aux peintres, décorateurs et aux fabriques dans tous les genres, composé, dessiné et gravé en partie dans le genre des nielles, d'après Raphaël, Le Primatice, Albert Dürer, Aldegraver, Ducerceau, Théod. de Bry, Virgilius Solis, Daniel Mignon, etc., et dans tous les genres et dans tous les styles. *Paris*, E. Leconte, 1838. In-folio de 72 pl.

Une certaine exactitude ressort de ces dessins ; mais les publications modernes offrent aux décorateurs une utilité plus directe.

Didier. — Les fouillis de décoration, par Didier, de la Manufacture royale de Sèvres. 12 feuilles.

Douat (Dominique). — Méthode pour faire une infinité de Desseins différens avec des carreaux mi-partis de deux couleurs par une ligne diagonale, ou observations du père Dominique Douat, religieux carme de la province de Toulouse, sur un Mémoire inséré dans l'histoire de l'Académie royale des sciences de Paris l'année 1704, présenté par le révérend père Sébastien Truchet, Religieux du même ordre, Académicien honoraire. *Paris*, Florentin de Laulne, 1722. In-4 de 189 p. et de 28 p.

> On ne devrait peut-être pas classer ce traité dans les ouvrages qui ont un trait direct à la céramique; il peut avoir toutefois son utilité pour l'industrie. Les combinaisons géométriques, faciles à obtenir par la juxtaposition des carreaux, fournissent de nombreuses variétés de dessins, bonnes à faire connaître aux fabricants de grès et de carrelages.

Felon (Joseph). — Art décoratif : travaux de peinture, sculpture, vitraux peints, architecture, céramique, exécutés aux monuments publics et habitations privées. Précédé d'une introduction par Achille Millien. *Paris,* Monrocq et Devaux, 1880. Gr. in-4 de 12 p. de texte et de 40 pl. lith.

Julienne (Eug.). — L'ornemaniste des arts industriels. Recueil complet de tous les styles d'ornements employés et ajustés dans la décoration, avec les notes descriptives de chaque style. *Sèvres*, chez l'auteur, 1840. Petit in-folio de 51 pl.

> M. Julienne, « peintre et compositeur attaché à la Manufacture royale de porcelaine de Sèvres, » passa dans l'industrie de son temps pour un dessinateur habile. Trop habile. Que M. Julienne mette sous les yeux du public un aperçu du style égyptien, du style grec, du style allemand, on croit avoir affaire aux modeleurs de sujets de pendules riches pour la classe bourgeoise.

Reiber. — Propagande artistique du musée Reiber. Le premier volume des albums Reiber. Bibliothèque portative des arts du dessin. *Paris*, ateliers du musée

Reiber, 54, rue Vavin, 1877. Grand in-12 oblong de
2 p. et de 96 pl.; titre lith. en couleur.

M. Reiber, fondateur de *l'Art pour tous*, s'est proposé, dans
cette publication, de concourir aux progrès de la décoration. A
l'aide de ce qu'il appelle *diagramme* ou notation graphique, « ré-
sumant la conception, le premier jet de toute création de la
créature ou de l'art », il explique les *lois de la combinaison des
lignes* dans l'ornementation pour la peinture, la gravure, le
bronze, etc. Un certain nombre d'exemples est emprunté aux
arts céramiques.

Renard (Émile). [Voir AVISSE (Paul)]. — L'art céramique
au XIXᵉ siècle.

Schilt (Louis-Pierre). — Le dessinateur de porcelaine,
par Schilt, de la Manufacture royale de Sèvres. Ouvrage d'ornements mêlés de fleurs et destiné non
seulement aux porcelainiers, mais aussi à tous les
fabricants d'articles de goût. 18 planches.

Anonyme. — Caprices des peintres de Sèvres, 1832.
Lithographies, 34 pl. in-4.

On indique ici cette suite, vu le titre qui pourrait induire le
public en erreur. Ces « caprices », composés par des peintres de
Sèvres, ne rentrent pas dans le domaine de l'ornementation. Les
motifs traités, paysages, scènes historiques, sujets de genre,
offrent un reflet très prononcé du style particulier de la fin de
la Restauration.

FRANCE

———

2ᵉ SÉRIE

ART. — HISTOIRE

Aᴀ. *Traités généraux. — Publications d'ensemble.*

Armaillé (comte d') (Voir Marryat). — Histoire des poteries, faïences, porcelaines, etc.

Brongniart (Alex.). — Traité des arts céramiques ou des poteries considérées dans leur histoire, leur pratique et leur théorie. *Paris*, Béchet, 1844. 2 vol. In-8 de xxvii-1298 p. Atlas in-4 de 80 p. et 60 pl.

> Le *Traité des arts céramiques* est encore classique trente-six ans après sa première édition ; l'ensemble de l'ouvrage est resté debout par la méthode scientifique qui y a présidé.
>
> Quoique cet ouvrage ait été conçu dans des données techniques, toutes les inventions céramiques y sont étudiées ; on y trouve, avec un historique des fabriques de faïence et de porcelaine de l'Europe, un aperçu des travaux des potiers de l'antiquité : Cherestrate, Corœbus d'Athènes, Débutade de Sicyone, Talus, l'inventeur du tour, Thériclès de Corinthe, etc.
>
> Une seconde édition a paru en 1854.

Brongniart (Alex.). — Traité des arts céramiques ou des poteries considérées dans leur histoire, leur pra-

tique et leur théorie. 3ᵉ édition avec notes et additions, par A. Salvetat. *Paris*, Asselin, 1877. 2 vol.
in-8 de xxxii-1588 p. Portr. et Atlas composé de 9 tableaux, plusieurs tables, 71 planches et leur explication.

Burty (Philippe). — Chefs-d'œuvre des arts industriels.
Céramique. Verrerie et vitraux. Émaux. Métaux. Orfèvrerie et bijouterie. Tapisserie. Deux cents gravures
sur bois. *Paris*, Ducrocq, 1866. Petit in-8 de 598 p.

> La partie consacrée aux arts céramiques est divisée par
> M. Philippe Burty en : 1ᵉ terre cuite; 2ᵒ faïence émaillée;
> 3ᵉ porcelaine. L'auteur en concluant formait des vœux pour une
> renaissance en France de la céramique décorative. Les quatorze
> années écoulées depuis la publication de cet ouvrage ont donné
> raison à M. Ph. Burty; les importants travaux d'ornementation
> de M. Deck, à l'Exposition du Champ de Mars en 1878, témoignent
> du concours que pourrait apporter la céramique à l'art architec-
> tural.

Champfleury. — Histoire des faïences patriotiques sous
la République. *Paris*, Dentu, 1867. In-8 de xii-404 p.
Nombr. vign. hors et dans le texte.

> Un second tirage de cette publication a été fait, à la même
> date, dans le format grand in-18, sans modifications dans le
> texte.

Champfleury. — Histoire des faïences patriotiques sous
la Révolution. 3ᵉ édition avec gravures et marques
nouvelles. *Paris*, Dentu, 1876. In-18 de xii-382 p.

> A comparer cette édition avec celles ci-dessus, on verra que la
> troisième, quoique augmentée, comporte un nombre de pages
> moindre que les précédentes; l'auteur, ayant recueilli un certain
> nombre de renseignements céramiques nouveaux, élagua diverses
> considérations politiques pour répondre plus directement à son
> titre.

Champfleury. — Bibliographie céramique. Nomenclature analytique de toutes les publications faites en Europe et en Orient sur les arts et l'industrie céramiques depuis le xvie siècle jusqu'à nos jours. *Paris*, Quantin, 1881. Un fort volume in-8.

> M. Champfleury a été nommé conservateur du Musée céramique de la Manufacture nationale de Sèvres en 1872.

Darcel (Alfred). — Un guide de l'amateur de faïences et de porcelaines. *Paris*, 1864. Grand in-8 de 15 p.

> Vive critique des « erreurs, méprises et divagations » de M. Demmin. Pour ne citer qu'un fait, l'auteur du *Guide de l'amateur de faïences* parle des porcelaines de Sèvres « de l'époque de Louis quatorze ». M. Darcel relève à foison de semblables bévues ; aussi, dit-il pour conclure, « le livre de M. Demmin est la risée de ceux qui savent, le trouble pour ceux qui apprennent, un leurre pour ceux qui ignorent ».

Davillier (baron Ch.). — La faïence, poème de P. de Frasnay, suivi de Vasa Faventina Carmen (1735), avec une introduction sur l'usage et le prix des faïences aux siècles derniers. *Paris*, 1870. In-8 de 55 p.

> Ce petit poème de Pierre de Frasnay, seigneur de Neuvy, fut inséré dans le *Mercure de France* de 1735 ; il obtint assez de succès pour être traduit en vers latins la même année, dans le même recueil, par un autre poète. A ces curiosités M. Charles Davillier a joint une introduction pleine de faits.

Du Sommerard (Alexandre). — Les arts au moyen âge en ce qui concerne principalement le Palais romain de Paris, l'hôtel de Cluny issu de ses ruines et les objets d'art de la collection classée dans cet hôtel par A. Du Sommerard. *Paris*, Techener, 1838-1846. 5 vol. texte. In-8. 1 vol. atlas et 5 vol. album. Infolio.

> Les albums de cet ouvrage contiennent un certain nombre de

15

reproductions de faïences italiennes et françaises de l'époque de Henri II, de Luca della Robbia et de Palissy.

Figuier (Louis). — Les merveilles de l'industrie. *Paris*, 1876. Grand in-8. Vign.

Le tome Ier renferme une notice sur les fabriques de poteries, de faïences et de porcelaines des grands centres.

Frasnay (P. de). (Voir DAVILLIER). — La faïence, poème.

Gérardin. — Essai sur l'art céramique. *Reims*, 1869. In-8 de 72 p.

Gouellain (Gustave). — Céramique révolutionnaire. L'assiette dite à la guillotine, avec une planche en couleur. *Paris*, impr. Jouaust, 1872. In-4 de 44 p.

L'auteur rapporte que les Allemands, pendant la guerre, visitant le Musée de Rouen, l'assiette à la guillotine fut présentée au prince héritier de la couronne d'Allemagne par le préfet prussien de la Seine-Inférieure. A la vue de cette pièce, les Allemands se communiquèrent leur impression que traduit ainsi M. Gouellain : « Il n'y a que les Français pour manger dans de pareille vaisselle. »

L'*assiette* à la guillotine est une légende céramique mise en circulation par d'effrontés « truqueurs » pour exploiter la manie des collectionneurs candides ; mais la *tasse* à la guillotine existe, décorée en Saxe à l'époque de la Révolution par un Allemand sentimental : elle fait partie d'une collection privée qui va être rendue publique. A l'époque où paraîtra ce volume, les curieux pourront reconnaître l'authenticité de cette tasse à l'hôtel Carnavalet, qui s'est enrichi des précieuses collections de la Révolution, généreusement offertes à la ville de Paris par le comte de Liesville.

Gouellain (Gustave). — Céramique à emblèmes historiques. Note sur une faïence avec portrait du général Bonaparte, de la collection de M. Alphonse Assegond, conservateur du musée de Bernay (Extrait du *Journal de Bernay*). *Bernay*, imp. Lefèvre, 1878. Gr. in-8 de 3 p.

Faïence qui peut être attribuée aux fabriques de Lyon. Les produits de Merck, faïencier à Lyon en 1809, dont on voit quelques types au Musée de Sèvres, offrent certaines colorations et un émail laiteux semblables à la pièce qui fait le sujet de cette brochure.

Greslou (Jules). — Recherches sur la céramique, suivies de marques et monogrammes des différentes fabriques. *Chartres*, Petrot-Garnier, 1864. In-8 de XV-279 pages. Nombreuses marques en couleur dans le texte.

Ce livre, qui eut son utilité, ne répond aujourd'hui qu'insuffisamment aux recherches des érudits : il restera toutefois dans les bibliothèques céramiques comme type de consciencieuse fabrication typographique.

Guigard (Joannis). — Armoiries allemandes, anglaises espagnoles, françaises, hollandaises, italiennes, suédoises et de l'Orient, relevées sur les poteries, grès, faïences et porcelaines du Musée de Sèvres. Recueil manuscrit in-8. Dessins en couleur.

Des recherches, faites de 1875 à 1880 dans le service du Musée de Sèvres pour constituer une sorte d'Armorial céramique, ont donné déjà des résultats et éclairé une matière à peu près négligée jusqu'ici par les historiens de l'art céramique. Les armes et blasons à relever sur la poterie, la faïence et la porcelaine sont infinis; chaque conservateur de Musée national ou de collection particulière qui tenterait cette tâche en étudiant les pièces qu'il a sous les yeux apporterait quelques pages utiles à la constitution d'un tel Armorial.

Bibliothèque du Musée de Sèvres.

Haudicquer de Blancourt. — De l'art de la verrerie. *Paris*, Jean Jombert, 1697. In-12 de 14 pages d'épître et de préface non chiffrées et de 602 pages, plus 4 pages d'additions non chiffrées.

Le livre VIII contient, de la page 422 à 438, quelques chapitre sur la « manière de faire la porcelaine et faïence, de l'émailler, de la peindre et de la dorer ».

Jacquemart (Albert). — Les merveilles de la céramique, ou l'art de façonner et décorer les vases en terre cuite, faïences, grès et porcelaine, depuis les temps antiques jusqu'à nos jours. *Paris,* Hachette, 1866-1869. 3 vol. in-12. Nombreuses vign. sur bois dans le texte.

> Diverses monographies, publiées depuis, ont rectifié certaines erreurs qui se glissent forcément dans ces grands ensembles. L'ouvrage de M. Jacquemart est encore actuellement, en France, le guide le plus complet pour ceux qu'intéressent les arts céramiques.
>
> Cette publication, qui fait partie de la *Bibliothèque des Merveilles,* est composée de trois parties distinctes : 1° Orient ; 2° Occident ; 3° Temps modernes.

Jacquemart (Albert) et Le Blant (Edmond). — Histoire artistique, industrielle et commerciale de la porcelaine, accompagnée de recherches sur les sujets et emblèmes qui la décorent, les marques et inscriptions qui font reconnaître les fabriques d'où elle sort, les variations de prix qu'ont obtenus les principaux objets connus et les collections où ils sont conservés aujourd'hui. *Paris,* Techener, 1872. In-4 de 690 pages. 27 planches à l'eau-forte par Jules Jacquemart.

> Édité avec luxe, cet ouvrage fut le premier qui servit de base à la réputation d'érudit de M. A. Jacquemart. Aucune histoire de la porcelaine n'avait jusqu'alors été tentée avec un tel développement.
>
> Pour ce qui touche la classification des porcelaines de la Chine, l'auteur appliqua une technologie botanique, en prenant pour base la forme et la coloration des objets décrits. Ce système, qui eut son utilité au début, paraît aujourd'hui à peu près abandonné.

Jacquemart (Albert). — Histoire de la céramique. Étude descriptive et raisonnée des poteries de tous les temps et de tous les peuples. *Paris,* Hachette, 1873. Gr.

in-8 de 750 p. Nombreuses gravures sur bois dans le
texte. 12 pl. à l'eau-forte par Jules Jacquemart.

Cet ouvrage est une refonte des trois vol. in-18 des *Merveilles
de la céramique*, publiées par le même écrivain chez le même
éditeur. Les gravures sur bois sont celles des précédentes éditions; mais l'adjonction des remarquables eaux-fortes du fils de
l'auteur en fait une publication à part.
  Sur la vie et les travaux de M. A. Jacquemart, mort en 1875,
voir *Gazette des Beaux-Arts*, 1875, un article de M. Alfred Darcel.

Le Blant (Edmond). — (Voir Jacquemart, Albert.) — Histoire de la porcelaine. 1862.

Lecocq (Georges). — Étude sur les faïences patriotiques
au ballon. *Saint-Quentin*, imp. Poette. *Paris*, Raphaël
Simon, 1876. In-8 de 21 p. Fig.

Lecocq (Georges). — Note sur un bénitier patriotique
de l'époque révolutionnaire. *Paris*, Raphaël Simon,
1880. Gr. in-8. de 3 p. Pl. en couleur.

Il est rare de trouver le blason de 1789 (la réunion des trois
ordres) représenté sur des faïences ayant un caractère religieux;
il est plus rare encore que ce symbole révolutionnaire soit
appliqué à une faïence de fabrique alsacienne. La forme du bénitier, le pourpre de Cassius limitant les contours des ornements
d'une pièce dont je n'ai vu que la reproduction chromolithogra-
phique, font penser aux motifs et aux colorations en usage dans
les ateliers alsaciens.

Le Grand d'Aussy. — Histoire de la vie privée des Français. *Paris*, 1782. 3 vol. in-8.

Au tome III, p. 166 à 184, on trouve quelques renseignements
sur les matières suivantes : Poterie de terre. — Faïence. — Travaux de Palissy. — Manufacture de faïence établie par Henri IV.
— Raccommodeur de faïence. — Madre. — Porcelaine de Saxe.
— Manufacture de Saint-Cloud. — Porcelaines de Chantilly et
de Sèvres.

Mannory (Louis). Plaidoyers et mémoires contenant des

questions intéressantes tant en matières civiles, cano-
niques et criminelles, que de police et de commerce.
Paris, Hérinault, 1759 et années suivantes. 18 vol. in-12.

Le tome XI renferme un *Mémoire pour les faïenciers du faubourg
Saint-Antoine,* rédigé en 1755. C'est une défense de Jean Binet,
potier en 1750, demeurant rue de la Roquette, contre un arrêt du
conseil d'État du 9 août 1723 qui interdit à toute personne d'établir à l'avenir aucuns fourneaux, forges, martinets et verreries,
sinon en vertu de lettres patentes, à peine de 3,000 livres
d'amende et de démolition des fourneaux, forges, etc., et de la
confiscation des biens, charbons, mines et ustensiles servant à leur
usage.
Ce mémoire contient en outre certains renseignements sur la
fabrication de la faïence de Rouen.

[Mareschal (A.-A.).] — Imagerie de la faïence. Assiettes
à emblèmes patriotiques, période révolutionnaire,
1789 à 1795. 120 pl. en couleur. *Beauvais,* 1865. In-4.

M. Mareschal, antiquaire à Beauvais, doit compter parmi ceux
qui ont contribué à répandre le goût de la faïence historique.
A la tête d'un commerce important qui faisait affluer dans ses
magasins des pièces jusque-là négligées, M. Mareschal en donna
des spécimens en couleur, reproduits fidèlement, et par là il créa
une classe de collectionneurs préoccupés plutôt de l'histoire du
grand mouvement de 1789 que d'esthétique.

Mareschal (A.-A.). — Les faïences anciennes et modernes, leurs marques et décors. 7 pages de préface,
101 feuilles de chromo; 16 pages de marques; folioté :
121 pages. *Beauvais,* V. Pineau, 1868. In-8.

Mareschal. — Imagerie de la faïence française. Assiettes
à emblèmes patriotiques comprenant la période révolutionnaire. *Beauvais,* 1869. Gr. in-8 orné de 241 types lithographiés d'après les pièces originales et
classés par ordre chronologique de 1750 à 1830.

En donnant seulement des reproductions d'*assiettes* de la Révolution, M. Mareschal créait une sorte de médailler patriotique, se rapportant à l'idée de M. Jacquemart qui, rappelant l'ouvrage d'Hennin sur les monnaies, avait dit à propos d'une publication antérieure de M. Champfleury du même ordre : « Telle assiette, par ses inscriptions et ses emblèmes, prendra l'importance du monneron de la fédération ou du monneron à l'Hercule. »

Mareschal. — La faïence populaire au xviii⁰ siècle, sa forme, son emploi, sa décoration, ses couleurs et ses marques. 112 planches en couleur, d'après les pièces originales, dessinées et chromolithographiées sur fond teinté. *Paris*, Delaroque, 1872. Gr. in-8 de 16 p. de préface. Folioté : 111 pages.

Mareschal (A.-A.). — Les faïences anciennes et modernes, leurs marques et décors. Faïences étrangères. 2ᵉ édition revue, corrigée et augmentée d'un grand nombre de marques et décors nouveaux, dessinés et chromolithographiés d'après les pièces originales. *Paris*, Delaroque, 1873. Gr. in-8 de viij-93 p.

Mareschal (A.-A.). — Les faïences anciennes et modernes, leurs marques et décors. Faïences françaises. 2ᵉ édition revue, corrigée et augmentée d'un grand nombre de marques et décors nouveaux, dessinés et chromolithographiés d'après les pièces originales. *Paris*, Delaroque, 1874. Gr. in-8 de xiij p. de préface, 60 feuilles de chromo, 23 pages de marques, folioté : 91 p.

Mareschal (A.-A.). — Iconographie de la faïence. — Dictionnaire illustré de planches reproduisant en couleur la note dominante des principales fabriques, le nom des artistes céramistes et les localités où ils ont travaillé; enfin les marques qui se rencontrent le

plus ordinairement sous les faïences de tous les pays
et les font mieux connaître. Dessins inédits. *Paris*,
Baur, 1875. In-12 carré de vi-133 pages.

Mareschal (A.). — La céramique et les faussaires. *Beauvais*, impr. Père ; *Paris*, Raphaël Simon, 1875. In-32
de 32 p.

> L'auteur signale les manœuvres des « truqueurs » en céra-
> mique.

Marryat (J.). — Histoire des poteries, faïences et porcelaines, ouvrage traduit de l'anglais sur la 2ᵉ édition
et accompagné de notes et additions par MM. le comte
d'Armaillé et Salvetat, avec une préface de M. Riocreux. *Paris*, Renouard, 1866. 2 vol. gr. in-8, ensemble
de x-919 p.

Maze (Alphonse). — Recherches sur la céramique,
aperçu chronologique et historique avec marques,
monogrammes et planches photoglyptiques d'après le
procédé de la maison Goupil. *Paris*, imp. Adrien Le
Clère. 1870. In-4 de 278 p.

> Les planches de cet ouvrage représentent pour la plupart des
> spécimens tirés de la collection de l'auteur.

Pichon (Ludovic). — La faïence à emblèmes patriotiques
du second empire. *Paris*, Manginot-Helitasse, 1874.
In-32 de 39 p. Grav. dans le texte.

> Les premiers exemplaires de cette brochure sont précédés
> d'une « dédicace au Prince impérial. » La dédicace bonapar-
> tiste fut détruite par l'auteur, qui craignait sans doute que sa
> brochure ne fût considérée comme une manifestation en faveur
> du rétablissement de l'empire. Ces tendances écartées, reste,
> avec l'analyse de diverses pièces, la constatation de faïences plé-
> biscitaires fabriquées à Périgueux peu après le coup d'État du
> 2 décembre.

Quirielle (Roger de). — Les faïences parlantes. *Paris,* 1877, impr. Pougin. In-8 de 12 p. Extrait de la *Revue de France.*

L'auteur divise les faïences parlantes en trois classes : 1° « faïences littéraires ; 2° faïences patronales ; 3° faïences patriotiques. » Avec MM. Raymond Bordeaux, Champfleury, Mayer (de Liverpool), M. de Quirielle est un des poursuivants zélés de l'épigraphie céramique.

Riocreux. — Voir Mauryat. Histoire des poteries, faïences et porcelaines.

Ris-Paquot. — Céramique. Histoire générale de la faïence ancienne, française et étrangère considérée dans son histoire, sa nature, ses formes et sa décoration. 200 planches en couleur retouchées à la main, 1,400 marques et monogrammes. *Amiens,* chez l'auteur, 1874-1876. In-folio de 240 p.

Les deux tiers des planches sont consacrées à la reproduction de faïences françaises.

Ris-Paquot. — Nouveau Dictionnaire des marques et monogrammes des faïences, poteries, grès, terre de pipe, terre cuite, porcelaines, etc., anciennes et modernes, reproduites avec leurs couleurs naturelles. 2,700 marques. *Paris,* Delaroque, 1873. In-12 de xviii-234 p.

Une seconde édition a paru à la même librairie en 1874. In-8 de xxii-256 pages.

Ris-Paquot. — Manuel du collectionneur de faïences anciennes, ouvrage initiant les amateurs et les gens du monde à la connaissance rapide des faïences anciennes, françaises et étrangères. *Amiens,* chez l'auteur. *Paris,* Raphaël Simon, 1877-78. In-8 de 343 p.

Une partie du texte n'est que la répétition de l'ouvrage du

même auteur (*Histoire générale de la faïence ancienne, française et étrangère*, 1874 et 1876); toutefois divers renseignements sur des pièces de collections particulières ont été ajoutés à ce manuel. Les collectionneurs et les gens du monde, auxquels s'adresse cet ouvrage, agiront prudemment en contrôlant l'orthographe des noms d'hommes et de lieux, les marques et un certain nombre d'appréciations.

Ris-Paquot. — Dictionnaire des marques et monogrammes des faïences, poteries, grès, terre de pipe, terre cuite, porcelaines, etc., anciennes et modernes. Contenant en outre les noms des principaux peintres, décorateurs, modeleurs, tourneurs, etc., et environ 600 marques de potiers romains, plus de 6,000 marques, monogrammes et noms. 4ᵉ édition. *Paris,* Raphaël Simon, 1879. In-8 de xvi-549 p.

Tournal. — Notes sur la céramique. Faïences et porcelaines. *Caen,* Hardel, 1863, in-8 de 28 p.

Extrait du *Bulletin monumental,* publié par M. de Caumont. Généralités connues.

Anonyme. — Ordonnance de l'intendant de Brou portant règlement général pour les manufactures de faïence de la ville de Rouen, en cinq articles, établissant liberté entière aux entrepreneurs d'employer des ouvriers à leur choix, de l'un et de l'autre sexe, de former autant d'élèves qu'il leur conviendra, de fixer les salaires de gré à gré, d'établir de nouveaux fours et de fonder de nouveaux établissements, à condition de n'y consommer que du charbon de terre ou de la tourbe. [8 décembre 1757.]

L'original imprimé existe aux archives de la Chambre de commerce de Rouen.

Anonyme. — Articles, statuts, ordonnances et règlemens

de la communauté des gardes-jurez, anciens bacheliers et marchands verriers, maistres couvreurs de flacons et bouteilles en osier, fayance et autres espèces en marchandises de verre, de la ville, fauxbourgs, banlieue, prévosté et vicomté de Paris. *Paris,* impr. Pierre Robuffe, 1712. Pet. in-4 de 32 p.

> Arrêts de 1659. Réimprimés dans l'édition suivante.

Anonyme. — Articles, statuts, ordonnances et règlemens de la communauté des gardes-jurez, anciens bacheliers et marchands verriers, maistres couvreurs de flacons et bouteilles en osier, fayance et autres espèces en marchandises de verre, de la ville, fauxbourgs, banlieue, prévosté et vicomté de Paris, *Paris,* Pierre-Guillaume Simon, 1762. Petit in-4 de 64 p.

> Ces statuts embrassent la période de 1659 à 1742.

Anonyme. — Statuts anciens et nouveaux, registrés en Parlement, arrests, sentences et règlemens concernant la communauté des maistres potiers de terre, carleurs de la ville et fauxbourgs de Paris. Imprimés à la diligence de Nicolas Fontaine, Germain Boutet, Jacques Dufresnoy et Nicolas Louette, jurez, gardes en charge, en mil sept cent cinquante-deux. *Paris,* impr. Prault, 1752. In-12 de vi-195 p.

> Ces statuts vont de l'année 1456 à 1752.
> Les trois éditions se trouvent à la Bibliothèque nationale.

Anonyme. — Arrest du Parlement portant règlement entre la communauté des maistres et marchands verriers-faïenciers-émailleurs, à Paris, d'une part, le corps des marchands merciers à Paris et la commu-

nauté des marchands fripiers. Du 18 décembre 1711.
In-4 de 16 pages.

BB — *Études publiées en France sur la céramique en Orient
et en Amérique.*

Amiot (R. P.). — Histoire, origine et fabrication de la
porcelaine en Chine et des différentes préparations
de la pâte. Extrait des diverses relations de voyageurs
et missionnaires. Manuscrit du xviiie siècle. In-4 de
6 p. accompagnant un album de 22 peintures chinoises à la gouache.

> Ces peintures représentent la « manière de faire la porcelaine,
> les différentes préparations et la pâte », en Chine. Au bas des des-
> sins une brève légende, indiquant la signification des scènes repré-
> sentées, est due au P. Amiot, ainsi qu'il est écrit dans un der-
> nier chapitre du manuscrit : « Description des dessins renfermés
> dans un recueil envoyé au ministre Bertin, par le R. P. Amiot,
> missionnaire à Pékin ».
> Ce fut peut-être à la suite d'envois de manuscrits et de des-
> sins du même ordre que le ministre Bertin, zélé protecteur des
> lettres et des arts, encouragea les publications du P. Amiot sur
> les Chinois. Vraisemblablement le même ministre fit cadeau du
> manuscrit et de l'album du missionnaire à la Manufacture de
> Sèvres, qu'il avait dans ses attributions et à laquelle il s'efforça,
> malgré le désastreux état des finances de la France, d'impri-
> mer un développement tout particulier.

Champion (M.-Paul). — Industries anciennes et modernes de l'empire chinois, d'après les notices traduites du chinois par M. Stanislas Jullien, membre
de l'Institut, et accompagnées de notices industrielles et scientifiques. *Paris*, Lacroix, 1869.

Entrecolles (François-Xavier d'). — Détails sur la porcelaine de la Chine, tirés des mémoires du père d'En-

trecolles, rapportés par le P. Duhalde. In-12 de 52 p.

Extrait des *Anecdotes chinoises* (?)

Entrecolles (François-Xavier d'). — Lettres du P. d'Entrecolles sur la fabrication de la porcelaine en Chine, 1712-1722. La première lettre fait partie du tome xviii des *Lettres édifiantes et curieuses écrites des missions étrangères;* la seconde se trouve dans le tome xix du même recueil. *Toulouse,* impr. Sens, 1810-1811.

Le P. d'Entrecolles qui avait profité de son séjour en Chine, en qualité de missionnaire, pour étudier la fabrication de la porcelaine, mourut à Pékin en 1741. Ses lettres sur divers sujets industriels, philosophiques et archéologiques, n'ont pas été réunies en volumes.

Duhalde (le père). (Voir D'ENTRECOLLES). — Porcelaine de Chine.

Feuillet de Conches. — Les peintres européens en Chine et les peintres chinois. *Paris,* impr. Dubuisson, 1856. In-8 de 47 p.

Tirage à part de la *Revue contemporaine.*
Quelques renseignements sommaires sur l'art de la porcelaine en Chine. L'étude de M. Feuillet de Conches vise particulièrement la peinture à la gouache ou à l'eau, telle que la pratiquent les Chinois pour décorer des albums, des éventails, etc.

Fillon (Benjamin). — Un cousin de Paul Scarron. *Fontenay-le-Comte,* Robuchon, 1871. In-8 de 12 p.

Citations de vers du sieur de La Boissière, où il est question de plats de Chine achetés à la foire Saint-Germain, en 1646. Scarron également a parlé de cette même foire :

Menez-moi chez les Portugais,
Nous y verrons à peu de frais
Des marchandises de la Chine;
Nous y verrons de l'ambre gris
. . . .
Et de la porcelaine fine
De cette contrée divine, etc.

Gerspach. — Notes sur la céramique chinoise. *Paris,*
impr. Quantin, 1877. In-8 de 14 p.

> Extrait de la *Gazette des Beaux-Arts.*
> Un Français, M. Billequin, professeur de chimie au Toungwen-
> Collège de Pékin, ayant été chargé par la direction des Beaux-
> Arts d'une mission relative à l'étude de la fabrication céramique
> en Chine, envoya au Musée de Sèvres une certaine quantité de
> porcelaines et de poteries usuelles. Il était utile de chercher à
> fixer, d'après les notes jointes à l'envoi du chimiste, les noms,
> marques, prix de revient, lieux de fabrication de ces objets
> décoratifs ou usuels; c'est ce qu'a tenté l'auteur de ce mémoire.

Hoffmann (D⟨r⟩ J.) (Voir JULIEN, Stanislas). — Histoire et
fabrication de la porcelaine chinoise.

Julien (Stanislas). — Histoire et fabrication de la porcelaine chinoise, ouvrage traduit du chinois. Accompagné de notes et d'additions par M. A. Salvetat et
augmenté d'un mémoire sur la porcelaine du Japon,
traduit du japonais par le D⟨r⟩ Hoffmann. *Paris,* Mallet-
Bachelier, 1856. In-8 de cxxiii-320 p. Plus carte de la
Chine indiquant l'emplacement des manufactures de
porcelaine anciennes et modernes; en outre 14 planches sur la fabrication de la porcelaine en Chine.

> Sur les procédés relatifs à la fabrication de la porcelaine, sur
> l'explication des marques de fabriques, l'origine des porcelaines
> de certains centres réputés, leur imitation dans d'autres endroits,
> l'historique des manufactures, la biographie des peintres et des
> fabricants, l'ouvrage de M. Stanislas Julien est resté le seul en
> France depuis vingt-cinq ans. Il serait à souhaiter, dans l'in-
> térêt de la science, que ce travail fût repris entièrement à
> nouveau aujourd'hui. M. Stanislas Julien le sentait lui-même
> et s'en est exprimé sincèrement : « Dans un sujet hérissé de
> difficultés graves et nombreuses qui tenaient aux procédés de
> fabrication, aux dénominations techniques des matières..., je ne
> saurais avoir la prétention d'être toujours arrivé à une exacti-
> tude absolue. »

Longpérier (Adrien de). — Notice des monuments exposés dans la salle des antiquités américaines (Mexique, Pérou, Chili, Haïti, Antilles) au musée du Louvre. *Paris*, Vinchon, 1850. In-8 de 119 p.

Ce catalogue contient la description d'un certain nombre d'objets en terre cuite, ainsi qu'une notice et une analyse sommaire de vases péruviens de terre cuite.

Poligny (Germaine de). — Communauté d'origine de l'ancien art mexicain avec ceux des bords de la Méditerranée. *Paris*, impr. Quantin, 1879. Gr. in-8 de 7 p. Vign. Extrait de la *Gazette des Beaux-Arts*.

L'auteur signale les analogies de quelques spécimens de l'art mexicain ancien avec les œuvres égyptiennes, phéniciennes, cypriotes ou étrusques.

Renauld (J.). — La céramique péruvienne de la Société d'études américaines fondée à Nancy. Notice descriptive avec planches, communiquée au Congrès des américanistes. Troisième session tenue à Bruxelles, les 23-26 septembre 1879. *Nancy*, Husson-Lemoine ; *Paris*, lib. Maisonneuve. In-8 de 26 p., plus 4 pl.

Extrait des *Mémoires de l'Académie de Stanislas*, 1879.

Rosny (Léon de). Variétés orientales, historiques, géographiques, scientifiques, bibliographiques et littéraires. *Paris*, Maisonneuve, 1869. In-8 de 360 p.

Cet ouvrage contient une étude sur « la Porcelaine en Chine, au Japon et dans les contrées voisines », plus une planche lithographiée d'après un dessin japonais représentant la fabrication de la porcelaine au Japon.

Rosny (Lucien de). — Introduction à une histoire de la céramique chez les Indiens du Nouveau-Monde. *Paris*, Leroux, 1875. In-8 de 38 p. Extrait non tiré à part des *Archives de la Société américaine de France*, t. 1er.

Cette publication posthume de M. Lucien de Rosny contient

un certain nombre de faits recueillis sur place, ainsi que des citations d'un manuscrit mexicain.

Soldi (Émile). — L'art et ses procédés depuis l'antiquité. Les arts inconnus. *Paris*, Leroux, 1881. In-8, grav.

> Cet ouvrage sous presse contiendra entre autres études des recherches sur les arts du Pérou et du Mexique. La revue, *l'Art*, a publié en avril 1880 des articles de M. Soldi sur l'art persan, où la question céramique occupe une grande place ; ces articles font partie du livre en préparation.

Anonyme. — Sur la porcelaine de la Chine et la tour de porcelaine de Nanking. Petit in-12 de 14 p.

> Extrait du *Mercure galant*.
> Sous forme de *Lettres à Madame XX*, l'auteur entre dans quelques menus détails sur la fabrication de la porcelaine en Chine.

Cc — *Études sur l'art céramique en France du XVᵉ au XVIIIᵉ siècle.*

Barthélemy (Édouard de). — Voir HÉROARD. Journal sur l'enfance de Louis XIII.

Cap (Paul-Antoine). (Voir PALISSY, Bernard.) — Œuvres complètes, 1844.

France (Anatole). — Voir PALISSY. Œuvres complètes, 1879.

Grasset aîné. — Céramique. Note établissant que la marque B. B. ne peut être attribuée à Bernard Palissy, célèbre potier agénois, d'après les pièces céramiques : la figurine la Nourrice, le groupe de Limaçons du

Musée national de Sèvres, le Chien du musée de la ville de Varzy, la figurine la Nourrice de la collection de sir Andrew Fountaine à Narford-Hall, en Angleterre, et plusieurs faïences de ce genre. Notice avec planches. *Paris* et *Nevers*, 1872. In-8 de 22 p.

Héroard (Jean). — Journal de Jean Héroard sur l'enfance et la jeunesse de Louis XIII. 1601-1628. Extrait des manuscrits originaux et publié par MM. Eud. Soulié et Éd. de Barthélemy. *Paris*, Firmin-Didot, 1868. 2 vol. in-8. Ensemble de LXIX-892 p.

Ce journal d'un médecin de Louis XIII, dauphin, fournit de nombreux renseignements sur l'atelier de poterie de Fontainebleau, où étaient fabriquées de *rustiques figulines* dans le goût de celles de Bernard de Palissy. Là, le dauphin allait acheter ses « petits marmousets de poterie, » animaux, anges jouant de la musette, vielleurs, sifflets à surprise, etc. Rien de plus utile pour l'histoire des arts céramiques que ce journal familier dont il est bon de donner un exemple : Le 5 juin 1607, le fils de M. de Saint-Luc, âgé de quatre ans, vient dire adieu au dauphin. Héroard lui demande bas à l'oreille : « Monsieur, vous plaît-il pas de lui donner quelque chose ? — Oui. — Monsieur, quoi ? — Un cheval marin (qui était de poterie). — Monsieur, vous plaît-il que je l'aille quérir ? — Oui, mais ne prenez pas celui qui est cassé. »

Le 21 avril 1608, le petit duc d'Orléans, frère puîné de Louis XIII, donne à la fille de Mme de Montpensier « une petite nourrice de poterie qu'il tenoit, » vraisemblablement la figurine attribuée à Bernard de Palissy.

Jacquemart (Albert) et Le Blant (Edmond). — Anciennes faïences françaises. *Paris*, 1859. Gr. in-8 de 23 p.

Extrait de la *Gazette des Beaux-Arts*.

Labarte (Jules). Histoire des arts industriels au moyen âge et à l'époque de la Renaissance. *Paris*, Morel, 1864-

1866. 4 vol. in-8 avec un album de 2 vol. in-4
contenant 148 p. et 148 pl. chromolithog.

Un tirage à 100 exemplaires a été publié in-4, texte et album.

Labarte (Jules). Histoire des arts industriels au moyen
âge et à l'époque de la Renaissance. 2ᵉ édition, 3 vol.
in-4. *Paris*, Morel, 1872-1875.

Nombreux renseignements sur la céramique antique, orientale, hispano-arabe, italienne, française (xvᵉ et xvıᵉ siècles), allemande, hollandaise et anglaise.
Après le succès de la première édition de ce travail, M. Labarte transforma et améliora son livre ; les planches entrées dans
le texte formèrent un ensemble de preuves cadrant de plus près
avec les descriptions de l'écrivain. Le troisième volume de *l'Histoire des arts industriels au moyen âge* est consacré à l'émail-
lerie, à l'art de terre, à la faïence.

Laborde (Comte de). Le château du bois de Boulogne
dit château de Madrid. Étude sur les arts au xvıᵉ siècle. *Paris*, Dumoulin, 1835. In-8 de 80 p. Tiré à
100 exemplaires.

Mémoire important, éclaircissant le séjour de Jérome della
Robbia à la cour de France. Élucidation de points obscurs. Vues
d'avenir sur l'ornementation de l'architecture avec le concours
de la céramique.

Le Blant (Edmond). (Voir JACQUEMART.) Article sur les
anciennes faïences françaises. (*Gazette des Beaux-Arts*,
1ᵉʳ mai 1859.)

Méloizes (Albert Des). —Les moules en terre cuite des
médaillons de Jean-Baptiste Nini. *Bourges*, Pigelet,
1869. In-8 de 19 p. et 6 planches.

Extrait des *Mémoires de la Société des antiquaires du centre*,
1868. Tiré à 60 ex.
Complément à l'étude de M. Villers sur Nini.

Nini (Jean-Baptiste). (Voir Méloizes, des.) — Les moules
en terre cuite des médaillons de Nini.

Nini (Jean-Baptiste). (Voir Villers A.) — Terres cuites
de Nini.

[Ollivier]. — Collections de dessins des poêles de formes
antique et moderne de l'invention et de la manufacture du sieur Ollivier, rue de la Roquette, fauxbourg
Saint-Antoine. *Paris,* in-4 (oblong?) de 4 p. et de
50 pl. noires et coloriées.

> Un des rares exemplaires imprimés connus fait partie de la
> bibliothèque du Soane-Museum à Londres. C'était une sorte de
> prospectus des produits d'Ollivier, envoyé aux marchands et sans
> doute colporté par les voyageurs de commerce.
>
> Le poêle représentant la Bastille, offert à la Convention par
> Ollivier et faisant actuellement partie du Musée de Sèvres, est
> un type des grandes pièces qu'exécutait le potier dans ses ate-
> liers du faubourg Saint-Antoine.

Ollivier. — Collection de dessins des poêles de formes
antique et moderne de l'invention et de la manufacture du sieur Ollivier. Manuscrit. In-8 carré de 64 p.

> Ce manuscrit, précédé d'une description de l'ouvrage, avec
> croquis, a été copié à Londres en 1877 d'après l'imprimé du Soane-
> Museum.
> Bibliothèque de la Manufacture de Sèvres.

Ollivier (Louis-François). — Calorifères salubres de
l'invention de Louis-François Ollivier, ancien manufacturier de fayence, porcelaine, minium et terre
blanche à couverte de porcelaine, rue de la Roquette,
n° 73, faubourg Saint-Antoine, avec brevet d'invention.
Paris, impr. Orizet. In-4 de 8 p. [1785].

> Ce mémoire renferme le rapport officiel de Guyton et Ber-
> thollet, présenté à l'Institut sur l'invention d'Ollivier et inséré
> dans le *Moniteur* du 17 juin 1785. Il constate les économies de

chauffage, les moyens hygiéniques et les décorations céramiques
nouvelles qu'Ollivier poursuivait.

Palissy (Bernard). — Recepte véritable, par laqvelle tovs
les hommes de la France povrront apprendre à mvl-
tiplier en avgmentant levrs thrésors : Item, cevx qui
n'ont iamais eu cognoissance des lettres, pourront
apprendre vne Philosophie nécessaire à tous les habi-
tans de la terre : Item, en ce liure est contenu le dessein d'vn iardin autant delectable et d'vtile inuen-
tion qu'il en fut onques veu. Item, le dessein et
ordonnance d'vne Ville de forteresse, la plus im-
prenable qu'homme ouyt iamais parler ; composé par
Maistre Bernard Palissy, ouurier de terre et inuenteur
des Rustiques Figulines du Roy, et de Monseigneur le
Duc de Montmorancy, Pair et Connestable de France,
demeurant en la ville de Xaintes. A *La Rochelle*, de
l'imprimerie de Barthelemy Berton, 1563. Petit in-4
de 131 pages non chiffrées.

Édition originale de la première publication de Palissy. Le
titre porte une vignette avec la légende : POVRETÉ EMPECHE LES
BONS ESPRITZ DE PARVENIR.

Palissy (Bernard). — Discovrs admirables de la natvre
des eavx et fonteines, tant natvrelles qv'artificielles,
des métaux, des sels et salines, des pierres, des terres,
du feu et des émaux. Auec plvsievrs avtres excellens secrets des choses naturelles. Plvs vn traité de la marne,
fort vtile et nécessaire pour ceux qui se mellent de
l'agriculture. Le tovt dressé par dialogves, ès quels sont
introduits la théoriqve et la practiqve. Par M. Bernard
Palissy, inuenteur des rustiques figulines du Roy et
de la Royne sa mère. A *Paris*, chez Martin le Jeune,

1580. Pet. in-8 de 361 pages et de 16 pages de titres, dédicace, avertissement non chiffrés, plus 23 pages de table analytique.

Édition originale.

[**Palissy**]. — Le moyen de devenir riche et la manière véritable par laquelle tous les hommes de la France pourront apprendre à multiplier leurs thrésors et possessions. *Paris*, Robert Fouet, libraire, 1636. 2 tomes en 1 vol. pet. in-8.

Réunion des deux ouvrages de Palissy : *Recepte véritable* et *Discovrs admirables*, etc.

Des altérations et des mutilations ont été introduites dans le texte par l'éditeur. L'*Épître dédicatoire au peuple français*, placée au commencement du premier volume, n'est pas de Palissy.

Palissy (Bernard). — Œuvres revues sur les exemplaires de la Bibliothèque du roi, avec notes par MM. Faujas de Saint-Fond et Gobet. *Paris*, Ruault, 1777. In-4 de LXXVI-734 p.

Quatrième édition des œuvres de Bernard Palissy. Pour la première fois les éditeurs envisageaient, suivant les lois de l'érudition moderne, les travaux du potier de Saintes. A l'époque où l'étude des sciences naturelles reprenait faveur, il fut possible de grouper dans une savante introduction les opinions émises sur Palissy par les savants contemporains, ainsi que ceux du siècle précédent : La Croix du Maine, du Verdier, père Mersenne, Perrault, Nicolas Venette, de Jussieu, Fontenelle, Buffon, Réaumur, d'Holbach, de Haller, Guettard, etc.

Palissy (Bernard). — Œuvres complètes de Bernard Palissy, édition conforme aux textes originaux imprimés du vivant de l'auteur; avec des notes et une notice historique par Paul-Antoine Cap. *Paris*, Dubochet, 1844. In-8 de XXIX-437 p.

Palissy. — Les œuvres complètes de Bernard Palissy,

publiées d'après les textes originaux avec une notice
historique et bibliographique par A. France et une
table analytique. *Paris*, Charavay, 1879. In-8 de xxviii-
500 p.

> Cette édition contient le « Devis d'une grotte pour la Royne,
> mère du Roy, » imprimé pour la première fois. Le manuscrit ori-
> ginal se trouve à la Bibliothèque de l'hôtel Carnavalet.

Ramé (Alfred). — Note sur quelques épis en terre cuite
des xiii⁰ et xiv⁰ siècles. *Caen*, impr. A. Hardel, 18..?
In-8 de 8 p. Grav.

> M. Ramé étudie des épis vernissés trouvés à Troyes et conser-
> vés dans le Musée d'antiquités de la ville. Sur le même sujet,
> consulter les *Notes provisoires sur quelques produits céramiques
> du moyen âge*, publiées par M. de Caumont dans le xvi⁰ vol.
> de son *Bulletin monumental*.

Soulié (Eudore). — Voir HÉROARD. Journal sur l'enfance
et la jeunesse de Louis XIII.

> L'excellente notice qui précède cet ouvrage est due à M. Eud.
> Soulié.

Tainturier (A.). — Notice sur les faïences du xvi⁰ siècle,
dites de Henri II. Suivie d'un catalogue contenant la
description de toutes les pièces connues et ornée
d'une planche en couleur. *Paris*, Didron et Renouard,
1860. In-8 de 25 p.

DD. — *Études sur les carrelages français historiés
du xi⁰ au xvi⁰ siècle.*

Amé (Émile). — Les carrelages émaillés du moyen âge
et de la Renaissance; précédés de l'histoire des anciens
pavages : mosaïque, labyrinthes, dalles incrustées.

Paris, Morel, 1859. In-4 de xix-240 p. Nombr. pl. en couleur.

L'auteur, architecte des monuments historiques, s'est occupé spécialement dans cet ouvrage des anciens pavages existant dans le département de l'Yonne. « J'établis, dit-il, un parallèle entre tous les plus beaux carrelages des autres départements; j'en donne une description exacte et j'en fais remarquer les principaux points de ressemblance, comme dispositions, avec ceux de l'Yonne. En un mot, les *Carrelages émaillés*, quant au texte, s'étendent à la France; les dessins, sauf quelques exceptions près, n'embrassent qu'un seul département. »

Barthélemy (Anatole de). — Carreaux émaillés du xvi⁰ siècle, provenant du musée de Saint-Germain-en-Laye. *Paris*, Leroux, 1876. Gr. in-8 de 5 p. Pl.

Les carreaux dont l'archéologue a donné la description et une reproduction en couleur, appartiennent au xiv⁰ siècle et se rattachent à l'art sous Charles V.
Extrait du *Musée archéologique*.

Barthélemy (Édouard de). — Notice sur quelques carrelages historiés, adressée à M. de Caumont. *Paris*, Derache. *Caen*, A. Hardel. 1852. In-8 de 16 p.

Extrait du *Bulletin monumental*, de M. de Caumont.

Barthélemy (Édouard de). — Carrelages émaillés de la Champagne. *Arras*, imp. Laroche, 1878. In-8 de 7 p. et 2 pl.

M. de Barthélemy donne, dans cette notice, des descriptions et des dessins de carreaux du xii⁰ au xvi⁰ siècle des églises champenoises de Fromentières, Orbais, Gernay, la Chalade, Saint-Remy, de Reims; ces monographies, qui complètent le travail de M. Émile Amé, fournissent, par les dessins qui y sont joints, des moyens de contrôle faciles.
Extrait de la *Revue de l'art chrétien*, 2⁰ série, t. VIII.

Bertrand (Raymond de). — Les carrelages muraux en faïence et les tapisseries des Gobelins à Dunkerque. *Dunkerque*, typ. Hubert, 1861. In-8 de 13 p.

Cahier (le père Ch.). — Suite aux mélanges d'archéologie rédigés ou recueillis par les auteurs des vitraux de Bourges [les PP. Ch. Cahier et Arth. Martin]. Collection publiée par le P. Ch. Cahier. — Deuxième série, carrelages et tissus. *Paris*, Morel, 1868. 2 vol. gr. in-4 de xii pages et de 250 pl.

Le père Martin, jésuite, avait recueilli une collection de dessins de carrelages pour une histoire générale de l'ornementation; il mourut sans avoir annoté ces dessins, et ce sont ceux-là qu'a publiés son ancien collaborateur, le père Cahier. Malheureusement il n'avait plus les indications suffisantes pour donner les provenances et origines des carrelages; aussi sa publication, utile aux décorateurs par certains côtés, laisse-t-elle l'archéologue fort empêché de se prononcer sur la question des provenances. Le père Cahier, toutefois, a donné à entendre, dans la préface, qu'il essayerait plus tard de reconstituer l'historique de ces carrelages.

Courajod (Louis). — Le pavage de l'église d'Orbais. *Paris*, H. Menu, 1875. In-8 de 27 p. plus 2 planches; vignettes dans le texte.

Extrait de la *Revue archéologique*.

M. Courajod, en donnant une courte monographie d'une des églises les plus importantes de l'arrondissement d'Épernay, s'est préoccupé particulièrement du carrelage aujourd'hui presqu'en ruine de cette église. Élevé au XIIIe siècle et continué au XIVe siècle, ce monument écrit sa date pour ainsi dire par les divers carrelages de ces époques. L'auteur compare les dessins des carreaux avec ceux décrits et reproduits par des archéologues d'autres points de la France. On voit au Musée de Sèvres une suite de ces carreaux offerts par M. Courajod.

Courmaceul (Victor de). — Rapport manuscrit sur d'anciens carreaux de terre cuite du prétoire de la justice de paix de Saint-Amand (Nord). Gr. in-8 de iv p.

Copie d'un manuscrit faisant partie des archives du *Comité de la langue, de l'histoire et des arts de la France*.
Bibliothèque du Musée de Sèvres.

Decorde (L'abbé J.-E.). — Pavage des églises dans le pays de Bray. *Paris*, A. Pringuet, 1857. Gr. in-8, 14 p. 2 planches.

Extrait de la *Revue de l'art chrétien.*

Cette monographie, faite d'après les pavages recueillis par le musée de Neufchâtel, en Normandie, rectifie et complète les publications d'ensemble sur les carrelages anciens.

Esquié. — Note sur des carrelages émaillés trouvés à Toulouse. *Toulouse*, impr. Douladoure, 1879. In-8 de 20 p. et 2 pl.

Extrait des *Mémoires de l'Académie des sciences*, etc. de Toulouse.

Fleury (Édouard). — Étude sur le pavage émaillé dans le département de l'Aisne. Deux cents dessins par Éd. Fleury, gravés par Mme Éd. Fleury. *Paris*, Didron, 1855. In-4 de 103 p.

Extrait du 4e volume du *Bulletin de la Société académique de l'Aisne.*

On a une idée à peu près complète des divers pavages des châteaux, abbayes, monastères, chapelles, maisons particulières de l'Ile-de-France, par les dessins et les recherches de M. Éd. Fleury.

Gaussen (A.). — Portefeuille archéologique de la Champagne. *Bar-sur-Aube*, Mme Jardeaux-Ray, 1861. In-4 de II-239 p. de texte, plus 89 planches en chromo.

Parmi les divers arts étudiés dans cet ouvrage, vitraux, miniatures, émaux, orfèvrerie, etc., figure l'art céramique. Il est représenté par les carreaux français des couvents des Cordeliers et des Jacobins de Troyes, de l'abbaye de Saint-Loup, et les carrelages italiens exécutés entre 1742 et 1745 par des faïenciers florentins pour le château de Polis, appartenant à François de Dinteville, évêque d'Auxerre. Six planches donnent l'ensemble et les détails de ce beau carrelage.

Grésy (E.). — Notice sur un carrelage émaillé du XIIIe siè-

cle découvert en octobre 1861, près de Milly (Seine-
et-Oise). Impr. impériale, 1863. In-8 de 2 p.

> Vraisemblablement tirage à part d'une note insérée dans un
> Bulletin de société savante.
> M. Grésy signale l'affinité du carrelage de Saint-Georges de
> Milly avec celui de l'église de Sainte-Colombe-lez-Sens, publié
> par M. Amé.

Laugardière (Charles de). — Lettre à M. Alfred Darcel
sur le lieu de fabrication des carreaux du château de
Thouars. *Paris*, Aubry, 1865. In-18 de 9 p.

Le Brun-Dalbanne. (Voir GAUSSEN, A.). — Portefeuille
archéologique de la Champagne. Chapitre X, Art céramique. Carrelages de Troyes et de Polisy. 15 p. de
texte, 8 pl. en chromo.

Mathon (père). — Carrelages du xiii° au xvi° siècle, plus
particulièrement de la Normandie et du Beauvaisis.
Dessins originaux en trois portefeuilles in-8. Bibliothèque du Musée céramique de la Manufacture de
Sèvres.

> M. Mathon, fondateur du musée de Neufchâtel (Seine-Infé-
> rieure), avait pris dessin de tous les carrelages recueillis par lui
> ou appartenant à des musées et à des collections particulières.
> Cette précieuse collection a été offerte à la Bibliothèque du Mu-
> sée de Sèvres par son fils, M. Mathon, connu lui-même par ses
> recherches archéologiques.

Ramé. (Alfred). — Études sur les carrelages historiés
du xiii° au xvii° siècle en France et en Angleterre.
Strasbourg, Silbermann. *Paris*, Bance, 1855. In-4 de
48 pages et grav. dans le texte. 20 grandes pl. en
couleur.

> Cet ouvrage, qui se publiait par fascicules, fut interrompu
> presqu'à son début. Quatre livraisons seulement parurent.

Sarsay (L.) — Voir SAVY. Anciens carrelages de l'église de Brou.

Savy (C.) et Sarsay. — Anciens carrelages de l'église de Bourg-en-Bresse. Derniers vestiges recueillis et reproduits d'après des calques pris sur les originaux. *Lyon*, impr. Vingtrinier. 1873. In-folio de 20 p. de texte et de 16 planches photogr. color.

> Le carrelage de Brou est une des œuvres qui témoignent de la perfection de l'art décoratif français au xvi° siècle. Les figures mêlées aux ornements peuvent rivaliser avec l'art italien de la même époque.

EE. — *Études publiées en France sur l'histoire des arts céramiques à l'étranger.*

Casati (C.-Charles). — Note sur les faïences de Talavera-La-Reyna et coup d'œil sur les musées de Madrid. *Paris*, Didron, 1873. In-8 de 12 p. Pl. chromotyp.

Casati (C.-Charles). — Notice sur les faïences de Diruta, d'après des documents nouveaux. Planche chromotyp. *Paris*, A. Lévy, 1874. In-8 de 12 p.

> Analyse de documents inédits découverts, en 1870, dans les archives de Pérouse, par M. Adamo Rossi et le comte Conestabile, conservateur du musée de la ville.

Casati (C.-Charles). — Notice sur le musée du château de Rosenborg, en Danemark, concluant à la création d'un musée historique de France. Avec notes complémentaires sur le musée Grüne Gewölbe, de Dresde, et sur des faïences danoises inédites, par C.-Charles Casati, archiviste-paléographe. *Lille*, impr. Danel. *Paris*, libr. Didier, 1879. In-8 de 66 p. et 12 pl.

> Un Français, nommé Fournier, exécuta quelques faïences pour

la Fabrique royale de Frédéric V et de Christian VII ; ce lieu de fabrication n'avait pas été signalé avant la notice ci-dessus.

Darcel (Alfred). [Voir DELANGE (Carle)]. — Recueil des faïences italiennes du xv⁰ au xvii⁰ siècle.

Davillier (baron Charles). — Histoire des faïences hispano-moresques à reflets métalliques. *Paris*, Didron, 1861. In-8 de 52 p.

> Depuis la publication de cet ouvrage, M. Davillier est revenu dans diverses publications sur la fabrication hispano-moresque, apportant sur les origines de l'art à reflets métalliques des renseignements puisés aux bonnes sources.
>
> On annonce comme prochain un historique plus détaillé de ces faïences précieuses à tant de titres et dont il faut souhaiter la prochaine publication, tant les fréquents voyages en Espagne de l'auteur, la découverte de manuscrits ayant trait à l'art céramique hispano-moresque ont créé à M. Davillier un domaine qui lui est personnel.

Davillier (baron Charles). — L'Espagne, illustrée de 300 grands dessins sur bois, par G. Doré. *Paris*, Hachette, 1874. Grand in-8 de 786 p.

> L'étude des faïences de Valence, de Manises, de Triana, de Talavera, les tinajas de Tolosa, etc., ont fourni à l'auteur d'utiles documents, mêlés à la description des mœurs et coutumes espagnoles.

Davillier (baron Ch.). — Atelier de Fortuny. Œuvre posthume, objets d'art et de curiosité, armes, faïences hispano-moresques, étoffes et broderies, bronzes orientaux, coffrets d'ivoire, etc., dont la vente aura lieu le 26 août et les jours suivants. Notices par MM. Édouard de Beaumont (armes) ; baron Davillier (faïences) ; A. Dupont-Auberville (étoffes). *Paris*, impr. Claye, 1875. In-8 de 146 p. Pl. dans le texte.

Davillier (baron Ch.). — Les arts décoratifs en Espagne, au moyen âge et à la Renaissance. *Paris*, Quantin, 1879. In-8 de 86 p. Pl. hors texte.

Le chapitre VI est consacré à la céramique et particulièrement à la fabrique de Puente del Arzobispo, sur laquelle on manquait de renseignements jusqu'ici.

Delange (C.). — Recueil des faïences italiennes des xve, xvie et xviie siècles, texte explicatif par Alfred Darcel. *Paris*, Delange, 1869. In-folio.

Fortuny. (Voir Davillier). — Notice sur les faïences hispano-moresques de la collection Fortuny.

Goupil (F.). — Traduction textuelle de la brochure du Dr Al. Foresi sur les porcelaines des Médicis. Lettre au baron de Monville et quelques mots sur les sculpteurs Comte de Nieuwerkerke et Bastiani. Manuscrit in-8 de 25 p.

Bibliothèque de Sèvres.

Goupil (F.). — Analyse détaillée et critique de la notice de Francesco Vendemini sur la céramique, à l'Exposition de Faenza en 1875. Manuscrit de 7 p. in-8. *Sèvres*, 1876.

On doit à M. Goupil, jadis attaché en qualité de peintre à la Manufacture de Sèvres, un certain nombre de traductions inédites de documents italiens sur les arts céramiques, conservés à la Bibliothèque du Musée.

Havard (Henry). — Catalogue raisonné des objets d'art et de curiosité composant la collection de W.-G.-F. Van Romondt, d'Utrecht, dressé par Henry Havard et illustré de gravures à l'eau-forte par L. Flameng et Van Kesteren. *La Haye*, Thieme, 1875. Gr. in-8 de 17 p. Marques.

Trois séries sont consacrées à la céramique, représentées plus particulièrement dans la collection Van Romondt par des faïences de Hollande.

Havard (Henry). — Catalogue chronologique et raisonné des faïences de Delft composant la collection de M. John Loudon, illustré de deux eaux-fortes par Flameng et de neuf dessins par Goutzwiller. *La Haye*, Thieme. Petit in-4 de 82 pages. Marques, planches photog.

C'est la première fois que des recherches consciencieuses étaient faites dans les archives hollandaises sur les ateliers de maîtres faïenciers (plateelbackerijen). M. Henry Havard a pu reconstituer une liste de 237 peintres presque tous inconnus et dont, avant lui, les noms n'étaient même pas soupçonnés.

La collection de M. John Loudon est composée de faïences hollandaises choisies avec tact.

Havard (Henry.). — Histoire de la faïence de Delft. *Paris*, Plon, 1877. Gr. in-8 de 400 pages, illustré de planches hors et dans le texte, chiffres, marques, chromolith.

Livre plein de renseignements et dans lequel l'auteur a donné une forme définitive à ses recherches précédentes.

Jacquemart (Albert). — Notice sur les majoliques de l'ancienne collection Campana. *Paris*, Techener, 1862. In-4 de 28 p. 1 pl.

Jacquemart (Albert). — La porcelaine des Médicis. 1857, Gr. in-8 de 14 p.

Extrait de la *Gazette des Beaux-Arts*.

Le Breton (Gaston). — Céramique espagnole. Le salon en porcelaine du Palais-Royal de Madrid et les porcelaines de Buen-Retiro. Planches par Ch. Goutzwiller. *Paris*, Raphaël Simon, 1879. Gr. in-8 de 27 p. Planches dans le texte et hors texte.

M. Le Breton a décrit dans cette notice l'ornementation en por-

celaine qui couvre les murailles du Palais-Royal de Madrid, lais-
sant ses lecteurs se demander si la porcelaine est de nature à
décorer de si grandes surfaces. Sa matière, ses colorations of-
frent-elles le champ nécessaire à la vigoureuse ornementation
particulière à la faïence? Une planche en chromolithographie,
d'une certaine dimension, eût été nécessaire pour répondre en
partie à ces questions.

Percy. — Mémoire sur les vases réfrigérants appelés en
Espagne Alcarazas bucceros ou Catimploras. In-8 de
31 p.

> Extrait du *Magasin encyclopédique.*

Percy. — Mémoire sur des espèces d'amphores dites
Tinajas, usitées de tout temps en Espagne. *Paris,*
Sajou, 1811. In-8 de 26 p.

Popelyn (Claudius). — Les troys libvres de l'art du
potier, du cavalier Cyprian Piccolpassi, translatés de
l'italien en langue française par maistre Claudius
Popelyn, parisien. *Paris,* librairie internationale,
1860. In-4 de xii-86 et de 39 pl.

Pottier (André). — Sur le vase hispano-moresque de
l'Alhambra, à propos d'un vase en porcelaine de Sèvres
donné par le ministre du commerce à la ville de
Rouen. *Rouen,* impr. Péron, 1851. Gr. in-8 de 24 p.

> Extrait de la *Revue de Rouen et de Normandie.*

Sand (George). — Œuvres complètes. Flavie. *Paris,*
Michel Lévy, 1875. Gr. in-18 de 220 p.

> *Les Majoliques florentines* font suite au roman de *Flavie.*
> Cette étude, publiée dans le journal *la Presse,* en 1855, après un
> voyage en Italie du romancier, avait pour but d'appeler l'atten-
> tion sur les recherches faites dans la manufacture du marquis
> de Ginori par MM. Freppa et Giusto Giusti pour retrouver les reflets
> métalliques des anciennes faïences.

FF. — *Histoire de la porcelaine au xviiie siècle.*
Manufactures privilégiées.

Aubry (Me, avocat). — Requeste au roy sur les secrets
de la vraye et parfaite porcelaine de France. Petit in-4
de 8 p.

> Requête de la veuve Chicaneau et de ses fils, sollicitant du roi
> un privilège de cinquante ans pour fabriquer à Saint-Cloud,
> à l'exclusion de tous autres, la porcelaine fine de France.

Aubry (Me, avocat). — AU ROY. Nouvelle requête de la
veuve Chicaneau tendant à obtenir le privilège de
fabriquer de la faïence qui n'avait pas été accordé.
Pet. in-4 de 7 p.

> Même imprimerie que le précédent mémoire ; mêmes carac-
> tères ; mêmes fleurons.

Bachelier (J.-J.). — Mémoire historique de l'origine et
des progrès de la Manufacture nationale de porcelaine
de France, avec des observations sur toutes les parties de la manutention, et les moyens d'amélioration
économique dont elle est susceptible, demandé par
M. d'Angivilliers, directeur général, et remis en 1781
par le citoyen Bachelier, alors l'un des inspecteurs de
la partie des arts de ladite manufacture. Ce mémoire
est suivi de plusieurs pièces justificatives sur la récla-
mation du citoyen Bachelier. *Paris,* de l'impr. de Delance [1799]. In-32 de 59 p.

> Ce mémoire, important pour l'histoire de la Manufacture de
> Sèvres, devait, dans la pensée de son auteur, lui faire recou-
> vrer la place d'inspecteur des travaux d'art, qu'il avait perdue
> en 1793, à la suite d'un arrêté de Garat, ministre de l'intérieur.
> Bachelier y expose la part qu'il prit aux progrès de l'établisse-

ment. Les diverses réformes artistiques et administratives, qui forment le fond de cette brochure, partent d'un citoyen éclairé, animé d'intentions droites.

Bachelier. — Mémoire historique sur la Manufacture nationale de porcelaine de France, rédigé en 1781 par Bachelier, réédité avec préface et notes par Gustave Gouellain. *Paris*, Raphaël Simon, 1875. In-18 iv-57 p.

Réimpression en fac-similé du mémoire de Bachelier. M. Gouellain semble avoir pour but, dans ses quelques notes sommaires, de mettre l'administration de la Manufacture de Sèvres de 1875 en regard de celle que Bachelier critiquait en 1781. Une erreur doit être redressée dans les notes de l'érudit normand : la fondation, la direction, la tenue du musée céramique à son origine, appartiennent exclusivement à Brongniart; s'il forma un conservateur à son enseignement, la méthode, le classement ne sauraient être enlevés au chimiste distingué dont le souffle, la pensée scientifique, circulent encore, pour ainsi dire, dans les galeries du Musée.

Berryer. — De par le roi. — Jugement qui condamne en mille livres d'amende le nommé Nouailhier, ouvrier de la Manufacture royale de porcelaine établie à Vincennes, pour avoir copié des dessins de ladite manufacture. Du 25 janvier 1755. A *Paris*, de l'Imprimerie royale, 1755. Affiche in-folio de 1 p. à 2 col.

Le même arrêt a été tiré in-4° de 4 pages.

Bertin. — Arrest du Conseil d'État du Roi qui permet, dans toute l'étendue du royaume, de fabriquer des porcelaines à l'imitation de la Chine, tant en blanc que peintes en bleu et blanc, et en camayeu d'une seule couleur; et qui confirme les privilèges de la Manufacture royale de porcelaine de France. Du 15 février 1766. Extrait des registres du Conseil d'État. A *Paris*, de l'imprimerie royale, 1766. In-4 de 4 p.

17

Bertin. — Arrest du Conseil d'État du Roi qui permet, dans toute l'étendue du royaume, de fabriquer des porcelaines, à l'imitation de la Chine, tant en blanc que peintes en bleu et blanc, et en camayeu d'une seule couleur ; et qui confirme les privilèges de la Manufacture royale de porcelaine de France. Du 15 février 1766. Extrait des registres du Conseil d'État. A *Paris*, de l'Imprimerie royale, 1773. In-4 de 4 p.

C'est la réimpression du précédent arrêté, sept ans plus tard.

Bouilhet (Henri). — La Manufacture de Sèvres et ses produits à l'exposition des Champs-Élysées, 1874. Rapport de M. Henri Bouilhet, membre du conseil, lu dans la séance d'ouverture du 11 décembre 1874 à la Société d'encouragement pour l'industrie nationale. *Paris*, impr. Bouchard-Huzard, 1875. In-4 de 18 p.

Bouilhet (Henri). — La Manufacture nationale de Sèvres à l'exposition des Champs-Élysées, 1874. Rapport fait par M. Henri Bouilhet dans la séance d'ouverture du 11 décembre 1874 de la Société d'encouragement pour l'industrie nationale. *Paris*, impr. Claye, 1875. In-8 de 31 p.

Rapport sur les produits de Sèvres à l'Exposition des Champs-Élysées de 1874. Après avoir étudié les nouveaux procédés de fabrication, les œuvres exposées et fait la part de chacun des peintres de Sèvres, M. Henri Bouilhet conclut : « la Manufacture qui, depuis un siècle, a appliqué ses forces vives à l'étude, à la mise en œuvre et à la décoration d'une matière si belle et si utile (la porcelaine), a su conserver intacts les principes d'art et de goût qui ont fait la réputation d'un produit éminemment national. »
Sur la même question, voir DUC.

Boula de Mareuil. — Mémoire pour la Manufacture de porcelaine de France, exploitée au compte du Roi, à Sève, contre la Communauté des officiers mouleurs de bois. *Paris,* impr. Chardon, 1776. In-4 de 26 p.

Breteüil (Baron de). — Arrêt du Conseil d'État du Roi confirmant les privilèges de la Manufacture royale des porcelaines de France; et portant règlement sur la fabrication des autres manufactures de porcelaine. Du 16 mai 1784. Extrait des registres du Conseil d'État. A *Paris,* de l'Imprimerie royale, 1784. Petit in-4 de 7 p.

Breteüil (Baron de). — Arrêt du Conseil d'État du Roi confirmant les privilèges de la Manufacture royale des porcelaines de France; et portant règlement sur la fabrication des autres manufactures de porcelaine. Du 17 mai 1784. Extrait des registres du Conseil d'État. A *Paris,* de l'Imprimerie royale, 1784. Affiche in-folio à 3 col.

Breteüil (Baron de). — Arrêt du Conseil d'État du Roi concernant la Manufacture royale de porcelaines de France ; et portant règlement pour les autres manufactures de porcelaines établies dans le royaume. Du 17 janvier 1787. Extrait des registres du Conseil d'État. A *Paris,* de l'Imprimerie royale, 1787. Petit in-4 de 4 p.

[Brongniart (Alexandre)]. — Notice sur la Manufacture royale de porcelaine de Sèvres. Novembre 1830. Du caractère et de l'état actuel de la Manufacture royale de porcelaine de Sèvres et de son influence sur l'art

et le commerce de la porcelaine. *Paris*, impr. Didot,
1830. Pet. in-4 de 31 p.

Cette brochure, signée A. B. (Alexandre Brongniart était administrateur de la Manufacture à cette époque), avait pour objet de
grouper tous les motifs pour la continuation de l'allocation de
l'État à la Manufacture de Sèvres, en témoignant de l'utilité de
cet établissement pour l'industrie céramique en France.

Charon (procureur). — Précis de l'affaire pour la Manufacture de porcelaine de France, exploitée au compte
du roi, à Sèvres, contre la communauté des officiers
mouleurs de bois. *Paris*, imprimerie de Chardon, 1772.
Pet. in-4 de 8 p.

Courajod (Louis). — Livre-journal de Lazare Duvaux,
marchand-bijoutier ordinaire du roy, 1748-1758. Précédé d'une étude sur le goût et sur le commerce des
objets d'art au milieu du XVIII° siècle et accompagné
d'une table alphabétique des noms d'hommes, de
lieux et d'objets mentionnés dans le journal et dans
l'introduction. *Paris*, Société des bibliophiles fran
çais, 1873. 2 vol. in-8. Fr. à l'eau-forte, d'après
Boucher.

Lazare Duvaux était marchand mercier, rue de la Monnaie,
entre 1740 et 1758; sa *mercerie* consistait à vendre des objets
d'art et à les faire monter pour les grands seigneurs de son
temps, à commencer par Mᵐᵉ de Pompadour.

Une partie du manuscrit annoté par M. Courajod est consacrée
à la « porcelaine de France », c'est-à-dire aux produits des manufactures de Vincennes et de Sèvres.

Daly (César). — Motifs historiques. 8 planches relatives
à l'ancienne Manufacture de Sèvres gravées par
Huguenet, Obermayer, De Garron, Bayrer, Szretter.
Paris, Ducher, 1873. In-folio.

Extrait de la *Revue d'architecture* (?)
On trouve dans les portefeuilles topographiques de la Bibliothè-

que du Musée céramique un certain nombre de planches représentant l'ancienne Manufacture de porcelaine, son heureuse
situation à mi-côte, les verdures dont était entouré le monument;
il faudra chercher dans ces planches, entreprises sous la direction de M. Daly, les détails pittoresques d'une ancienne architecture qui frappait le public par son heureuse situation : le
pavillon, dit de Lulli, dans le parc de l'établissement, la grande
fontaine de style Louis XV de la cour d'honneur, la grille de la
même époque qui apparaissait au bout d'une allée de vieux
marronniers, les fines et délicates boiseries du « magasin. »
Tout cela disait les origines de la Manufacture, tout cela est
appelé à tomber prochainement sous le marteau des démolis-
seurs.

Davillier (Baron Charles). — Une vente d'actrice sous
Louis XVI. Mlle Laguerre, de l'Opéra, son inventaire.
Meubles précieux, porcelaines de Sèvres, cristal de
roche, etc. Portrait à l'eau-forte, par Gilbert. *Paris,*
Aubry, 1870. In-8 de 51 p.

> Renseignements sur les porcelaines de Sèvres que possédaient
> Mlle Laguerre et les filles de théâtre de son temps, les ventes
> auxquelles ces demoiselles se livraient, les meubles, tables, car-
> rosses, ornés de porcelaines suivant la mode de l'époque.

Davillier (Baron Charles). — Les porcelaines de Sèvres
de Mme Du Barry d'après les mémoires de la Manufacture royale. Notes et documents inédits sur le prix
des porcelaines de Sèvres au XVIIIe siècle. *Paris,* Aubry,
1870. In-8 de 75 p.

Davillier (Charles). — Le cabinet du duc d'Aumont.
In-8. 1870.

Duc. — Commission de perfectionnement près la Manufacture de Sèvres. Mémoire lu par M. Duc, de l'Institut, dans la séance du 14 novembre 1872, tenue à la
Manufacture, sous la présidence de M. Charles Blanc,

directeur des Beaux-Arts. Gr. in-8. [1872.] Autographie de 6 p.

Réponse à la question posée au sein de la Commission par M. Charles Blanc, directeur des beaux-arts : « Quels sont les principes qui devront présider à la décoration de l'art céramique ? » Ce premier mémoire, qui n'avait rien d'officiel, revêtit ce caractère particulier dans le rapport suivant, plus étendu, dont fut chargé M. Duc.

Duc. — Rapport adressé à M. le ministre de l'Instruction publique par M. Duc, membre de l'Institut, au nom de la commission de perfectionnement de la Manufacture nationale de Sèvres. *Paris*, impr. nationale, 1875. In-4 de 67 p.

Instituée par M. Jules Simon, ministre de l'instruction publique, M. Charles Blanc étant directeur des beaux-arts, la Commission de perfectionnement près la Manufacture de Sèvres fut notablement augmentée par M. de Chennevières. Les séances se tinrent à des intervalles rapprochés ; de nombreuses questions d'ornementation furent soulevées, traitées par des hommes éminents, résumées et condensées par M. Duc, avec l'autorité de son nom et l'indépendance de son caractère.

Duc. — Ministère de l'Instruction publique et des Beaux-Arts. Direction des Beaux-Arts. Manufactures nationales. Rapport adressé à M. le ministre de l'Instruction publique et des Beaux-Arts par M. Duc, membre de l'Institut, au nom de la Commission de perfectionnement de la Manufacture de Sèvres. *Paris*, impr. nationale, avril 1877. In-4 de 7 p.

L'honorable rapporteur de la Commission de perfectionnement de la Manufacture de Sèvres revient sur les lois de la composition en matière de décoration, lois architecturales qui sont à la fantaisie ornementale des artistes ce qu'est la science harmonique pour un compositeur de musique. Il conclut en appelant l'attention du ministre sur la formation d'une École de décorateurs dans la Manufacture de Sèvres.

Fauconnier. — Mémoire et consultation pour les directeurs de la Manufacture de porcelaine de France, exploitée au compte du roi, à Sèvres, défendeurs, contre les syndics de la communauté des officiers-jurés mouleurs de bois, demandeurs. De l'impr. de Chardon, 1769. Pet. in-4 de 54 p.

Gouellain (Gustave). (Voir BACHELIER.) — Mémoire sur la Manufacture nationale, etc., etc.

[Guillaume]. — École de la Manufacture nationale de Sèvres. Programme de l'enseignement. École primaire de dessin. Autographie, 1875. Gr. in-8 de 3 p.

Projet soumis par M. Guillaume, directeur de l'École des Beaux-Arts, au conseil supérieur des Beaux-Arts.

Havard (Henry). — *De Nieuwre fabriek van het Porcelein van Sèvres*. La nouvelle Manufacture de porcelaines de Sèvres. *La Haye*, 1877. In-18 de 8 p.

Extrait du Journal *het Vaderland* (la Patrie) de La Haye.

Hellot. — Portefeuille manuscrit contenant les procédés de la porcelaine tendre de la Manufacture de Vincennes, 1753. In-12 de 200 p. plus xxii p. de table.

La préface suffit pour donner une idée des recherches du chimiste Hellot et de l'importance que la science apportait aux « secrets » d'alors : « Ce registre, dit Hellot, contient toutes les recettes et procédés pour composer la pâte dont on fait le biscuit ; la couverte qui le vernit et le rend porcelaine, les couleurs servant à peindre cette porcelaine, la dorure qui l'enrichit, trouvées dans le dépôt fait par feu M. de Fuloychés à M. Bouron, notaire ; trouvées aussi dans les manuscrits des nommés Gerin, Caillat et Massue ; celui du sieur Gravant, inventeur et fournissant la pâte et la couverte ; lesquels manuscrits m'avaient été communiqués au mois de juin 1751 et que j'ai rendus depuis à M. de Courteille, intendant des finances, après les avoir vérifiés. Il contient aussi les corrections que j'ai faites pour remédier aux

vices de la pâte et en durcir le biscuit, les changements que j'ai
faits à la couverte, ceux des fondants des couleurs pour en ôter le
nébuleux, les nouvelles couleurs, bleues, pourprés, rouges, jaune
orangées, vertes, etc., enfin tout ce que j'ai fait pour perfectionner
les opérations de cette manufacture, en exécution des ordres de
M⸢ᵉʳ⸣ le garde des sceaux. J'ordonne qu'immédiatement après ma
mort ce registre soit fermé à clef, puis enveloppé et cacheté,
et ensuite remis, en main propre, à M⸢ᵉʳ⸣ le garde des sceaux ou
à M. de Courteille, et non à aucun intéressé de cette Manufacture ; attendu que le Roy s'en est réservé les secrets et qu'ils
m'ont été confiés.

« A Paris, ce premier mai mil sept cent cinquante-trois.

« C. HELLOT. »

Bibliothèque de la Manufacture.

Hellot. — Recueil de tous les procédés de la Manufacture
royale de Vincennes, décrits pour le roi, Sa Majesté
s'en étant réservé le secret par arrest du 19 aoust 1753.
Manuscrit gr. in-8 de 159 p., plus v pages de plans.

Bibliothèque de la Manufacture.

Hellot. — Recueil de tous les procédés de la porcelaine
de la Manufacture royale de Vincennes décrits pour
le roi, Sa Majesté s'en étant réservé le secret par arrêt
du 19 août 1753, par M. Hellot, de l'Académie royale
des sciences. Manuscrit gr. in 8 de 280 p.

Le faux titre porte cette note manuscrite : « Copie du manuscrit d'Hellot contenant les procédés de la porcelaine tendre
de Sèvres, pâte, couverte, dorure et couleurs, écrite en entier de
la main de Macquer, de l'Académie des sciences, commissaire du
roi pour la chimie à ladite Manufacture, vers l'année 1770. »

Bibliothèque de la Manufacture.

Hellot. — Manuscrit contenant les procédés de la porcelaine de Sèvres. Pâte, couverte, dorure, couleurs et
diverses notes relatives à l'art et à l'histoire de la poterie, 1753-1760. Petit in-12 de 205 p.

Bibliothèque de la Manufacture.

Lameire (Charles). — Ministère de l'Instruction publique, des Cultes et des Beaux-Arts. Direction générale des Beaux-Arts. Rapport adressé à M. le ministre de l'Instruction publique et des Beaux-Arts, par M. Lameire, au nom de la commission de perfectionnement de la Manufacture nationale de Sèvres, sur les porcelaines modernes qui ont figuré à l'Exposition universelle de 1878. *Paris*, 1879. In-4 de 58 p.

Lauth (Ch.) — Ministère de l'Instruction publique et des Beaux-Arts. Sous-secrétariat d'État des Beaux-Arts. Manufactures nationales. Règlement de l'école de la Manufacture nationale de Sèvres. *Paris*, Société anonyme des publications périodiques. 1880. Gr. in-8 de 7 p.

M. Charles Lauth, chimiste, a été nommé administrateur de la Manufacture de Sèvres en 1879.

Lenoir. — Jugement de M. le lieutenant général de police, qui déclare une saisie de marchandises de porcelaines, couleurs, pinceaux, etc., faite sur les nommés Catrice et Barbé, bonne et valable; ordonne la démolition des four et fourneau, et les condamne chacun en trois mille livres d'amende. Du 3 mars 1779. A *Paris*, de l'Imprimerie royale, 1779. Pet. in-4 de 4 p.

Lenoir. — De par le roi. Ordonnance de M. le lieutenant général de police, commissaire du conseil en cette partie, portant que les règlemens rendus sur le privilège exclusif de la Manufacture royale de porcelaine établie à Sèves, seront exécutés. Du 21 avril 1779. A *Paris*, de l'Imprimerie royale, 1779. Affiche gr. in-folio à 4 col.

Lenoir. — Ordonnance de M. le lieutenant général de police, commissaire du conseil en cette partie, portant que les règlemens rendus sur le privilège exclusif de la Manufacture royale de porcelaine établie à Sèvres, seront exécutés. Du 21 avril 1779. A *Paris*, de l'Imprimerie royale, 1779. Petit in-4 de 12 p.

Lenoir. — De par le roi. Jugement de M. le lieutenant général de police qui déclare valables des saisies de porcelaines peintes et dorées faites sur les sieurs Lebœuf et Deruelle, et qui les condamne en l'amende portée aux règlemens. Du 27 septembre 1779. A *Paris*, de l'Imprimerie royale, 1779. Affiche in-folio à 2 col.

Lenoir (Alex.). — Observations sur la peinture en émail et sur celle sur porcelaine. In-8 de 4 p. Extrait du *Journal des artistes*, mars 1827.

Quelques renseignements sommaires sur les tableaux peints sur porcelaine par les artistes de la Manufacture, Constantin, Mme Debon, etc. : « Le premier tableau remarquable qui sortit de la Manufacture de Sèvres, dit M. Lenoir, a été fait, sur une table, pour la reine Marie-Antoinette; c'était une copie d'après Carle Vanloo, représentant un pacha faisant peindre sa maîtresse. De la Malmaison où elle était, cette peinture est passée dans le commerce. »

Macquer. — Le chimiste Macquer à la cour de Louis XV (lettre inédite de Macquer à son frère). *Paris*, impr. Vallée. In-8 de 3 p.

Document relatif aux premiers essais de porcelaine pâte dure.

[Macquer]. — Procédés pour les pâtes et couvertes des porcelaines de la Manufacture des porcelaines du roi à Sèvres, 1781. Manuscrit de 9 p. Gr. in-8.

Inventaire fait en présence de Regnier, directeur de la Manu-

facture, des sieurs Millot et Dufour, signé par ces deux derniers,
le chimiste Macquer et de Montigny.
Bibliothèque de la Manufacture.

Macquer. (Voir HELLOT.) — Procédés de la porcelaine, etc.

Millot. — Origine de la Manufacture des porcelaines du
roy en 1740. In-4 de 20 p.

> Millot, chef des fours et pâtes de la Manufacture de Sèvres,
> accompagna le chimiste Macquer dans son voyage dans le midi
> de la France, en 1768, pour la recherche du kaolin.
> Manuscrit de la Bibliothèque de Sèvres.

Milly (Comte de). — L'art de la porcelaine, dédié au roi.
Impr. Delatour, 1771. In-folio avec 8 planches. Fr.
gravé. Extrait de l'*Encyclopédie*.

> Les figures sont intéressantes au point de vue des travaux,
> des outils des ouvriers.
> La planche 8, qui représente des peintres décorant des vases,
> des sculpteurs modelant des figurines, semble avoir été inspirée
> par une visite dans les vastes ateliers de l'ancienne Manufacture
> de Sèvres.

Phelypeaux. — Arrest du conseil d'Estat du roy qui défend l'entrée dans le royaume des porcelaines, fayances et poteries venant des pays étrangers. Du 2 juillet
1709. Extrait des registres du conseil d'État. De l'impr.
de Frédéric Léonard, seul imprimeur ordinaire du roy.
4 p. in-4 [1709].

Phelypeaux. — Lettres patentes sur arrest concernant
les droits d'entrée sur les fayances, données à Versailles le 5 février 1723. A *Paris*, chez Louis-Denis
Delatour et Pierre Simon, imprimeurs, 1723. Petit in-4
de 4 p.

Phelypeaux. — Arrest du Conseil d'État du roy qui accorde à Charles Adam le privilège pour l'établissement de la Manufacture de porcelaine façon de Saxe, au château de Vincennes. Du 24 juillet 1745. Extrait des registres du Conseil d'État. A *Paris*, de l'Imprimerie royale, 1748. In-4 de 7 p.

Phelypeaux. — Arrest du Conseil d'État du roy, portant règlement pour les ouvriers de la manufacture de porcelaine façon de Saxe, établie au château de Vincennes. Du 19 août 1747. Extrait des registres du Conseil d'État. A *Paris*, de l'Imprimerie royale, 1748. In-4 de 7 p.

Phelypeaux. — Arrest du Conseil d'État du roy qui confirme le privilège exclusif accordé à Charles Adam pour la fabrique de la porcelaine façon de Saxe, et fait défenses de former aucun nouvel établissement pour travailler à la porcelaine, etc. Du 6 août 1748. Extrait des registres du Conseil d'État. A *Paris*, de l'Imprimerie royale, 1748. In-4 de 4 p.

> Cet arrêt d'août 1748, ceux du 15 février 1766, du 16 mai 1784 et du 17 janvier 1787 sont les seuls relatifs à l'art de la porcelaine, réimprimés dans le *Recueil général des anciennes loix françaises*, depuis l'an 987 jusqu'à la Révolution de 1789, par Jourdan, Decrusy, Isambert. Paris, Plon, in-8°, S. D. C'est dire combien cet ouvrage est incomplet en ce qui touche les arrêts de prohibition relatifs à l'industrie porcelainière.

Phelypeaux. — Arrest du Conseil d'État du roy qui accorde à Éloi Brichard le privilège de la Manufacture royale de porcelaine établie à Vincennes. Du 19 août 1753. Extrait des registres du Conseil d'État. A *Paris*, de l'Imprimerie royale, 1753. In-4 de 7 p.

Phelypeaux. — Arrest du Conseil d'État du roi qui fixe

à cent livres du cent pesant brut, les droits d'entrée
dans le royaume sur les porcelaines venant de l'étranger, à l'exception de celles de la Chine et du Japon,
provenant du commerce de la Compagnie des Indes,
qui ne payeront que les mêmes droits auxquels elles
sont assujetties. Du 29 mars 1757. Extrait des registres
du Conseil d'État. A *Paris*, de l'Imprimerie royale,
1757. In-4 de 2 p.

Phelypeaux. — Arrest du Conseil d'État du roi, qui com-
met M. Bertin, maître des requêtes, lieutenant-général
de police, au lieu et place de M. Berryer, pour con-
noître et juger toutes les contestations nées et à naître,
concernant la construction des bâtiments destinés à
la Manufacture royale de porcelaine de France, au
village de Sèvres. Du 13 avril 1758. Extrait des registres du Conseil d'État. A *Paris*, de l'Imprimerie royale,
1758. In-4 de 2 p.

Phelypeaux. — Arrest du Conseil d'État du roi portant
que le privilège de la Manufacture royale de porcelaines de France, ci-devant accordé à Éloi Brichard, de-
meurera résilié à compter du premier octobre 1759 ; et
qu'à commencer du même jour, ladite Manufacture et
tout ce qui en dépend appartiendra à Sa Majesté. Du
17 février 1760. Extrait des registres du Conseil d'État.
A *Paris*, de l'Imprimerie royale, 1760. In-4 de 8 p.

Phelypeaux. — Arrest du Conseil d'État du roi, qui ordonne que les maîtres des ponts de la ville de Paris
ne pourront exiger pour descendre et remonter les
bateaux chargés de bois et autres marchandises des-

tinées pour la Manufacture royale de porcelaine de
France, établie à Sèvres, autres ni plus forts droits
que ceux fixés par l'article xxiii du règlement de l'Hôtel de Ville de Paris, du 28 janvier 1718, et par l'arrêt
du Conseil du 23 mai 1741. Du 11 avril 1763. Extrait
des registres du Conseil d'État. A *Paris*, de l'Imprimerie royale, 1763. In-4 de 3 p.

Phelypeaux. — Arrest du Conseil d'État du roi qui décharge les cautions d'Éloi Brichard de l'exploitation
qu'ils ont ci-devant faite du privilège de la Manufacture royale de porcelaines de France. Du 12 juin
1763. Extrait des registres du Conseil d'État. A *Paris*,
de l'Imprimerie royale, 1763. In-4 de 3 p.

Phelypeaux. — Arrest du Conseil d'État du roi portant
règlement sur les droits qui seront payés aux maîtres
des ponts de Paris, pour la descente et la remonte des
bateaux chargés de matières ou marchandises destinées au service de la Manufacture royale de porcelaine de France, établie à Sèvres. Du 31 mai 1764.
Extrait des registres du Conseil d'État. A *Paris*, de
l'Imprimerie royale, 1764. In-4 de 3 p.

Pichon (Baron). — La Dubarry à Louveciennes. États de
mobiliers précieux de différentes origines, dressés en
l'an III de la République. Lettre à M. Aubry à propos
de l'ouvrage de M. Davillier sur les porcelaines de
Mme Du Barry. *Paris*, 1872. In-8 de 8 pages.

Extrait du *Bulletin du Bouquiniste*, 1872.

Pottier (André). — Origines de la porcelaine d'Europe.
La première porcelaine fabriquée en Europe a été

inventée à Rouen. *Rouen*, 1847, impr. Péron. Gr. in-8
de 24 p.

Extrait de la *Revue de Rouen et de la Normandie*.

Ricard (Adrien de). — Guide du voyageur dans Sèvres.
Notice historique de ses curiosités. Promenade dans
la Manufacture. Poésies par Adrien de Ricard. *Paris*,
typogr. Gaittet, 1866. In-32 de 64 p.

Ris-Paquot. — Origine et privilèges de la Manufacture
royale de porcelaine de Vincennes et de Sèvres réé-
dités d'après les arrêts du Conseil d'État du 19 août
1753 et du 16 mai 1784. Suivis de 345 marques et
monogrammes avec leurs couleurs. Préface, introduction et notes. *Amiens* et *Paris*, Raphaël Simon,
1878. In-12 de xv-80 p.

[Robert (Louis)]. — Des manufactures nationales. Imprimerie nationale. 1871. In-4 de 5 p.

> « L'État doit-il conserver ou supprimer les Manufactures natio-
> nales ? » se demande l'auteur. Et il conclut en montrant quels
> services la Manufacture rend à l'industrie : « La fabrique de
> Sèvres doit rester comme école céramique, dans les attribu-
> tions du gouvernement, qui doit faire ou aider toute chose dont
> les résultats utiles sont trop élevés pour être aperçus par les
> masses ou trop éloignés (*sic*) pour être recherchés par les parti-
> culiers. »
> Ce mémoire, destiné aux députés, a pour auteur M. Robert,
> administrateur de la Manufacture de Sèvres de 1871 à 1879.

Salvetat. — A propos de l'inauguration des nouveaux
bâtiments de la Manufacture nationale de Sèvres, le
17 novembre 1876. *Paris*, 1876. Impr. Tremblay. In-4
de 15 p. Extrait des *Mémoires de la Société d'encouragement pour l'industrie nationale.*

> Coup d'œil rétrospectif sur les anciens directeurs et adminis-

trateurs de la Manufacture de Sèvres, leur rôle, leur initiative, leurs aspirations, la part que prit chacun d'eux au développement de la science et de l'art.

Sartine (De). — Ordonnance de M. le lieutenant général de police, commissaire du Conseil en cette partie, concernant les privilèges accordés par différens arrêts du Conseil à la Manufacture royale des porcelaines de France établie à Sèvres; et qui renouvelle les défenses portées par lesdits arrêts, et les peines prononcées au sujet des fausses fabrications de fleurs et autres pièces de porcelaines, et de leur vente et débit. Du 26 mai 1763. A *Paris*, de l'Imprimerie royale, 1763. In-4 de 3 p.

Schilt (Louis-Pierre). — A M. Émile de Girardin, pour répondre à l'idée qu'il a émise de supprimer les Manufactures modèles de Sèvres, des Gobelins et de Beauvais. — Sur la Manufacture nationale de Sèvres. — Quelques idées d'un travailleur sur le but d'utilité nationale de la Manufacture de Sèvres, lues à la commission de l'industrie porcelainière le 9 avril 1848, par Schilt père, artiste peintre, de la Manufacture nationale de Sèvres. In-8 de 16 p. autographiées.

> Ce Mémoire, en réponse au directeur du journal *la Presse*, se divise en deux parties; la première est signée des « membres de la commission nommée par l'assemblée des peintres décorateurs et fabricants de Paris pour la rédaction d'un projet d'organisation du travail, touchant cette industrie : Bedigie, Antoine, Baude, J. Elu, Desvignes cadet, J. Laboreau, Desvignes aîné, T. Bazin, Abel Schilt, Alliot, E. Gilbert, E. Halot, Alb. Petit, Prevost, S. Loison, vice-président »; la seconde appartient en propre à M. Schilt, dont on trouvera la notice à la série biographique.

Senac de Meilhan. — Arrêté de l'intendant de justice du comté de Cambresis, condamnant les sieurs Barre et Menten, peintres, à la saisie de leurs porcelaines et ustensiles, ainsi qu'à une amende de trois mille livres pour préjudice commis au détriment de la manufacture privilégiée du sieur Lamoninary, à Valenciennes. S. n. d'impr., 1787. Pet. in-4 de 4 p.

Turgan. — Sèvres. *Paris*, Michel Lévy, 1860. Gr. in-8 de 63 p. Pl. 14e livr. des *Grandes usines de France, tableau de l'industrie française au xixe siècle.*

> Le but de l'auteur a été de donner un aperçu technique des procédés de la Manufacture.

Turgan. — Sèvres. *Paris*, Michel Lévy, 1876. In-8 de 16 p. Supplément à la notice sur la Manufacture de Sèvres, publiée antérieurement dans *les Grandes usines.*

> L'auteur étudie l'aménagement de la Manufacture, ses procédés, les améliorations, tels que les comportent les nouveaux bâtiments. Il signale certains systèmes de chauffage appliqués aujourd'hui dans la métallurgie et qui doivent, suivant lui, amener plus de certitude dans la cuisson des pièces.

Ysabeau. — Lettres patentes sur arrest, portant règlement pour les compagnons et ouvriers qui travaillent dans les fabriques et manufactures du royaume. Du 2 janvier 1749. A *Paris*, chez Pierre-Guillaume Simon, 1749. In-4 de 3 p.

P. N. — Sur les Manufactures de porcelaines, s. l. n. d. Br. in-8.

Anonyme. — Mémoire historique de l'origine et des progrès de la manufacture de porcelaine. *Paris*, s. d. In-12.

Anonyme. — Manufacture impériale de porcelaine de

18

Sèvres. Tarif avec formes. In-8 carré de 111 p. de tableaux imprimés avec dessins originaux en regard.

Commencé vers 1811, sous la direction Brongniart, cet état donne en traits sommaires et réduits les dessins de formes de toutes les pièces de porcelaine dure, leur dénomination, certains noms d'artistes qui les ont composées, la date des années où elles furent exécutées.
Bibliothèque de la Manufacture.

Anonyme. — Exposition de la table des maréchaux donnée en 1810 par Napoléon à la ville de Paris. A l'hôtel Boufflers, boulevard des Italiens, l'entrée par la rue Choiseul, n° 12. *Paris*, in-4 de 2 p.

Cette table en porcelaine fut exécutée à la manufacture de Sèvres par Isabey, d'après une composition de Percier et Fontaine.

Anonyme. — Catalogue des produits des manufactures nationales de Sèvres, des Gobelins et de Beauvais exposés au palais des Champs-Élysées en 1874. *Paris*, impr. Charles de Mourgues, 1874. In-12 de 36 p.

Anonyme. — Exposition universelle de 1867 à Paris. Rapport des délégations ouvrières (peintres sur céramique). *Paris*, Morel. In-4 de 44 p.

Anonyme. — Guide du visiteur à la Manufacture nationale de porcelaine de Sèvres. *Paris*, impr. Charles de Mourgues, 1874. In-12 de 100 p.

Ce petit livre, dû à l'initiative de M. L. Robert, ancien administrateur de la Manufacture de Sèvres, est annoncé à tort par les catalogues d'anciennes librairies comme rédigé par MM. Champfleury et Salvetat. Le *Guide* est œuvre administrative et n'a pas d'auteur. Sa partie véritablement nouvelle est celle qui contient le fac-similé des signatures employées par les décorateurs.

Anonyme. (Voir SCHLT.) — A Monsieur É. de Girardin.

pour répondre à l'idée qu'il a émise de supprimer les
manufactures modèles de Sèvres, des Gobelins et de
Beauvais. In-8 de 16 p.

Anonyme. — Exposition universelle de 1878 à Paris.
Catalogue officiel des produits exposés par les Manufactures nationales de France : Sèvres, les Gobelins, Beauvais. *Paris*, Impr. nationale, 1878. In-8
de 28 p.

Anonyme. — Exposition internationale de Sydney en
1879. France. Manufactures nationales : Sèvres, les
Gobelins, Beauvais. Œuvres d'art, peinture, sculpture,
gravure. *Paris*, Charles de Mourgues frères, 1879.
In-8 de 52 p.

Anonyme. — Marques de porcelaines tendres et dures
des fabriques françaises et étrangères, de la collection
du Musée de Sèvres. Dessins originaux.

Bibliothèque de la Manufacture.

Gg. — *Monographies relatives aux fabriques
de province.*

Assegond (Alphonse). — Notice sur une assiette en
faïence de Rouen de la collection de M. G. Gouellain.
Bernay, impr. veuve Lefèvre, 1877. In-8 de 11 p.

M. Assegond, fondateur du musée céramique de Bernay, reproduit une notice lue par M. Gouellain devant la commission
départementale des antiquités de la Seine-Inférieure, au sujet
d'une assiette à armoirie normande.

Aussant (J.). — Fabrique de poteries artistiques à Fontenay près Rennes, au xvıᵉ et au xvııᵉ siècle. *Rennes,* impr. Catel, 1870. In-8 de 35 p. Photogr.

Renseignements sur les ouvrages de terre cuite ou émaillée, émaux, médaillons, fabriqués au village de la Poterie, dont le nom indique l'ancienne industrie.

Avisseau. Voir SOURDEVAL (Ch. de).

Azam (Dʳ). — Les anciennes faïences de Bordeaux, par un collectionneur. *Bordeaux,* Féret, 1880. In-8 de 31 p. et de 5 pl. dont 2 en couleur.

Extrait des *Mémoires de la Société archéologique de Bordeaux.*

[Bayard]. Tarif du prix des différentes pièces et figures en biscuit de terre de pipe, ou émaillées sur le biscuit et enluminées, et toutes autres bijouteries de ce genre, tant utiles qu'agréables. Le tout au plus juste prix pour le marchand. Lesquels articles se fabriquent à la manufacture, ci-devant privilégiée du roi, des sieurs Bayard père et fils à Bellevue, ban de Toul. In-4 de 4 p.

Ce tarif imprimé appartient à M. Aubry, propriétaire actuel de la fabrique de Bellevue-les-Toul.

Bordeaux (Raymond). — Les brocs à cidre en faïence de Rouen; étude de céramique normande. *Caen,* impr. Le Blanc-Hardel, 1869. In-4 de 32 p. Pl. en couleur.

L'auteur a relevé dans les expositions rétrospectives, les musées et les collections particulières, les noms et les dates inscrits sur les brocs normands; ainsi sont conservés, grâce à l'art céramique populaire, d'humbles détails utiles pour l'histoire des anciennes coutumes provinciales.

Bordeaux (Raymond). (Voir POTTIER.) — Histoire de la faïence de Rouen.

Brianchon. — Note sur les briques moulées d'une maison de Saint-Eustache-la-Forêt. Marq. et grav. dans le texte. *Le Havre*, impr. Lepelletier, 1872. Gr. in-8 de 11 p.

Extrait des publications de la *Société havraise d'études diverses*.

On voit, au Musée de Sèvres, un panneau de ces briques moulées et historiées d'un manoir normand du xvi° siècle, données par l'auteur de la brochure.

Cavrois (Louis). — Le refuge d'Étrun et la manufacture de porcelaines d'Arras. *Arras*, impr. de la Société du Pas-de-Calais, 1877. In-8 de 72 p. Pl.

Historique de la manufacture de porcelaines d'Arras de 1770 à 1790, dont les propriétaires furent Joseph-François Boussemart et plus tard les demoiselles Delemer. Des documents puisés dans les archives d'Arras font connaître exactement la situation de cette manufacture pendant le court espace de temps où il lui fut permis de fonctionner.

Cherest (Aimé). — Les faïences de l'Auxerrois. *Auxerre*, impr. Perriquet, 1874. In-8 de 63 p. Pl. en couleur. Extrait du *Bulletin de la Société des sciences de l'Yonne*.

On doit à M. Cherest des documents précis qui mettent à néant l'existence des fabriques de faïence à Auxerre. Au début, alors qu'aucune monographie n'était venue éclairer des points de céramique qui ne préoccupaient que quelques curieux, les initiateurs durent admettre comme exacts les renseignements fournis par les archéologues de la localité. Ce ne fut guère que dix ans plus tard, quand l'éveil fut donné par les érudits de la capitale, que les sociétés savantes entreprirent l'examen de l'art céramique dans leurs contrées. En reportant, d'après des documents tirés de l'histoire locale, la plupart des faïences à Ancy-le-Franc, ainsi qu'à diverses petites fabriques de la région, M. Chérest put rectifier les faits émis par ses devanciers; mais sans les devanciers qui imprimèrent le mouvement, sans les sentiers tracés par les premiers chercheurs, une route droite eût-elle été tracée et ces questions eussent-elles jamais été traitées?

Clodion (voir Money). — Les statuettes en terre de Lorraine.

Cohendy (**Michel**). — Céramique arverne et faïence de Clermont. Atlas de planches par Tamizier, professeur de dessin à l'École communale professionnelle de la ville de Clermont-Ferrand. *Clermont-Ferrand*, impr. Thibaud, 1872. In-8 de 48 p.

> Cet ouvrage annoncé dans le *Journal de la Librairie*, du 10 décembre 1874, avec planches, n'a pas été mis dans le commerce.
> L'auteur, archiviste du Puy-de-Dôme, a divisé son travail en trois parties : Céramique antique de l'Arverne ; faïenciers du xviiie siècle à Clermont-Ferrand et fabrication moderne.
> Extrait des *Mémoires de l'Académie des sciences, belles-lettres et arts de Clermont-Ferrand*, T. XIV.

Collas (abbé). (Voir Pottier.) — Histoire de la faïence de Rouen.

Collet (**Ch.**). — Examen des recherches historiques du docteur Alf. Lejeal sur les manufactures de faïence et de porcelaine de l'arrondissement de Valenciennes. *Valenciennes*, 1868. In-8 de 15 p.

> Extrait du journal l'*Impartial du Nord*.

Cyfflé (voir Money). — Les statuettes en terre de Lorraine.

Davillier (**J.-Charles**). — Histoire des faïences et porcelaines de Moustiers, Marseille et autres fabriques méridionales. *Paris*, Castel, 1863. In-8 de 140 p. Marques dans le texte.

> Tout d'abord et presque au début des recherches sur les arts céramiques, M. Charles Davillier se cantonna dans les Basses-Alpes, ainsi qu'en Provence, et il donna aux nombreux collectionneurs des produits des fabriques de ces pays la somme de renseignements

monographiques désirables pour les origines, l'étude et le classement des principales pièces.

[Davillier (baron Charles)]. — Dessins, poncis et gravures provenant de la fabrique de Robert, à Marseille. In-folio.

On doit à M. Davillier la découverte d'une partie du matériel des ateliers des décorateurs de la fabrique de Robert à Marseille, vers 1775. Les poncis dont se servaient les ouvriers, les dessins que composaient les peintres ou qu'ils copiaient d'après des sujets à la mode, les gravures d'ornements dort ils s'inspiraient, ont été recueillis par l'érudit chez les descendants des anciens fabricants. Cette collection, précieuse pour l'histoire des arts céramiques en province, M. Charles Davillier en a fait don à la Bibliothèque de Sèvres.

Delange (H.). — Lettre à M. Benjamin Fillon à propos de sa brochure intitulée : Les faïences d'Oiron. *Paris,* impr. Martinet, 1863. In-8 de 8 p.

Delange (Carle et Henri). — Recueil de toutes les pièces connues jusqu'à ce jour de la faïence française, dite de Henri II et de Diane de Poitiers. *Paris,* Delange, 1861. In-folio de 34 p. et de 47 pl. en couleur.

Le travail de M. Delange est précédé d'extraits des différents ouvrages qui ont trait aux faïences de Henri II et de Diane de Poitiers; on a ainsi un groupe d'opinions, à diverses époques, de MM. André Pottier, Brongniart, Salvetat, J. Labarte, Léon de Laborde, Marryat, Tainturier, Clément de Ris, etc. Outre la reproduction des diverses pièces connues, indication des collections publiques et privées où ces faïences se trouvent.

Delisle (Léopold). — Documents sur les fabriques de faïences de Rouen, recueillis par Haillet de Couronne. *Valognes,* imp. G. Martin, 1865. In-8 de ix-77 p.

Annotation des papiers inédits de Haillet de Couronne, du fonds des manuscrits de la Bibliothèque nationale. Haillet de Couronne, lieutenant-criminel du bailliage de Rouen et bibliographe, né en 1728, mort en 1810, recueillait particulièrement tout ce qui

touchait aux arts industriels de sa province. Il interrogeait les
ouvriers âgés, priait les anciens directeurs de manufactures de lui
envoyer des mémoires au sujet de leur entreprise. Une des
pièces réimprimées par M. Delisle a pour auteur Mme de Ville-
ray, qui dirigeait à Rouen, au xviiie siècle, une célèbre fabrique
de faïences.

Doste (J.-E.). — Notice historique sur Moustiers et ses
faïences. *Marseille*, typogr. Marius Olive, 1874. In-8
de 31 p. Front. phot. de la ville de Moustiers.

Dans cette brochure, consacrée mi-partie à l'histoire de la
ville, mi-partie à l'étude de la céramique de Moustiers, l'auteur
cite un mémoire anonyme présenté à l'Académie de Marseille
en 1762, qui fait partie des œuvres manuscrites de Calvet d'Avignon: dans ce mémoire se trouve la trace de l'émigration d'O-
léry et de divers autres ouvriers potiers marseillais appelés en
Espagne par le comte d'Aranda.

Du Broc de Segange (L.). — La faïence, les faïenciers
et les émailleurs de Nevers. *Nevers*, 1863. In-4 de
303 p. Planches gr., lith. et en couleur.

L'ouvrage de M. Du Broc de Segange restera une date dans
l'histoire de la céramique, à l'époque où le besoin de classement
des richesses accumulées par les collectionneurs se faisait sen-
tir. On peut assigner la date de 1850 à la renaissance du
goût de l'art céramique, plus particulièrement celui de la
faïence française. Ce fut dans la première période du demi-
siècle que se forma un premier groupe de collectionneurs ardents
en recherches de toute nature. Si la fabrication nivernaise sembla
l'emporter d'abord sur la fabrication normande, ce fut grâce à un
petit noyau d'hommes érudits, réunis à Nevers, aux manufactures
existant encore dans le pays et surtout à la première grande monographie provinciale, qui relatait les efforts des peintres de l'école
de Nevers et mettait en lumière leurs produits d'art.

Du Fraisse de Vernines. — Parallèle des ouvrages de
poterie d'Auvergne anciens et modernes. *Paris*, Aubry,
1874. In-8 de 15 p. Extrait du *Bulletin du Bouquiniste*.
Tiré à 100 ex.

L'annotateur de cette brochure, M. Paul Le Blanc, en cher-

chant au faubourg de Fongiève, à Clermont, les traces de l'ancienne manufacture de faïences du xviiie siècle, trouva la copie
du manuscrit d'un ancien avocat à la cour des aides, du Fraisse
de Vernines, qui s'était préoccupé du peu de réussite, en 1730,
des potiers Perrot et Sèves, venus de Moulins et de Nevers. Les
efforts successifs d'autres faïenciers ne furent que de peu de du-
rée, malgré les achats des marchands du Puy, de Saint-Étienne,
qui se fournissaient à la manufacture de Fongiève. Toutefois certaines pièces de Musées nationaux et de collections particulières
fournissent la preuve de résultats particuliers obtenus par les
faïenciers de Clermont-Ferrand.

Fillon (Benjamin). — Les faïences d'Oiron. Lettre à
M. Riocreux, conservateur du musée de Sèvres. *Fontenay*, impr. Robuchon, 1862. In-8 de 8 p.

> Brochure avant-coureur de l'important travail que devait publier
> l'auteur deux ans plus tard.

Fillon (Benjamin). — L'art de terre chez les Poitevins,
suivi d'une étude sur l'ancienneté de la fabrication
du verre en Poitou. *Niort*, Clouzot, 1864. In-4 de xiii-
216 p. Marq. et nombr. pl.

> Sur les faïences d'Oiron, dites de Henri II, sur la vie et les
> travaux de Palissy, de ses élèves et continuateurs, les documents
> abondent dans cet ouvrage. Il a marqué et fourni, plus que des
> jalons pour l'étude de questions obscures. M. Fillon a ajouté à
> son ouvrage des renseignements pris aux meilleures sources sur
> les poteries poitevines du xviie siècle et les faïences des localités
> voisines.

Fillon (Benjamin). (Voir DELANGE, Henri). — Lettre sur
les faïences d'Oiron.

Fleury (Édouard). — Trompettes-jongleurs et singes de
Chauny. *Saint-Quentin*, librairie du Vermandois, 1874.
In-8 de 40 p. Pl.

> Historique de quelques anciennes compagnies facétieuses de pro-
> vince. Dicton populaire confirmé par une plaque en faïence de la
> fabrique de Sinceny, aux armes de la ville de Chauny.

Forestié (Édouard). — Une faïencerie montalbanaise au xviiie siècle. *Montauban*, impr. Forestié neveu, 1875. In-8 de 23 p. 2 pl. Tiré à 25 ex.

Chapitre détaché de l'ouvrage suivant, sur les poteries de l'ancien Quercy.

Forestié. — Les anciennes faïenceries de Montauban, Ardus, Négrepelisse, Auvillars, Bressols, Beaumont, etc. (Tarn-et-Garonne); par Édouard Forestié, secrétaire de la Société archéologique de Tarn-et-Garonne. Édition revue et augmentée. *Montauban*, 1876, impr. Forestié. In-8 de 248 p. et 21 pl.

Ce livre relate les noms, les travaux et les signatures des principaux décorateurs employés par les fabricants de faïence du Quercy. Certains ouvrages de ces artistes, et plus particulièrement ceux de Rigal, peintre de figures, quoique découlant de Moustiers, sont dignes d'être signalés.

Fourès (Auguste). — Le cant des poutiés. Le chant des potiers. *Montpellier*, impr. Ricateau, 1876. In-8 de 6 p.

Extrait de la *Revue des langues romanes*.
S'inspirant des anciens, M. Auguste Fourès, de Castelnaudary, a écrit dans la langue des félibres un petit poème dédié « aux vaillants potiers du Lauraguais. »

Gallois (voir WAGNIEN). — Cession du cabinet de M. Gallois à la ville de Nevers.

Gosselin (E.). — Glanes historiques normandes à travers les xve, xvie, xviie et xviiie siècles, documents inédits. *Rouen*, imp. Cagniard. Gr. in-8 de 175 p.

On trouve dans la deuxième « Glane » (p. 28 à 50) une étude sur « les potiers, briquetiers, tuiliers et émailleurs en terre de Rouen, des xve et xvie siècles. » Cette étude a pour but de prouver, d'après des documents manuscrits, l'existence et les travaux à Rouen du potier Abaquesne avant l'année 1545.

Gouellain (Gustave). — Étude céramique sur une Vue du port de Rouen d'après une plaque en faïence de la collection de M. le baron de Gérycke. Avec une gravure à l'eau-forte de E. Le Fèvre et des signatures dans le texte. *Rouen*, Le Brument, 1872. In-4 de 33 p.

Étude sur le peintre hollandais Dalle, qui reproduisit sur faïence, en 1784, une gravure de N. Ozanne.

Gouellain (Gustave). (Voir Pottier.) — Histoire de la faïence de Rouen.

Grasset (aîné). — Musée de la ville de Varzy (Nièvre). Céramiques. Faïences nivernaises au xviiie siècle. Notice. *Nevers*, Barat. In-8 de 16 p. Pl.

Étude de la statue de saint Hubert, une des plus importantes figures en faïence de Nevers, peinte par François Haly en 1734. Renseignements sur quelques faïences patriotiques d'Ancy-le-Franc, appartenant au musée de Varzy.

Grasset (aîné). — Musée de la ville de Varzy (Nièvre). Céramiques. Histoire de la faïencerie de terre de pipe et de poteries noires dites égyptiennes, imitations anglaises, qui, établie en 1802 en la ville de La Charité-sur-Loire (Nièvre), a cessé de fonctionner en 1812. *Paris*, Loones, 1876. In-8 de 11 p.

M. Grasset, fondateur et directeur du musée de Varzy, doyen des collectionneurs de faïence, est mort en 1879.

Grouet (Ch.). — De l'art céramique dans le Nivernais depuis le xvie siècle. Pet. in-18 de 7 p.

Extrait de l'*Annuaire de la Nièvre*, 1844 ?
Détails sur quelques pièces de faïence, dites *parlantes*, et sur le faïencier Besançon, signataire d'une de ces pièces.

Guibal (voir Money). — Les statuettes en terre de Lorraine.

Haillet de Couronne (voir DELISLE, Léopold). — Documents sur la faïence de Rouen.

Houdoy (J.). — Histoire de la céramique lilloise, précédée de documents inédits constatant la fabrication de carreaux peints et émaillés en Flandre et en Artois au xive siècle. *Paris*, Aubry, 1869. Gr. in-8 de v-164 p. Pl. en couleur.

> Monographie d'après des documents inédits d'archives départementales. A sa place marquée parmi les bons travaux du même ordre.

Jégou (F.). — Industrie morbihannaise. La manufacture de porcelaine de Lorient (1790-1808). *Lorient*, veuve Texier, 1865. In-8 de 32 p.

> Détails sur les fondateurs de cette manufacture; ouverte dans de mauvaises conditions, à une époque peu favorable aux développements d'une telle industrie, ses divers propriétaires ne purent implanter bien profondément en Bretagne la fabrication de la porcelaine.

La Ferrière-Percy (comte de). — Une fabrique de faïence à Lyon, sous le règne de Henri II. *Paris*, Aubry, 1862. In-8 de 16 p.

> Reproduction d'une charte inédite de la Bibliothèque nationale, établissant l'existence d'une fabrique de faïence, fondée à Lyon, sous Henri II, par des artistes venus d'Italie.

Lambert. — Coup d'œil sur l'industrie du potier de terre à Rouen. In-8 [1838].

> C'est à M. Amédée Lambert, propriétaire d'une manufacture de faïence, à Rouen, rue Tous-Vents, la seule qui soit restée d'une industrie jadis si florissante en Normandie, que peut être attribuée cette notice, lue, en 1838, à la *Société libre d'émulation de Rouen*.

La Quérière (E. de). — Essai sur les girouettes, épis, crêtes et autres décorations des anciens combles et

pignons, pour faire suite à l'histoire des habitations
au moyen âge; enrichi de 8 planches gravées. *Paris,*
Derache, 1846. In-8 de 86 p.

> Quoique cette étude soit principalement consacrée aux crêtes,
girouettes, épis en plomb, M. de la Quérière a ajouté quelques
renseignements sur les épis en terre cuite ou en faïence
d'Alençon, de Bayeux, de Coutances, de Falaise, de Rouen, de
Valognes et autres villes normandes.

Laugardière (Ch. de). — Documents inédits pour servir
à l'histoire de la céramique dans le département du
Cher. *Bourges,* Pigelet, 1870. In-8 de 8 p.

> Renseignements nouveaux sur la fabrication de la poterie à
Neuvy-deux-Clochers, à La Borne, à Henrichemont.

Le Blant (Paul). (Voir DU FRAISSE DE VERNINES). — Parallèle des ouvrages de poterie d'Auvergne anciens
et modernes.

Lecerf (H.). — Chantilly, son château, son hippodrome,
ses environs et une notice sur la porcelaine et la den-
telle. 2ᵉ édit. *Paris,* Dentu, 1880. In-8 de 286 p.

Lecocq (Jules). — Études sur la céramique picarde.
Première partie; une plaque en faïence de Sinceny.
Paris, Rouveyre, 1874. In-8 de 13 p. Pl.

> Extrait de la revue *Le Vermandois.*
> M. J. Lecocq étudie à nouveau la plaque de faïence aux armes
de Chauny, décrite par M. Éd. Fleury dans sa brochure *Les
Trois des Jongleurs et Singes de Chauny.*

Lecocq (Jules et Georges). — Histoire des fabriques de
faïences et de poterie de la haute Picardie (Sinceny,
Rouy, Ognes-Chauny, etc.). *Paris,* Raphaël Simon,
1878. In-4 de III p. et XX pl. chrom. hors texte. Marques et grav. dans le texte.

> C'est une histoire de la fabrique de Sinceny plus particulière-

ment, ainsi que des fabriques moins importantes des environs :
Rouy, Ognes-Chauny, Le Mesnil-Saint-Laurent, Esmery-Hallon.

L'étude des faïences de Sinceny est augmentée de toute une
série de tableaux généalogiques d'ouvriers potiers.

Lejeal (docteur Alfred) et J. D.— Note sur une marque
de faïence contestée. *Valenciennes*, Lemaître, 1865.
In-8 de 16 p.

Brochure qui a précédé le travail suivant du même érudit.

Lejeal (docteur Alfred).— Recherches historiques sur
les manufactures de faïence et de porcelaine de l'arrondissement de Valenciennes. *Valenciennes*, Lemaître,
1868. In-8 de v-142 p. Marq. et pl. en couleur.

Monographie, d'après des documents inédits, des manufactures
de Saint-Amand et de Valenciennes.

Le Men (R.-F.). — La manufacture de faïence de Quimper (1690-1794). *Quimper*, typ. Caen dit Lion, 1875.
In-8 de 62 p.

Extrait du *Bulletin de la Société archéologique du Finistère*.
Historique des travaux céramiques, à Quimper, de Jean-Baptiste Bousquet, potier de 1690 à 1708, et de ses successeurs.

Lérue (de). — Les anciennes faïences populaires de
Rouen. *Rouen*, impr. Cagniard, 1868. In-8 de 16 p.

Extrait de la *Revue de Normandie*.

Lérue (J.-A. de). — Histoire locale. — Les industries
d'art. — Anciennes poteries de Rouen. Extraits du
Nouvelliste de Rouen. 1873, in-8.

L'auteur revient sur une idée déjà formulée dans sa précédente
brochure et la développe en conseillant au conservateur du Musée céramique de Rouen d'adjoindre à ses richesses un certain
nombre de spécimens populaires des fabriques normandes.

Liénard (Félix). — Les faïenceries de l'Argonne (Meuse).

Recueil de compositions de couleurs et émaux employés dans ces usines. Manuscrit gr. in-8 de 28 p. Avec album in-folio de 5 pl. [1877].

Sauf un chapitre de l'*Histoire des Faïences patriotiques*, spécialement consacré à la fabrique des Islettes, les autres manufactures de l'Argonne n'avaient été jusqu'alors signalées par aucun critique; outre les Islettes, M. Liénard donne des documents historiques et techniques sur les fabriques de Salvanges, de Froidos, de Lavoye, de Waly, de Clermont-en-Argonne.

Mémoire offert à la Bibliothèque du Musée de Sèvres par M. Félix Liénard.

Liénard (F.). — Les faïenceries de l'Argonne. *Verdun*, impr. Laurent, 1877. In-8 de 114 p.

Impression du mémoire manuscrit ci-dessus, avec augmentations et adjonctions. Quelques reproductions en couleur des pièces décrites eussent été nécessaires pour faire connaître ces faïences, dont le débit paraît avoir été restreint à la Lorraine et à la Champagne; de certains fac-similés caractéristiques des nombreux poncis conservés dans les archives du musée de Verdun, auraient rendu, sinon les colorations aussi voyantes que celles d'Épinal de la plupart de ces faïences, du moins la nature des sujets traités par les Dupré, maîtres-peintres de la fabrique des Islettes.

Loche (comte de). — Notice sur la fabrique de faïence de la Forest. *Chambéry*, imp. Chatelain, 1880. In-8 de 54 p.

Cette notice contient un plan gravé de la fabrique de la Forest et la reproduction d'un plat signé : « la *forêst en Savoy*. » Les peintres de cette usine, venus dans le pays vers 1740, étaient presque tous originaires de Nevers.

Lucas (Louis). — La manufacture de faïences de Vron, par M. Charles Wignier. Quelques mots sur cette monographie. *Amiens*, impr. Delattre-Lenoel, 1877. In-8 de 6 p.

Extrait de l'*Investigateur, journal de la Société des études historiques*.

Michel (Edmond). — Essai sur l'histoire des faïences de Lyon. *Lyon*, Georg, 1876. In-8 de 20 p., grav.

Milet (A.). — Céramique normande. Priorité de l'invention de la porcelaine à Rouen, en 1673. *Rouen*, Cagniard, 1867. In-12 de 21 p.

> Discussion d une opinion de MM. Jacquemart et A. Le Blanc sur des porcelaines fabriquées à Passy avant la formation des ateliers de Rouen. Avec M. Pottier, M. Milet se prononce pour la priorité normande.

Milliet (Ét.). — Notice sur les faïences artistiques de Meillonas (Ain). *Bourg*, Fr. Martin, 1876. Gr. in-8 de 16 p.

Milliet (Ét.). — Notice sur les faïences artistiques de Meillonas (Ain). 2ᵉ édition, ornée de 5 pl. photog. *Paris*, Detaille. *Bourg*, F. Martin, 1877. In-8 de 30 p.

Morey (P.). — Les statuettes dites de terre de Lorraine, avec un exposé de la vie et des œuvres de leurs principaux auteurs : Cyfflé, Sauvage dit Lemire, Guibal et Clodion. *Nancy*, impr. Crépin-Leblond, 1871. In-8 de 46 p.

> La notice est terminée par la reproduction, d'après une copie manuscrite, d'un ancien tarif de la manufacture de Niderviller, comportant la désignation des groupes et des statuettes avec leurs prix à l'origine.

Mortreuil (A.). — Anciennes industries marseillaises. Faïences, verres, émaux, porcelaines. *Marseille*, 1858, impr. Arnaud. In-8 de 27 p.

> Renseignements sur les anciens faïenciers marseillais.

Parfait (Paul). — Promenades industrielles. Un village

de potiers. *Paris*, 1873. Vign. Extrait non tiré à part
du *Musée universel*.

L'auteur de cette petite notice a visité, pendant un voyage,
les ateliers de poteries de Vallauris (Var).

Possesse (Maurice de). — La faïence de Rouen. In-4
de 17-26 p. Impr. J. Le Clerc et Cⁱᵉ.

Extrait des *Mémoires de la Société française de numismatique
et d'archéologie*.
Analyse purement sommaire de l'*Histoire de la faïence de
Rouen*, de Pottier.

Pottier (André). — Essai de classification des poteries
normandes des xiiiᵉ, xivᵉ et xvᵉ siècles. *Rouen*, impr.
Brière, 1867. In-8 de 13 p.

Analyse des procédés d'engobes et de pastillages des anciennes
poteries normandes.

Pottier (André). — Histoire de la faïence de Rouen,
ouvrage posthume publié par les soins de MM. l'abbé
Colas, Gouellain et Raymond Bordeaux. Orné de
60 planches impr. en couleur et de vignettes d'après
les dessins de Mⁱˡᵉ Pottier. *Rouen*, Le Brument, 1870.
In-4 de viij-420 p. Portr. de l'auteur.

Fruit de longues années de recherches, cet ouvrage est un
des premiers types des bonnes monographies de l'art céramique
français.
Inquiet comme les véritables érudits, sans cesse en quête de
documents nouveaux, M. Pottier, bien avant que la mode s'em-
parât de la céramique, avait amassé des matériaux, et rédigé
certaines parties de son ouvrage; quelques fragments furent
même publiés dans les Revues savantes de la Normandie. Il
fallut la mort pour rassembler les feuillets inachevés de ce
livre d'un trop consciencieux chercheur.

Pouy (F.). — Les faïences d'origine picarde et les collections diverses, avec fac-similés coloriés et marques. *Amiens*, impr. Lenoel-Hérouard, 1872, in-8 de 32 p.

Pouy (F.). — Les faïences, spécialement celles d'origine picarde. 2e édition avec notes sur la céramique armoriée et chiffrée et documents divers, planches coloriées, marques et fac-similés. *Paris*, Detaille, 1873, in-8 de 40 p.

> Dans cette brochure a paru gravée, pour la première fois, l'assiette à la guillotine, représentant l'exécution de Louis XVI, cette sinistre pièce qui trompa d'abord un certain nombre de collectionneurs crédules.

Ris-Paquot. — Histoire des faïences de Rouen, pour servir de guide aux recherches des collectionneurs. Ouvrage avec texte, orné de 60 planches mises en couleur à la main. *Amiens*, l'auteur, 1870. In-4 de 38 p. Marq. et pl. en couleur.

> Un certain nombre de faïences inédites, publiées par M. Ris-Paquot, sont tirées de collections particulières d'Amiens, d'Abbeville et de Beauvais.

Ris-Paquot. — Documents inédits sur les faïences charentaises d'Angoulême, l'Houmeau Garde-Épée, Saint-Eutrope-de-Montmoreau et Cognac, suivis de quelques notes sur les faïenceries de la Charente-Inférieure. 15 sujets en couleur retouchés à la main. *Amiens* et *Paris*, lib. Raphaël Simon, 1878. In-12 de ni-92 p.

Rolle (F.). — Documents relatifs aux anciennes faïenceries lyonnaises. *Lyon*, impr. Vingtrinier, 1855. In-8 de 32 p.

Soultrait (comte Georges de). — Guide archéologique. *Nevers*, impr. Bégat, 1856. In-18 de 101 p.

> Un chapitre est consacré à l'histoire de la céramique nivernaise et aux faïences du musée de Nevers.

Sourdeval (Ch. de). — Une nouvelle poterie d'Avisseau. *Tours*, imp. Ladevèze, 1859. In-8 de 4 p.

Sauvage, dit Lemire (voir MOREY). — Les statuettes en terre de Lorraine.

Tainturier (A.). — Notice sur les faïenceries de Moustiers (Basses-Alpes). Manuscrit gr. in-8 de 6 p., 1859.

Bibliothèque de la Manufacture de Sèvres.

Tainturier (A.). — Recherches sur les anciennes manufactures de porcelaine et de faïence (Alsace et Lorraine). Avec 55 monogrammes et gravures. *Strasbourg*, impr. Berger-Levrault, 1868. In-8 de 89 p.

Le travail de M. Tainturier devait embrasser dans son ensemble toutes les manufactures de l'est de la France, Saint-Clément, Rambervillers, Lunéville, Bois-le-Comte, Toul, Sarreguemines, etc.; la mort enleva subitement l'érudit, en 1867, à ses recherches. On a recueilli à la Bibliothèque de Sèvres une partie de ses notes.

Tamizier (voir COHENDY, Michel). — Atlas de planches. Faïences de Clermont-Ferrand.

Cet atlas, quoique annoncé dans la *Bibliographie de la France*, n'a pas été publié.

Tarbouriech (Amédée). — Documents sur quelques faïenceries du sud-ouest de la France. *Paris*, Aubry, 1864. In-12 de 24 p.

L'auteur, archiviste de la ville d'Auch, a trouvé dans les Archives départementales des lettres de l'intendant de la province de Gascogne, qui contiennent des détails sur quelques fabriques de faïence pendant la seconde moitié du xviii° siècle.

[Thomas, frères.] — Manufacture de Saint-Clément. Son histoire, sa fabrication, son exposition. *Nancy*, impr. Berger-Levrault, 1878. In-8 de ii-39 p.

Outre l'historique des divers propriétaires de cette fabrique

fondée en 1758, cette brochure renferme quelques renseignements sur les sculpteurs Cyfflé, Lemire, peintres et décorateurs
qui firent le succès de l'usine de Saint-Clément.

Un chapitre relatif aux produits de cette manufacture à l'Exposition de 1878, décrit les bizarreries de faïence qui furent mon-
trées publiquement, c'est-à-dire :

« Un gant (en faïence) posé sur un éventail et un mouchoir
(en faïence) servant de coupe et de porte-bouquet ;

« Un bonnet brodé de femme (en faïence) formant panier ;

« Une série d'objets (de faïence) en papier, tels qu'enveloppes,
cornets, calbotins, etc., servant de bonbonnières ou porte-fruits ;

« Des ombrelles (en faïences) à demi ouvertes. »

La recherche du nouveau entraîne parfois l'industrie dans de
singuliers sentiers.

Thore (docteur). — Les anciennes fabriques de faïence et
de porcelaine de l'arrondissement de Sceaux. *Paris*,
impr. Paul Dupont, 1868. In-8 de 24 p. Eau-forte avec
décors et marques de Sceaux.

Monographie, d'après des documents inédits, des fabriques de
Vincennes, Sceaux, Bourg-la-Reine, Choisy-le-Roi.

Tremblay (D.-J.). — Notice sur la ville et les cantons
de Beauvais, extraite du tableau géographique, statistique, historique et administratif du département
de l'Oise. *Beauvais*, Desjardins, 1815. In-8 de 152 p.

Renseignements sur les fabriques de poteries de Savignies,
l'outillage, les salaires, etc.

Varnier. — Fayancerie. Bois à brûler. Ordonnance du
siège de la police du bailliage de Rouen, portant règlement pour le bois qui doit être délivré aux maîtres
manufacturiers de fayance de la ville, fauxbourgs et
banlieue de Rouen. Du quinzième jour de février mil
sept cent quarante-neuf [15 février 1749].

Wagnien (F.). — Musée de la Nièvre. Cession du cabinet
de M. Gallois à la ville de Nevers. Société archéolo-

gique. *Nevers*, impr. Regnaudin-Lefebvre, 1847. In-8
de 28 p.

> Rapport fait à la Société archéologique de la Nièvre sur l'achat
> des collections Gallois, qui formèrent le premier fonds du musée
> céramique de Nevers.

Warmont (docteur A.). — Notice sur les faïences anciennes de Sinceny, lue le 2 juin 1863, en séance du
comité archéologique de Noyon. *Noyon, Paris* et
Chauny, 1863. In-8 de 16 p. Pl. en couleur.

Warmont (d[r] A.). — Recherches historiques sur les
faïences de Sinceny, Rouy et Ognes. *Paris*, Aubry,
1864. In-8 de 70 p. Marq.

> Les origines de la manufacture, des peintres et des ouvriers, la
> période florissante des ateliers de Sinceny, leur décadence, l'é-
> tude des petites fabriques voisines ont fourni à M. le docteur
> Warmont d'utiles documents qui peuvent servir de termes de com-
> paraison à ceux que préoccupent certaines analogies de décor des
> faïences de Rouen et de Sinceny.

Wignier (Charles). — Monographie de la manufacture
de faïences de Vron, arrondissement d'Abbeville, département de la Somme. Ornée de vign. Cinq sujets
mis en couleur et retouchés par Ris-Paquot. *Abbeville*
et *Paris*, Raphaël Simon, 1876. In-8 de 29 p.

> C'est à la faïence anecdotique et « parlante » qu'appartiennent
> pour la plupart les produits de Vron.

Wignier (Charles). (Voir Lucas). — La manufacture de
faïences de Vron, etc.

Anonyme. — Art céramique. Manufactures de faïence
de Nevers. *Nevers*, 1843. In-18 de 11 p.

> Quelques renseignements sur l'industrie de la faïence au
> xvIII[e] siècle dans le Nivernais et l'écoulement de ses produits
> dans les provinces voisines.

Anonyme. — Arrêt confirmatif d'une ordonnance consu-
laire du 19 juillet 1769 portant défenses aux marchands verriers et fayanciers de colporter aucuns
verres ni fayances. *Lyon*, 1769. Pet. in-4.

Hn. — *Expositions rétrospectives.* — *Congrès archéologiques.*
— *Catalogues de Musées céramiques nationaux, munici-
paux et de collections particulières.*

André. — Catalogue raisonné du musée archéologique
de la ville de Rennes. *Rennes*, imp. Catel, 1868. In-8
de 315 p.

Armailhac (L. d'). — Rapport sur l'exposition de céramique à Saintes en 1868. *Saintes*, 1870. In-8 de
21 p.

> Extrait des *Annales de la Société des arts, sciences*, etc., de
> Saintes.

Auguin (A.). — Exposition rétrospective de Nancy. Im-
pressions et souvenirs. Typ. Crépin-Leblond. *Nancy*,
1875. In-8 de 464 p.

> Renseignements biographiques sur le sculpteur Cyfflé, en
> partie empruntés à la notice de Joly.

Basilewsky. (Voir DARCEL, A.) Collection Basilewsky.

Baudry (Paul). — Collection céramique du musée des
antiquités de Rouen. Faïences. *Rouen*, 1864, imp.
Lapierre. In-8 de 19 p.

Bilbaut (Théophile). — Vente aux enchères d'une importante collection de céramique et faïences anciennes

comprenant le cabinet de M. Th. Bilbaut, banquier
à Douai. Catalogue. *Douai*, imp. Duthilleul, 1876. In-8
de 49 p. et de 8 pl.

Bordeaux (Raymond). — Exposition d'objets d'art et de
curiosité à Évreux en mai 1864. Compte rendu au
point de vue normand. *Caen*, Le Blanc-Hardel, 1865.
In-8 de 27 p.

Breban (Philbert). — Livret-guide du visiteur à l'Exposition historique du Trocadéro. *Paris*, Dentu, 1878.
In-18 de iv-133 p.

> Malgré le peu de développement de ce Guide, il est le seul
> ouvrage, vu l'absence des Catalogues officiels, qui donne un aperçu
> des nombreux monuments de l'Exposition rétrospective de 1878.
> On y trouve quelques mentions des objets ayant trait aux arts
> céramiques.

Brongniart (Alexandre) et Riocreux. — Description
méthodique du Musée céramique de la Manufacture
royale de porcelaine de Sèvres. *Paris*, Leleux, 1845.
Un vol. in-4 de xv-456 p. Texte. Plus album de 8 p.
et de 80 pl. en couleur.

> Commencé en 1812, le Musée de Sèvres prit, sous la direction
> scientifique de l'administrateur A. Brongniart, une importance
> qui devait s'accroître à un tel point, que le Catalogue raisonné
> de 1845, s'il était continué avec ses développements, formerait
> plus de cinq volumes in-4. Les fiches imprimées mises actuelle-
> ment en regard de chaque pièce, avec l'indication de leur pro-
> venance, leur date, les monogrammes et signatures fac-similé
> qui y sont portés, fournissent aujourd'hui les éléments d'un
> catalogue plus en rapport avec les besoins du public.

Champfleury. — Cabinet de M. Champfleury. Faïences
historiques : royauté, révolution, empire, restauration,

gouvernement constitutionnel. *Paris*, mars 1868, imp.
Pillet. In-8 de 60 p. Vign.

Catalogue de la collection des faïences historiques du cabinet
de M. Champfleury qui dut être vendue à l'hôtel des commissai-
res-priseurs, à la suite d'une rupture de marché avec la ville de
Paris. La collection ne fut pas exposée aux enchères et resta
entre les mains de son propriétaire.

Champfleury. — La céramique du nord de la France.
Exposition rétrospective de Valenciennes. 1872. Grand
in-8 de 7 p.

Article extrait de la *Gazette des Beaux-Arts*, 1872.
Étude de quelques faïences des collections du d[r] Lejeal et de
M. Th. Bilbaut, de Douai, qui formaient la majeure partie de
l'exposition de Valenciennes.

Champfleury. — La céramique aux expositions rétrospectives de province : Orléans, Quimper, Reims. *Paris*,
1876. Gr. in-8 de 6 p. Marques.

Extrait de la *Gazette des Beaux-Arts*.

Chérest (Aimé). — Catalogue du musée d'Auxerre. Seconde section. Archéologie régionale. *Auxerre*, impr.
Perriquet, 1870. In-8 de 112 p.

Extrait du *Bulletin de la Société des sciences historiques et
naturelles de l'Yonne*, 1870.

Cussac (Émile). — Notice raisonnée sur les faïences formant la collection de M. Émile Cussac, de Lille. *Lille*,
imp. Danel, 1878. In-8 de 15 p.

Darcel (A.) et Basilewsky. — Collection Basilewsky.
Catalogue raisonné, précédé d'un essai sur les arts
industriels du 1er au XVIe siècle. *Morel*, 1875. In-4 de
458 p. et 50 pl.

Description et reproductions en couleur de terres cuites émaillées et de faïences de la Renaissance.

Darcel (Alfred). — Musée de la Renaissance, série G. Notice des faïences peintes italiennes, hispano-moresques et françaises, et des terres cuites émaillées italiennes. *Paris*, typ. Charles de Mourgues, 1864. Gr. in-8 de 408 pages avec marques et monogrammes.

> Ce savant catalogue est un de ceux qui honorent le plus l'administration des Musées nationaux; il donne aux étrangers une juste idée de l'érudition française. La Notice des faïences italiennes de M. Darcel est épuisée; son auteur a été appelé au poste d'administrateur des Gobelins. Suivant les traditions du Louvre, son successeur au Musée de la Renaissance a publié une nouvelle Notice avec les renseignements que l'érudition apporte chaque jour. Le travail de M. Darcel n'en reste pas moins et devra être consulté par les érudits.

Darcel (Alfred). — L'exposition d'art et d'archéologie à Rouen. *Rouen*, impr. Brière, 1861. In-8 de 46 p.

Davoust (Émile). — La collection Desnoyers au musée historique d'Orléans, par Émile Davoust, avec une eau-forte de l'auteur. *Orléans*, H. Herluison, 1879. In-8 de 50 p.

> Extrait des *Mémoires de la Société archéologique et historique de l'Orléanais.*

Debruge-Duménil. — Catalogue des objets d'art qui composent la collection Debruge-Duménil. *Paris*, impr. Duverger, 1849. In-8 de xxi-221 pages, plus 4 pl.

Delorme (René). — Les faïences de Delft. Collection du docteur Mandl. *Paris*, impr. Kugelmann, 1874. In-12 de 33 p.

> Cette collection a depuis été vendue aux enchères.

Double (Lucien). — Promenade à travers deux siècles

en quatorze salons. *Paris,* impr. Noblet, 1878. Gr.
in-8 de 53 p. Bois et eaux-fortes hors texte.

Ce catalogue de la célèbre collection de M. Léopold Double,
composée en grande partie d'objets d'art du xviii° siècle, donne
la reproduction d'un certain nombre de porcelaines de Sèvres
choisies parmi les pièces de la meilleure époque.

[Du Broc de Segange]. — Concours régional de Nevers
en 1863. Expositions archéologiques, industrielles et
artistiques. Rapports des jurys des diverses expositions. [Rapport sur l'art céramique.] *Nevers,* impr.
Fay, 1863. In-8 de 41 p.

Du Sommerard (E.).—Musée des Thermes et de l'hôtel
de Cluny. Catalogue et description des objets d'art
de l'antiquité, du moyen âge et de la renaissance
exposés au Musée. *Paris,* hôtel de Cluny, 1881. In-8
de xxxiii-690 pages.

La partie du Catalogue consacrée à la céramique ne comprend
pas moins de 100 pages. Des notices sommaires, précédant cha-
cune des séries, donnent un rapide historique des divers groupes
de faïences, porcelaines, grès, carrelages, etc. L'importante collection de faïences de Rhodes que possède le Musée de Cluny, et
qui comporte 532 pièces recueillies par M. Du Sommerard, l'a
poussé à étudier de près un art peu connu historiquement : d'où
un classement des divers types de Lindos d'après leur nature de
décors et leur caractère ornemental. Le catalogue actuel pous-
sera à étudier cette transplantation d'art persan dont les merveilles, exposées dans une salle spéciale, doivent être enviées par
les grands musées européens.

Dutuit. — Collection Auguste Dutuit. Antiquités, médailles et monnaies, objets divers exposés au palais
du Trocadéro en 1878. *Paris,* A. Lévy, 1879. In-4 de
191 p. Pl.

Deux planches reproduisent des faïences hispano-moresques et
italiennes. Voir Gasnault (Paul).

Fil (Eugène). — Catalogue raisonné des objets d'art et de céramique du musée de Narbonne. *Narbonne,* Caillard, 1877. Gr. in-18 de xxvi-265 p.

Notice bien compr.se et bien ordonnée des poteries, majoliques, porcelaines, grès, faïences étrangères et françaises qui forment le fonds des collections du Musée de Narbonne.

Forestié (Édouard). — Exposition des beaux-arts à Montauban (mai 1877). Rapport présenté à la Société archéologique. Extrait du Bulletin de la Société archéologique de Tarn-et-Garonne. *Montauban,* imprim. Forestié, 1878. In-8 de 36 p.

De nombreuses faïences des anciennes fabriques du Quercy étaient exposées au milieu d'autres objets de curiosité.

Gasnault (Paul). — Souvenir de l'exposition de M. Dutuit. Extrait de sa collection. *Paris,* 1869. In-4 de 107 p. et de 34 pl.

M. Carle Delange a donné une notice des vases grecs et des terres cuites; M. Gasnault a rédigé le catalogue de la collection orientale.

Gasnault (Paul). — La collection Jacquemart et le musée céramique de Limoges. Impr. Claye, 1876. In-4 de 21 p. Grav. dans le texte.

Tirage à part de *l'Art.*

Gasnault (Paul). — Ville de Limoges. Musée céramique A. Dubouché. Catalogue de la collection Jacquemart publié d'après le manuscrit original laissé par A. Jacquemart, avec une introduction par M. P. Gasnault et un portrait gravé à l'eau-forte par M. J. Jacquemart. *Paris,* librairie de l'Art, 1879. In-8 de xiv-110 p.

Gervais. — Musée de la Société des antiquaires de Normandie. Catalogue et description des objets d'art de

l'antiquité, du moyen âge, de la renaissance et des
temps modernes, exposés au musée. *Caen*, Le Blanc-
Hardel, 1864. Pet. in-8 de 132 p.

> La section des terres émaillées comprend un certain nombre
> de carreaux de dallage de la Normandie.

Giraud (J.-B.). — Recueil descriptif et raisonné des
principaux objets d'art ayant figuré à l'exposition rétrospective de Lyon en 1877. *Lyon*, imp. Perrin, 1878.
In-folio de 32 p., plus 83 pl. hors texte.

Gouellain (Gustave). — Revue de l'exposition artistique
d'Elbeuf en 1862. *Rouen*, impr. Cagniard, 1862. In-8
de 15 p.

Gouellain (Gustave). — L'exposition d'art et d'archéologie à Rouen en 1861. *Paris*, impr. Rochette, 1861.
In-18 de 15 p.

> Extrait des *Beaux-Arts, revue nouvelle.*

Gouellain (Gustave). — Le musée céramique de Nevers. *Rouen*, Le Brument, 1862. In-8 de 15 p.

> Extrait de la *Revue de la Normandie.*

Gouellain (Gustave). (Voir J.-A. DE LÉRUE.) — Collection
G. Gouellain.

[Guillemot]. — Le musée céramique de Limoges. *Limoges*, impr. Chatras, 1873. In-folio de 56 p.

Hucher (E.). — Catalogue du Musée archéologique du
Mans. *Le Mans*, Monnoyer ; *Paris*, Morel, 1869. In-8
de 104 p. Grav. dans le texte.

> Dans la partie consacrée à la céramique, il faut signaler la

série des poteries de Ligron (Sarthe), conservées en assez grand nombre au Musée archéologique du Mans.

La Broise (H. de). — Société des arts réunis de Laval. Exposition de 1875, du 5 septembre au 10 octobre. 2e année. Catalogue des objets d'art anciens, dressé par M. H. de La Broise. *Laval*, impr. Moreau, 1875. In-12 de 104 p.

Le Breton (Gaston). — Exposition de Quimper. Les faïences de Quimper et les faïences de Rouen. *Rouen*, impr. Lapierre, 1876. Gr. in-12 de 23 p.

« Dans les faïences de Quimper, dit l'auteur, le contour du dessin est généralement chatironné d'un trait noir spécial. » A juste titre, M. Le Breton ajoute qu'il « peut y avoir des exceptions dans cette manière d'envisager les faïences de Quimper, comparées avec celles de Rouen ; mais leur classement sera toujours d'une certaine difficulté à établir. »

[**Le Men**]. — Exposition céramique de Quimper. Catalogue sommaire des faïences, porcelaines, etc., exposées dans les salles du musée départemental d'archéologie au mois de mai 1876. *Quimper*, impr. Caen, 1876. Pet. in-12 de 64 p.

Lérue (J.-A. de). — Céramique rouennaise. La collection de M. Gustave Gouellain. *Rouen*, impr. Lapierre, 1877. In-18 carré de 18 p.

Lérue (J.-A. de). Rouen-artiste. La collection de M. d'Iquelon. *Rouen*, impr. Lapierre, 1877. In-18 de 18 p.

Lérue (de). — Rouen-artiste. La collection de M. Gaston Le Breton. *Rouen*, 1877, impr. Lapierre. In-16 de 20 p.

Extrait du *Nouvelliste de Rouen*.

Lérue (de). — Céramique rouennaise. Objets d'art. La collection de M. Paul Baudry. *Rouen*, impr. Lapierre, 1877. In-16 de 21 p.

Extrait du *Nouvelliste de Rouen.*

Liesville (comte de). — Six heures à l'exposition de Caen (août 1873). *Caen*, typ. Le Blanc-Hardel, 1873. In-12 de 35 p.

M. de Liesville a rédigé un certain nombre de notes sur la céramique pour les *Mémoires de la Société française de numismatique et d'archéologie.*

Liesville (Comte de). — Exposition universelle de 1878. Les industries d'art. — La céramique et la verrerie au Champ-de-Mars. *Paris*, Champion, 1879. In-8 de 74 p.

Mandl (docteur). (Voir DELORME.) — Collection de faïences de Delft.

Michel (Edmond). — Catalogue de la collection céramique appartenant à MM. Michel et Robellaz, 44, rue du Béguin, à Lyon. *Lyon, Genève, Bâle*, H. Georg, libraire, 1876. Pet. in-8 de 127 p.

On voyait dans ce cabinet des faïences signées de Lyon, de Cognac, de Kunersgberg et de Hohenstein en Allemagne, des faïences de Soleure, Berne, Zurich, Schaffouse, etc. La collection a été vendue.

Monestrol (F. de), marquis d'Esquille, dit *le Potier de Rungis.* — Exposition des arts industriels. Des causes de la splendeur et de la décadence des arts céramiques. *Paris*, impr. Guillois, 1863. In-8 de 8 p.

Monestrol (F. de), marquis d'Esquille, dit *le Potier de*

Rungis. — Exposition des beaux-arts appliqués à l'industrie. Compte rendu par le potier de Rungis sur la céramique. *Paris*, impr. Dupray de la Mahérie, 1865. In-8 de 23 p.

Voir Monestrol, à la *Biographie*.

Péchin (Édouard). — L'exposition rétrospective de Langres en juin 1873. *Langres*, impr. L'Huillier, 1873. In-8 de 50 p.

Sur Gaspart Robert, fabricant de porcelaine et de faïence à Marseille, sur la vogue des faïences de Moustiers, on trouve quelques renseignements dans le travail de M. Péchin.

Piot (Eugène). — Collection de M. E. Piot. Objets d'art et de curiosités. Vente le 19 mars 1860. *Paris*, impr. Renou et Maulde. In-8 de 19 p.

Nombreuses marques, dans le texte, de faïences italiennes et de porcelaines des Médicis.

Rencogne (Gustave de). — Mairie d'Angoulême. Exposition des beaux-arts ouverte le 13 mai 1877, à l'occasion du concours régional. Catalogue. *Angoulême*, impr. F. Lugeol, 1877. In-12 de 153 p.

Cette exposition groupa, pour la première fois, des faïences charentaises, c'est-à-dire de fabriques établies à Angoulême et dans le département vers la fin du XVIIIᵉ siècle: Cognac, Bergerac, Sainte-Foy (Gironde) et autres petits centres anciens peu connus.

Riocreux (D.). — Voir Brongniart. Description méthodique du Musée céramique de la Manufacture de Sèvres.

Ris (L.-Clément de). — Musée du Louvre. Notice des faïences françaises. (Faïences dites de Henri II. Faïences de Bernard Palissy. Faïences diverses). *Paris*,

Charles de Mourgues frères, 1871. In-8 de 100 p.
Marq.

Robillard de Beaurepaire (Eugène). — Les faïences
de Rouen et de Nevers à l'Exposition universelle.
Caen, Le Blanc-Hardel, 1867. In-8 de 38 p.

Roubet (Louis). — Congrès archéologique de Bourges.
Mémoire sur une question céramique. *Nevers*, Bégat,
1868. In-8 de 24 p.

> Renseignements sur la fabrique de faïence de Neuvy (Nièvre)
> et Pierre de Frasnay, son fondateur.

[Saint-Genis (Victor de).] — Exposition rétrospective
d'objets d'art et de curiosité, ouverte à Châtellerault
le 5 septembre 1874. Catalogue. *Chatellerault*, Bichon,
1874. In-18 de 88 p.

> Dans un compte rendu de cette exposition, publié par le
> *Mémorial du Poitou*, un certain nombre de faïences *parlantes*,
> décorées pour les familles de Châtellerault et à leurs noms, ont
> été décrites avec détails par M. Victor de Saint-Genis, l'un des
> principaux organisateurs de cette exposition.

Sauvageot. (Voir SAUZAY.) — Collection Sauvageot.

Sauzay (A.). — Collection Sauvageot, dessinée et gravée
à l'eau-forte par Édouard Lièvre, accompagnée d'un
texte historique et descriptif. *Paris*, Noblet et Baudry,
1863. In-folio de 120 pl. accompagnées d'une page
de texte en regard.

> Quelques planches sont consacrées à des reproductions de
> faïences d'Oiron, de terres de Palissy et de faïences italiennes.

Tournal. — Catalogue du Musée de Narbonne et notes
historiques sur cette ville, *Narbonne*, E. Caillard, imp.
1864. In-8 de XXIII-202 p.

Troubat (Jules). — *Plume et pinceau. Études de littérature et d'art. Paris*, Liseux, 1878. In-18 de xii-348 p.

Un des articles, intitulé : *Ouverture du musée de Sèvres*, a
trait à l'aménagement des nouvelles galeries du Musée céramique. Dans un autre, l'auteur mentionne particulièrement les
anciennes poteries et faïences méridionales.

Il est utile de signaler dans le même volume, à ceux qu'intéresse la céramique antique, une étude, *la Danse du Chevalet*,
qui contient un croquis d'après un vase du musée de Bé-
ziers.

Veuclin (E.). — Le musée municipal de Bernay (Eure).
Son origine et ses développements depuis 1862 jusqu'au 1er janvier 1878. *Orbec*, impr.-lib. A. Legrand,
1878. In-8 de 19 p.

H..... — Catalogue d'une riche collection d'objets d'art
et de haute curiosité, tels que meubles en marquete-
rie et en vieux laque, porcelaines de vieux Sèvres,
Chine et Japon, etc. Vente du 16 au 19 mars 1836, rue
Neuve-de-la-Bourse, maison de la Porte-Chinoise.
Paris, 1836, impr. Boudon. In-8 de 19 p., plus 12 pl.
hors texte.

Reproduction de porcelaines, de meubles avec plaques de vieux
Sèvres. — Vases et cabinets chinois, etc.

Anonyme. — Catalogue de l'exposition des beaux-arts
de la ville d'Arras en 1868. *Arras*, imp. Boissy. In-18
de 121 p., plus supplément de 23 p. [1]

Anonyme. — Exposition rétrospective et moderne, in-

---

1. La série de catalogues qui suit, classée par ordre alphabétique
de villes, n'est insérée dans cet ouvrage qu'en raison des objets de
céramique ancienne qui y sont mentionnés.

dustrielle, agricole et artistique de 1873 d'Arras. Catalogue. *Arras,* impr. Schouthur. In-8 de 48 p.

L'art céramique de la région était représenté par un certain nombre de pièces des fabriques de porcelaines anciennes d'Arras et des fabriques de faïences de la fin du xviii° siècle de Saint-Omer, Aire-sur-la-Lys, Hesdin, Desvres.

Anonyme. — Concours régional de 1869. Catalogue de l'exposition rétrospective organisée par la ville de Beauvais. *Arras,* imp. Rousseau-Leroy, 1869. In-8 de 132 p.

Anonyme. — Notice historique sur le musée municipal de Bernay (Eure) par un visiteur. *Bernay,* Veuclin, 1873. In-8 de 16 p.

Anonyme. — Ville de Blois. Exposition rétrospective et moderne. Catalogue des objets d'art exposés au château de Blois, dans les salles du palais de Gaston d'Orléans. *Blois,* impr. Marchand, 1875. In-12 de 152 p.

Anonyme. — Société philomathique de Bordeaux. Exposition de 1865. Galerie spéciale de l'art ancien. Catalogue général des objets exposés. *Bordeaux,* Gounouilliou, 1865. In-8 de 96 p.

Anonyme. — Ville du Mans. Exposition des Beaux-Arts. Section de l'art rétrospectif. Catalogue. *Le Mans,* imp. Drouin, 1880. In-12 de 120 p.

Ce catalogue contient la désignation sommaire d'un certain nombre de faïences et poteries anciennes.

Anonyme. — Explication des œuvres de peinture, sculpture, dessin, gravure et des ouvrages d'art en céramique, exposés dans la ville de Limoges (concours régional de 1879). *Limoges*, impr. Chatras et C⁰. Pet. in-8 de xiv-66 p.

Anonyme. — Exposition rétrospective de Lyon. Notice sommaire des objets d'art exposés dans le Palais du Commerce au profit du bureau de bienfaisance de la ville de Lyon. *Lyon*, impr. Perrin, 1877. In-12 de 140 p.

Anonyme. — Ville de Marseille. Exposition rétrospective des beaux-arts, 1879. Catalogue. *Marseille*, lith. Bouisson. In-8 de 43 p.

Anonyme. — Ville de Nancy, 1875. Catalogue des tableaux et objets d'art exposés dans les salons de l'hôtel de ville au profit des Alsaciens-Lorrains émigrant en Algérie. *Nancy*, impr. Réau, 1875. In-12 de 142 p.

Anonyme. — Musée archéologique du département de la Nièvre. Noms des donateurs et descriptions des objets donnés du 1ᵉʳ janvier 1848 au 15 octobre 1849. *Nevers*, s. d. In-12 de 32 p.

Anonyme. — Ville d'Orléans. Exposition rétrospective de beaux-arts et des arts appliqués à l'industrie. *Orléans*, impr. Jacob, 1876. In-12 de xv-141 p.

Anonyme. — Exposition régionale de Poitiers en 1869. Archéologie. *Poitiers* [1869], typ. Oudin. In-8 de 48 p.

Anonyme. — Ville de Reims. Exposition rétrospective. Catalogue des objets d'art et de curiosité, tableaux,

dessins, tapisseries, etc., exposés dans les salles et
salons du palais archiépiscopal, le 24 avril 1876,
3° édition, revue et augmentée d'un supplément.
Reims, impr. Dufour, 1876. In-18 de 252 p.

> On remarquait à cette exposition un assez grand nombre de
> faïences de la fabrique des Islettes, qui se trouvent communément
> dans la région.

Anonyme. — Ville de Rouen. Exposition d'objets d'art,
de curiosités, d'antiquités, de spécimens des anciennes
industries rouennaises, ouverte dans la grande salle
des assises du palais de justice, du 22 mai au 9 juin
1861. Catalogue des objets exposés. *Rouen*, Cagniard,
1861. In-12 de 96 p.

Anonyme. — Notice sur quelques-unes des pièces qui
entrent dans l'exposition des porcelaines de la Manufacture royale de Sèvres de 1818 à 1827. *Paris*, impr.
Hérissant Le Doux, 1818-1827. In-12.

Anonyme. — Notice sur quelques-unes des pièces qui
entrent dans l'exposition des Manufactures royales,
1828-1850. *Paris*, impr. Plassan, 1828. In-12.

Anonyme. — Catalogue de l'exposition rétrospective
d'objets d'art de Tours (mai 1873). *Tours*, impr. Bouserez [1873]. In-12 de 116 p.

Anonyme. Exposition artistique départementale de Valenciennes, septembre 1872. Catalogue des objets d'art
et de curiosité exposés dans les salles de l'Académie.
Valenciennes, impr. Henry, 1872. In-8 de 92 p.

II. — *Biographies.*

Amanton (**N.-N.**). — Notice biographique sur Léonard Racle, de Dijon. Nouvelle édition, avec quelques corrections, des additions et des notes. *Dijon,* Frantin, 1810. In-8 de 17 p.

> Racle, architecte et ingénieur, né à Dijon en 1736 et mort en 1791, avait établi à Versoix une manufacture de faïence qu'il transféra plus tard à Pont-de-Vaux. « M. Racle, écrivait à cette occasion Voltaire, se tire d'affaire avec son génie, indépendamment des rois et des princes. Il fait des chefs-d'œuvre en grands ouvrages de faïence, et il les vend à des gens qui payent. » Qu'étaient-ce que ces *grands ouvrages de faïence* dont parle Voltaire et que sont-ils devenus?

Amanton (**N.-N.**). (Voir CHARDON DE LA ROCHETTE.) — Notice biographique sur Léonard Racle, de Dijon.

André. — Notice biographique sur M. le docteur Aussant. *Rennes,* Catel, 1873. In-8 de 29 p.

> Extrait du tome VIII des *Mémoires de la Société archéologique du département d'Ille-et-Vilaine.*
> Le docteur Aussant, directeur honoraire des musées de Rennes, fit connaître l'un des premiers les produits de céramique ancienne de Rennes et des environs.

Audiat (**Louis**). — Les oubliés, Bernard Palissy. *Saintes,* Fontanier, 1864. In-12 de xxi-358 p.

Audiat (**Louis**). — Bernard Palissy. Étude sur sa vie et ses travaux. *Paris,* Didier, 1868. In-12 de vii-480 p.

> La première édition de ce travail avait été publiée par l'auteur, secrétaire de la commission de l'œuvre de la statue de Palissy, comme moyen de propagande. L'entreprise menée à bonne fin, M. Audiat put donner, quatre ans après, une consciencieuse monographie qui fait honneur à la province.

Audiat (Louis). — Palissy et son biographe, réponse à M. Athanase Coquerel fils. *Paris*, Douniol, 1869. In-8 de 48 p.

Cette brochure répond à des articles de controverse religieuse du *Bulletin de l'histoire du protestantisme français*.

Aussant. (Voir ANDRÉ.) — Notice biographique.

Barbet de Jouy (Henri). — Les della Robbia, sculpteurs en terre émaillée. Étude sur leurs travaux suivie d'un catalogue de leur œuvre fait en Italie en 1853. *Paris*, Renouard, 1855. In-12 de 98 p.

C'est en Toscane, et d'après les monuments, que l'honorable directeur des Musées nationaux a étudié les ouvrages en terre cuite émaillée des della Robbia, c'est-à-dire de Luca, d'André son neveu et de Jean, fils d'André. Les recherches des érudits italiens, la publication de nouvelles pièces, ont aidé M. Barbet de Jouy à rectifier plus d'une erreur.

Bellier de la Chavignerie. — Notice sur L.-P. Schilt, peintre sur porcelaine, attaché à la Manufacture impériale de Sèvres, avec un catalogue de son œuvre. Portr. *Versailles*, impr. Cerf, 1860. In-8 de 15 p.

Berty (V.). — Topographie historique du vieux Paris. Région du Louvre et des Tuileries. Histoire générale de Paris. *Paris*, Impr. impériale, 1866-68, 2 vol. in-4 de xxix-659 p. Plus appendices et tables de 25 p.

Le deuxième volume contient des renseignements et des planches sur la découverte des fours de Palissy aux Tuileries, sur ses travaux, ses manuscrits, ses comptes de dépenses, ses élèves et ses aides.

Bordeaux (Raymond). (Voir ROBILLARD DE BEAUREPAIRE.) — Raymond Bordeaux, ses œuvres et sa correspondance.

Brianchon. — L'abbé Cochet, sa mort, son inhumation, son monument. *Rouen*, impr. E. Cagniard, 1875. In-8 de 51 p., vignettes dans le texte.

Burty (Ph.). — Conférence faite à l'Union centrale des Beaux-Arts appliqués à l'industrie sur Bernard Palissy, d'après les documents nouveaux. *Paris*, Union centrale des Beaux-Arts, juin 1875. Gr. in-8 de 20 p. Portr. et fig.

> M. Philippe Burty, critique d'art à la *République Française*, est un de ceux qui, les premiers, comprirent que la céramique réclamait sa part de publicité et d'investigation, à aussi juste titre que la peinture et la sculpture.

Cap (Paul-Antoine). — Biographie chimique. Bernard Palissy. *Paris*, imp. Béthune et Plon, 1844. In-8 de 35 p.

Champollion-Figeac (J.-J.). — Correspondance. Lettre adressée à M. E. Piot au sujet de sa notice sur Bernard Palissy. 1842. In-8 de 6 p.

> Extrait du *Cabinet de l'amateur*.

Chardon de la Rochette. — Notice biographique sur Léonard Racle, de Dijon, par N.-N. Amanton. 1810. In-8 de 8 p.

> Tirage à part d'un article du *Magasin encyclopédique*. Étude critique sur le travail d'Amanton.

Cochet (abbé). (Voir Brianchon.) — Sa mort, son inhumation, etc.

Cochet (abbé). (Voir Hardy Michel.) — Notice biographique sur M. l'abbé Cochet.

Colas (abbé) et C. Lormier. — Notice biographique et littéraire sur M. André Pottier. *Rouen*, impr. Boissel, 1868. In-18 carré de 28 p. Portr.

Clericy (Antoine). (Voir MILET (A.) — Antoine Clericy, ouvrier du roi en terre sigillée (1612-1653).

Combes (Louis).—Les amis du peuple. Bernard Palissy, potier de terre. *Paris*, Bry, 185.?

> M. Louis Combes, mort récemment conseiller municipal de la ville de Paris, tenait pour l'art démocratique, c'est-à-dire l'art qu'il faut faire pénétrer jusqu'aux dernières couches, le rayonnement du beau que politiquement et moralement il est utile de leur infiltrer.

Dangibeaud.— Études historiques. Saintes au XVIᵉ siècle. La commune. L'atelier de Palissy. La cour de justice. Avec annotations de M. de la Morinerie. *Évreux*, imp. Hérissey, 1863. In-8 de 76 p.

Delange (H.). — Notice biographique sur Girolamo della Robbia, auteur présumé des poteries dites de Henri II, et sur sa famille. *Paris*, impr. Maulde et Renou, 1847. In-8 de 15 p.

Delange (Henri). (Voir SAUZAY.) — Monographie de l'œuvre de Bernard Palissy.

Delécluze (E.-J.). — Bernard Palissy, 1500-1589. *Paris*, impr. Paul Dupont, 1838. In-8 de 32 p.

> Extrait de la *Revue française*, décembre 1838.

Doublet de Boisthibault (C.). — Bernard Palissy. *Paris*, Leleux, 1857. In-8 de 21 p.

> Extrait de la *Revue archéologique*, XIIIᵉ année.

Dumesnil (Alfred). — Légendes françaises. Bernard Palissy, le potier de terre. *Paris*, impr. Schneider, 1851. In-12 de 142 p.

Duplessis (Camille). — Étude sur la vie et les travaux de Bernard Palissy. *Agen*, 1855. In-8 de 170 p.

> Extrait du *Recueil des travaux de la Société d'agriculture, sciences et arts de Saintes*, 1855.
>
> En 1855, la ville d'Agen mit au concours l'éloge de Bernard Palissy; dix mémoires furent envoyés, parmi lesquels le comité décerna des mentions honorables à M. Henri Feuillert, ancien professeur d'histoire au collège de Saintes, pour son *Étude sur la vie et les travaux de Bernard Palissy*; à M. Georges Besse, pharmacien à Caussade (Tarn-et-Garonne), pour son travail sur *Bernard Palissy et ses œuvres*. Le prix fut obtenu par M. Camille Duplessis, de Versailles.

Du Saussois (Auguste). — Bernard Palissy. *Paris*, chez l'auteur. Pet. in-18 de 32 p.

Du Sommerard. — Notice sur l'hôtel de Cluny et le palais des Thermes. *Paris*, 1834. In-8.

> Ce catalogue contient quelques pages sur l'œuvre de Palissy.

Enjubault (Émile). — L'art céramique et Bernard Palissy. *Moulins*, Desrosiers, 1858. Gr. in-8 de 104 p.

Faujas de St-Fond. (Voir Palissy, Bernard). — Œuvres de Palissy.

Gobet. (Voir Palissy, Bernard). — Œuvres de Palissy.

Hannong (Joseph-Adam, l'aîné). — Réponse de sieur J.-A. Hannong, conseiller de commerce de son A. S. Électorale palatine, manufacturier en faïence et porcelaine de Strasbourg et Haguenau. En réfutation d'une lettre écrite le 18 aoust 1781 par Monsieur Chaumont de la Galiziaire, conseiller du Roi en tous ses Conseils, etc., intendant d'Alsace, à Monsieur Campan, chevalier de Saint-Lazare, secrétaire du Cabinet de la Reine, pour rendre compte à Sa Majesté des affaires

et conduite de ce manufacturier, des quelles Sa Majesté avoit daigné s'informer. Avec un abrégé des
vexations et maux sans nombre que l'exposant, sa
famille et ses ouvriers essuient, depuis trois ans, de
la part de S. A. S. et L'. Mgr le Cardinal de Rohan,
grand Aumônier de France. Suivie de quelques pièces
justificatives. Impr. à *Dourlach* (Allemagne), 31 décembre 1781. In-8 carré de 30 p. et xxvi p. de pièces
justificatives.

Ce Mémoire très rare, non signalé dans les ouvrages de
bib'iographie, se trouve à la Bibliothèque de l'Arsenal.

Hardy (Michel). — Notice biographique sur M. l'abbé
Cochet, accompagnée de la nomenclature complète de
ses ouvrages, et d'un portrait lithographié par
M. Ch. Duchesne. *Rouen*, Ch. Métérie, 1875. In-8 de
24 p.

Joly (Alexandre). — Paul-Louis Cyfflé. Notice biographique sur P.-L. Cyfflé, de Bruges en Flandre, sculpteur du roi de Pologne, duc de Lorraine à Lunéville.
Nancy, impr. Lepage, 1864. In-8 de 22 p.

Tirage à part d'un travail inséré dans les *Mémoires de la
Société d'archéologie lorraine*, 1864.

Jonain. — Notice populaire sur Bernard Palissy, suivie
d'un aperçu de ses écrits et de ses santonismes ou
locutions saintongeaises, *item* d'une complainte sur sa
vie. *Paris*, Chamerot, 1861. In-12 de 48 p.

Un portrait de Palissy de fantaisie, comme on le comprend
au boulevard du Temple, orne cette notice, qui ne trouverait pas
place ici si le vocabulaire des mots saintongeais n'offrait quelque
utilité. La complainte est digne de figurer dans les rangs des
drames, des poèmes, des contes et des romans que n'a pas pro-
tégés le souvenir de l'illustre potier.

Jonveaux (Émile). — Histoire de trois potiers célèbres : Bernard Palissy, Josiah Wedgwood, Frédéric Böttger. *Paris*, Hachette, 1874. In-12 de 278 p.

> Une introduction assez développée, d'après les travaux modernes, sur les procédés de fabrication et l'histoire de la poterie dans les temps anciens et modernes, précède les trois biographies d'artistes et d'industriels célèbres que l'auteur a choisis pour montrer « le génie, le travail et la persévérance aux prises avec l'adversité, la souffrance, les obstacles sans cesse renaissants. »

Lamartine. — Bernard Palissy, le potier de terre. *Paris*, typogr. Firmin Didot, 1852. In-8.

> Extrait du *Civilisateur*, juillet 1852.

Lasteyrie (Ferdinand de). — Bernard Palissy. Étude sur sa vie et sur ses œuvres. *Paris*, impr. Pillet, 1865. In-8 de 20 p.

> Extrait de la *Revue des Beaux-Arts* des 15 juillet et 1er août 1865.

Le Roux de Lincy. — Catalogue des livres manuscrits et imprimés composant la bibliothèque de M. Charles Sauvageot, avec notice biographique. *Paris*, L. Potier, 1860. In-8 de 175 p.

> Renseignements sur la formation du cabinet d'objets d'art de Sauvageot. « Il avait payé *trois cents francs* ces fameuses faïences dites de Henri II, que les experts, appelés en 1856, ont estimées *vingt-sept mille cinq cents francs*, et qui valent aujourd'hui le double de cette somme. Les faïences de Bernard Palissy, au nombre de quatre-vingt-dix-sept pièces, estimées *cent trente-huit mille cent dix francs*, avaient coûté en tout moins de mille francs à l'intelligent et heureux collectionneur. »

Lormier (C.). (Voir Colas (abbé.) — Biographie d'André Pottier.

Martelet (E.). — Conférences populaires faites à l'Asile

impérial de Vincennes, sous le patronage de S. M.
l'impératrice. Bernard Palissy. *Paris*, Hachette, 1868.
In-18 de 50 p.

> Travail d'un des membres fondateurs de l'Association polytech-
> nique, bien fait pour le but que se propose l'auteur. La person-
> nalité de Palissy, ses travaux, ses recherches, sa misère, ses
> découvertes sont exposés au peuple comme il convient, et quel-
> ques-uns des ouvriers, parmi les convalescents de l'asile de Vin-
> cennes, ont dû emporter de cette conférence un enseignement
> moral, une invitation au travail, une force pour supporter l'ad-
> versité.

Matagrin. — Bernard Palissy, sa vie et ses ouvrages.
Périgueux, 1856.

Miel. — Notice sur Bernard Palissy, lue à la Société
libre des Beaux-Arts. *Paris*, impr. Gratiot, 1835. In-8
de 11 p.

> Extrait de la *Relation de la séance publique de la société libre
> des Beaux-Arts*, qui a eu lieu à l'Hôtel-de-Ville, le 8 fé-
> vrier 1835.

Milet (A.). — Antoine Clericy, ouvrier du roi en terre
sigillée (1612-1653). Esquisse sur sa vie et ses œuvres. *Paris*, Baur, 1876. In-8 de 20 p.

> Tout est à dire sur les prédécesseurs et successeurs de Ber-
> nard Palissy. M. Milet entre un des premiers dans la voie. Il
> montre, d'après des états de 1618 à 1645 des artistes et artisans
> des châteaux royaux, Clericy « *travaillant pour donner plaisir à
> Sa Majesté en terre sigilée et autres terres, tant pour faire car-
> reaux esmaillés que pots, vases, animaux et autres choses* ». En
> quelques pages M. Milet a donné aux érudits une monographie
> substantielle, qui apporte des documents nouveaux et appelle la
> discussion.
>
> M. Milet est chef des pâtes et fours à la Manufacture nationale
> de Sèvres depuis l'année 1856.

Monestrol (marquis de). — Le potier de Rungis, poème

en 26 chants. *Paris*, Librairie centrale, 1864. In-8 de 52 p.

> Biographie rimée d'un chercheur voué plutôt aux aspirations qu'aux réalisations. On suit à travers les chants du poème les luttes, les déceptions, les misères d'argent qui forment le lot de tant d'hommes condamnés à n'entrevoir que de vagues horizons. Le potier de Rungis n'en garde pas moins une conviction profonde.

> J'ai travaillé vingt ans, sans repos, sans relâche,
> Jour et nuit bien souvent. Succombant à la tâche,
> Mon pauvre corps brisé réclamait un répit
> Que refusait ma tête : avec rage et dépit
> Ma main recommençait à triturer l'argile,
> A broyer les cailloux, à limer les métaux ;
> La fièvre de l'esprit la rendant plus agile,
> Elle dut séparer les éléments des eaux,
> Les principes de l'air, décomposer le sable,
> Liquéfier le roc, fondre le sol arable,
> Saisir, analyser tous les effets du feu,
> Déterminer enfin la loi, l'ordre, le jeu
> Des divers éléments qui composent la terre.
> Vingt ans de durs labeurs, vingt ans dans la misère !
> Il m'a fallu vingt ans pour arriver ainsi,
> Émule en l'art divin créé par Palissy.

Muray (O.). — Étude sur Bernard Palissy, par O. Muray, président du tribunal civil de Loudun. *Amiens*, 1879, impr. Delattre-Lenoël. In-8 de 34 p.

Piot (Eug.). — Histoire de la vie et des travaux de Bernard Palissy. *Paris*, 1842. In-8 de 30 p.

Extrait du *Cabinet de l'Amateur.*

Pitre-Chevalier. — Avisseau, le potier de Tours, 1851. *Paris*, Gr. in-8 de 6 p. à 2 col. Portr. et pièces de fabrication des Avisseau.

Extrait du *Musée des familles*, 1851.

Pottier (André). (Voir Colas, (abbé.) — Sa biographie.

Racle (Léonard). (Voir Chardon de la Rochette.)

Robillard de Beaurepaire (E. de). — Raymond Bordeaux, ses œuvres et sa correspondance, par E. de Robillard de Beaurepaire, conseiller à la cour d'appel de Caen. *Caen*, impr. Le Blanc-Hardel. In-8 de 85 p.

M. Raymond Bordeaux, qui a laissé un certain nombre de mémoires relatifs à des questions d'archéologie normande, fut un des éditeurs et annotateurs de l'*Histoire de la faïence de Rouen*, œuvre posthume d'André Pottier. L'histoire des arts céramiques doit à M. Raymond Bordeaux une œuvre plus personnelle : *Les brocs à cidre en faïence de Rouen*, publiée en 1868.

Rossignol (Ferdinand). — Les Protestants illustres. Portraits biographiques, iv. Bernard Palissy, etc. *Paris*, Meyrueis, 1862-1863, 4 vol. in-12.

Salin (Patrice). — Nécrologie. Albert Jacquemart. *Paris*, Aubry, 1875. In-8 de 5 p.

Extrait du *Bulletin du bouquiniste*.

Salles (Jules). — Étude sur Bernard Palissy, sa vie et ses travaux; précédée de quelques recherches sur l'art céramique. *Nîmes*, Grave, 1856. In-12 de 114 p.

Sauvageot (Charles). (Voir LE ROUX DE LINCY.) — Catalogue de la bibliothèque de M. Ch. Sauvageot.

Sauzay. — Monographie de l'œuvre de Bernard Palissy, suivie d'un choix de ses continuateurs ou imitateurs. *Paris*, Delange, 1862. In-folio avec 100 pl.

Schilt (L.-P.). — Sa biographie. (Voir BELLIER DE LA CHAVIGNERIE.)

Tainturier (A.). — Les terres émaillées de Bernard Palissy, inventeur des rustiques figulines. Étude sur les travaux du maître et de ses continuateurs, suivie du catalogue de leur œuvre. Ouvrage enrichi de planches et de gravures dans le texte. *Paris*, Didron, 1863. In-8 de 136 p.

Triqueti (baron Henry de). — Bernard Palissy. Discours. *Paris*, 1856. In-8[1].

Villers (A.). — xviiie siècle. Jean-Baptiste Nini. Ses terres cuites. *Blois*, impr. Lecesne, 1862. In-8 de 63 p.

---

1. Ainsi qu'il a été fait pour Josiah Wedgwood, je groupe dans cette note, afin de venir en aide à ceux qui ont besoin de trouver réuni tout ce qui a paru sur Bernard Palissy, les diverses publications européennes sur la vie et l'œuvre de l'illustre potier.
Voir : ALLARD (Louis). Palissy, pièce historique en cinq actes, 1865. — AUDIAT (Louis). Réponse à M. A. Coquerel à propos de son étude sur Palissy, 1869. — AUDIAT (Louis). Les Oubliés, II. Palissy, 1864. — AUDIAT (Louis). Étude sur la vie de Palissy, 1869. — BERTY. Topographie du vieux Paris, 1866-1868. — BRIEUX et SALANDRI. Bernard Palissy, drame, 1880. — ENGHTWEL. *Palissy the huguenot potter.* — BERTY. Conférence à l'Union centrale, 1875. — CAP. Biographie chimique, 1844. — CHAMPOLLION-FIGEAC. Correspondance, 1842. — DELÉCLUZE. Biographie, 1838. — DOUBLET DE BOISTHIBAULT. Palissy, 1857. — DUMESNIL. Biographie, 1851. — DUPLESSIS. Étude sur Palissy, 1855. — DU SAUSSOIS. Étude sur la vie de Palissy. — DU SOMMERARD. Notice sur l'hôtel de Cluny, 1834. — ENJUBAULT. L'art céramique et Palissy, 1858. — FRANCE. Notice sur Palissy, 1880. — GAY. Palissy. Poème. — GRASSET. Marque attribuée à Palissy, 1872. — JONAIN. Notice populaire sur Palissy, 1864. — JONVEAUX. Histoire de trois potiers, 1874. — LA BRETONNIÈRE. Bernard Palissy, mélodrame, 1860. — LAMARTINE. Biographie, 1852. — LASTEYRIE. Biographie, 1865. — MARTELLI. Conférence. Palissy, 1868. — MATAGRIN. Bernard Palissy, 1856. — MURAY. Notice, 1870. — MIEL. Notice, 1835. — PIOT. Étude, 1842. — ROSSIGNOL. Les Protestants illustres. Palissy, 1862. — SALLES. Étude, 1856. — SAUZAY. Étude, 1862. — SMILES. *The huguenots*, etc., 1867. — TAINTURIER. Étude. 1863. — TRIQUETI. Bernard Palissy, 1856. — ANONYME. *The history of Palissy*, 1877.

J1. — *Romans, Pièces de théâtre, Fantaisies et caprices
relatifs aux arts céramiques.*

Allard (Louis). — Bernard Palissy ou le potier de Saintes,
pièce historique en cinq actes, précédée d'un prologue
en deux parties. *Paris,* Vanier, 1865. In-18 de
v-168 p.

[Brianchon]. — Compte rendu analytique de la céramique musicale au Trocadéro et ailleurs en 1878,
par Gustave Gouellain. *Bolbec,* impr. Dussaux, 1879.
In-8 de 19 p.

Brieux et Salandri. — Bernard Palissy, drame en un
acte, en vers. *Paris,* Tresse, 1880. In-18 de 51 p.

Champfleury. — Le violon de faïence. Eaux-fortes de
J. Adeline. Dessins en couleur par Émile Renard, de
la Manufacture de Sèvres. *Paris,* E. Dentu, 1877.
In-8 de viii-173 p.

> Outre les eaux-fortes représentant la décoration des deux faces
> du violon de faïence du musée de Rouen, ce volume est orné
> d'entourages de pages, de lettres, de fleurons, de culs-de-lampe en
> couleurs d'après les plus beaux spécimens de faïences françaises
> et étrangères.

Cousin (Charles). — Voyage dans un grenier. Bouquins,
faïences, autographes et bibelots. *Paris,* Damascène
Morgand et Fatout, 187.. Gr. in-8 de 270 p. Planches
hors texte chromotypographiées.

Duxis (Paul). — Le menuet de l'assiette. *Paris,* Colombier, 1877 ? In-4.

> Composition musicale ornée d'un frontispice en chromolitho-
> graphie, d'après un plat en faïence de la collection Cussac, de

Lille. Un homme et une femme sont représentés dansant le menuet.

Gay (Maria). — Bernard Palissy, poème. *Saintes,* impr. Gay. In-8 de 17 p.

Gouellain (Gustave). — La céramique musicale au Trocadéro et ailleurs, en 1878. *Paris,* Raphaël Simon. Pet. in-8 de 30 p., plus un post-scriptum.

Gouellain (Gustave). (Voir Briançhon.)

Labretonnière. — Bernard Palissy, mélodrame en trois actes. *Paris,* Michel Lévy, 1860. In-8.

A........ — La Potichomanie, poème en trois chants, sur l'art d'imiter les porcelaines de Chine, du Japon, de Sèvres, de Saxe, les vases étrusques, égyptiens, etc., suivie d'une lettre très intéressante renfermant tout ce que l'on a pu découvrir jusqu'à ce jour sur l'histoire de la potichomanie, etc., et de documents sur l'art céramique chez les anciens et chez les modernes. *Paris,* 1854, in-8 de 112 p.

> Il y a vingt-cinq à trente ans, la *potichomanie* fut la fièvre des petites réunions de la classe moyenne. Daumier a traduit en une série de planches du *Charivari* les passe-temps de braves gens qui collaient des découpures de fleurs, de papillons, d'oiseaux, de personnages coloriés, à l'intérieur de vases de verre transparents et qui, émerveillés de facultés artistiques qu'ils ne se soupçonnaient pas, en ornaient le dessus des cheminées de leurs salons.
> Tel est « l'art céramique » qui a inspiré l'auteur de ce poème.

N. F. L. — Note étymologique, philologique, glossologique, archéologique, céramicologique, critique et historique sur le coquemart. *Ribérac,* imp. Bounet, 1868. In-8 de 8 p.

HOLLANDE

Gerrit Paape. — *De Plateelbacker of Delftsch Aardenwerk-maker.* Le faïencier, ou fabricant d'ouvrages en terre de Delft. *Dordrecht*, 1794. Planches.

Ce traité, dû à Gerrit Paape, faïencier à Delft, a été traduit *in extenso*, avec la reproduction des planches, par M. Henry Havard dans son *Histoire de la faïence de Delft.*

Leemans (Dr). — Congrès des Américanistes, 2e session tenue à Luxembourg en 1877.

Voir au t. II, p. 283, une description de douze vases péruviens du Musée de Leyde.

Loudon (John F.). (Voir Henry Havard.) — Catalogue chronologique et raisonné des faïences de Delft, etc.

Regout (Petrus). — *Kristal en Glasblazery en Slypery fabrieken van Petrus Regout te Maastricht. Pryscourant van Aardewerk.* Fabriques de cristal et verre taillés, avec des détails sur la fabrication des poteries de terre, par Petrus Regout, 1854. In-4 de 19 p. Nomb. formes.

Van Romondt. (Voir Havard Henry.) — Catalogue raisonné de la collection Van Romondt, d'Utrecht.

Anonyme. — *Wrouw Jacob's Kannetjes.* Imprimé à *Arnheim*, chez Brauver, 1757.

Dissertation sur certaines poteries qui ont donné naissance, au xviiie siècle, à la légende suivante : la comtesse Jacqueline de Bavière, prisonnière en 1424 au château-fort de Teylingen, près Rotterdam, fabriquait ces cruches pour échapper aux ennuis de la captivité, et elle les jetait au fur et à mesure dans les fossés du château.

Anonyme. — Vases en grès des xvie et xviie siècles composant la collection de M. W. de Wekerlin. *La Haye*, 1860. In-folio orné de 41 photogr. en porte-feuille.

ITALIE

A. — *Industrie.*

[**Alberi, Eugenio**]. — *Una visita alla manifattura di porcelane di Doccia.* — Une visite à la manufacture de porcelaine de Doccia. *Florence*, 1840. In-8 de 16 p.

Biscarra (Carlo-Felice). — *Dell' arte ceramica et di Giuseppe Devers.* De l'art céramique et de Joseph Devers. *Turin*, typogr. *dalla societa l'Unione*, 1871. In-8 de 12 p. Portr. et vign. dans le texte.

Le peintre Devers, Italien habitant Paris, fut un des premiers qui, vers 1850, se lancèrent avec ardeur dans le mouvement de renaissance céramique. Il entreprit de grandes compositions de faïences destinées à orner les murailles des édifices religieux; la fortune n'ayant pas répondu à ses efforts, M. Devers se retourna vers son pays natal et obtint une chaire d'enseignement du dessin en Italie.

Devers (Giuseppe). (Voir BISCARRA). — *Dell' arte ceramica et di Giuseppe Devers.*

[Ginori (marquis de)]. — *La manifattura Ginori à Doccia.* — La manufacture Ginori à Doccia. *Florence,* impr. Barbera, 1867. In-8 de 40 p.

[Ginori (marquis de)]. — La manufacture Ginori à Doccia. *Paris,* impr. Paul Dupont, 1867. In-8 de 39 p.

[Ginori (marquis de)]. — Manufacture Ginori, à Doccia, près Florence, fondée en 1735. Album de porcelaines et de majoliques artistiques. *Florence,* 1873. In-4.

[Ginori]. — *Doccia. Manifattura Ginori. Esposizione di Vienna.* — Manufacture Ginori, à Doccia. Exposition de Vienne, 1873. *Florence,* typ. Civelli. Grand in-8 de 21 p.

[Ginori]. — Doccia. Manufacture Ginori. Exposition de Paris, 1878. *Florence,* typogr. Civelli. In-12 de 20 p.

Ginori (Voir LORENZINI). — *Manifattura delle porcellane di Doccia,* 1862.

Ginori Lisci (Leopoldo-Carlo). (Voir aux Anonymes.) — *Notizie biografiche intorno,* etc.

Lorenzini (C.). — *La manifattura delle porcellane di Doccia.* La manufacture de porcelaine de Doccia. In-8, 1861.

Une traduction en anglais de cette notice fut publiée à Londres en 1862. In-8°.

Richard (Giulio). — *Considerazione sulle condizioni dell' industria ceramica e proposte pel suo maggior sviluppo in Italia.* — Considérations sur l'état actuel de l'industrie céramique et propositions pour en accroître le

développement en Italie. *Milan, che   es* éditeurs du
Polytechnicier, 1863. In-8 de 40 p.

Extrait du *Polytechnicier*, vol. XVIII.

Rosina (Gaetano). — *Memorie sulle stoviglie fabbricate con terre del regno lombardo-veneto.* — Mémoires sur les vases usuels en terre fabriqués dans le royaume lombardo-vénitien. *Milan*, à la librairie impériale et royale, 1822. In-8 de 63 p.

Simone (Gabrielle de). — *Processo per stampare le stoviglie sopra e sotto la vernice per sovrana determinazione palesato.* — Procédé breveté pour décorer les poteries, sur et sous vernis. *Naples*, 1828. In-4 de 15 p.

Vendemini (Francesco). — *La ceramica all' esposizione di Faenza nell' anno 1875, articoli di F.-V. gia pubblicati nel giornale Bolognese la Patria.* — La céramique à l'exposition de Faenza en 1875. Articles de F.-V. Francesco Vendemini, avocat, qui ont été publiés par le journal *la Patrie*, de Bologne. *Bologne*, typogr. N. Zachinelli, 1876. In-8 de 22 p.

> L'auteur analyse particulièrement les produits céramiques des manufactures du chevalier Farina et du comte Annibale Ferniani. Il mentionne les artistes attachés à ces établissements : Collina, Saviotti, Berti, Calzi, Baldini, Lega, Contavalli.

C. L. — *La manifattura delle porcellane di Doccia. Cenni illustrativi. Raccolti da C. L.* La manufacture de porcelaine de Doccia. Avec illustrations. Recueillies par C. L. *Florence*, typogr. Grazzini, 1861. In-8 de 24 p. et une vue de la manufacture de Doccia.

I. — *Notizie biografiche intorno al marchese Leopoldo-Carlo Ginori Lisci.* — Notices biographiques relatives au marquis Léopold-Charles Ginori Lisci. *Florence,* impr. Piatti, 1837. In-8 de 16 p. [1]

Anonyme. — L'Italie céramique à l'exposition de 1867. *Florence,* 1867. In-8.

> Le titre n'est peut-être pas exact.
> Contient des renseignements sur les fabriques de faïences actuelles.

B. — *Généralités.*

Bellini (Dottor Lorenzo). — *La Bucchereide. In Firenze.* 1729. *Nella stamperia di sua Altezza Reale.* In-12 de 263 p.

> Poëme humoristique du savant professeur d'anatomie de Pise, Bellini, sur les boccaros ou vases de terre couleur de brique, d'Amérique et du Portugal, dont le véritable nom est *bucaros* et non *beaux carreaux,* suivant l'orthographe facile des anciens experts. « Les bucaros, dit M. Davillier, occupent une place dans la *Dorotea* de Lope de Vega et dans la *Fortuna con seso* de Quevedo. Un littérateur français du XVIIe siècle, Régnier Desmarais, les a célébrés. »
> Voir MAGALETTI.

Biancoli (Alessandro). — *L'arte della maiolica, poemetto del conte Alessandro Biancoli con la vita dell' autore ed illustrazioni del Canonico teologo Luizi Balduzzi.* L'art

---

(1) Voir également sur le célèbre manufacturier : *Serie degli Uomini più illustri nella Pittura, Scultura e Architettura con i loro elogi e ritratti incisi in rame.* — Série des hommes les plus illustres de la peinture, sculpture et architecture avec leurs éloges et portraits gravés sur cuivre. 14 volumes, 1769-76. In-4°.

de la majolique, poème du comte Alexandre Biancoli avec la vie de l'auteur et le portrait du chanoine théologue Louis Balduzzi. *Ravenne*, typ. Calderini, 1875. In-8.

> Poème didactique avec une introduction du comte Oreste Biancoli, frère de l'auteur. Il traite des ouvrages de céramique qui figuraient à l'Exposition de 1875, à Faenza, et il en fait la description la plus élogieuse; l'ancien art de la faïence a trouvé de nombreux imitateurs parmi les modernes; suivant l'auteur, grâce à leur impulsion, la ville de Faenza revit de nouveau dans sa gloire.

Biringuccio (Vannuccio). — *Pirotechnia. Li diece libri della pirotechnia, nelliguali si tratta non solo la diversita delle minere, ma anche quanto si ricerca alla prattica di esse e di quanto s'appartiene all' arte della fusione col getto de metalli, et d'ogni altra cosa a questa semigliante.* — Pyrotechnie. Les dix livres de la pyrotechnie, dans lesquels on traite non seulement de la diversité des minéraux, mais encore de leur emploi pratique, ainsi que de tout ce qui concerne l'art de la fusion et du coulage des métaux et de toute autre question s'y rattachant. *In Vinegia, per Gionan Padoano, a instantia di Curtio di Nano*, 1550 [2ᵉ édit.]. In-4 de xv-334 p. Nombr. fig. sur bois dans le texte.

> Le chapitre XIV, *Discorso sopra l'arte figulina*, contient un bois représentant un atelier de potiers tournant des vases.

Borneman (G.) (Voir DELANGE, Carle). — Recueil de faïences italiennes.

Boschini (Giuseppe). — *Sopra due piatti dipinti in maiolica. Lettera al Ch. Sig. Giuseppe Mayr.* — A propos de deux payages peints en majolique. Lettre à Joseph

Mayr. *Ferrare*, typogr. Pomatelli, 1846. Petit in-4 de 8 p.

> Réimprimé à Rome, Stab. tipografico Corso, en 1858. In-4° avec l'adjonction dans la brochure des *Cinque lettere della raccolta di maioliche di Pesaro*, etc., de Geremia Delsette.
> Voir DELSETTE.

Botti (Dʳ Gio.). — *I Boccali di Montelupo, memorie relative a tali perduti monumenti.* — Les bocaux de Montelupo, mémoire relatif aux monuments de cette espèce perdus. *Firenze*, Niccolo Conti, 1818. Petit in-18 de 215 p.

> Dissertation humoristique dans laquelle l'auteur raille le goût des amateurs italiens pour les vases en faïence de la Renaissance.

Cadorin (Ludovico). — *Studii teorici e pratici di architettura e di ornato per la erezione principalmente in terra cotta adattati ai bisogno del secolo.* Études théoriques et pratiques d'architecture et de son ornementation par l'emploi de terres cuites émaillées ou non émaillées. *Paris*, Bance. In-fol. de 28 pl. Texte italien et français en regard.

Campana (Marquis) (Voir JACQUEMART). — Majoliques de la collection Campana.

Castellani (Alessandro). — Catalogue des faïences italiennes, siculo-arabes de Luca della Robbia, Caffagiolo, Gubbio, Pesaro, Deruta, Castel-Durante, Faenza, Urbino, Roma, Castelli ; et deux pièces de la célèbre porcelaine des Médicis composant l'importante collection de M. Alessandro Castellani, et dont la vente aura lieu hôtel Drouot, les 27, 28 et 29 mai 1878.

Paris, typogr. Pillet et Dumoulin. In-8 de 91 p.
Nombr. grav. et marques dans le texte.

> Rarement les faïences italiennes atteignirent un tel prix sur le
> marché parisien. Les musées du Louvre et de Cluny purent
> acquérir quelques rares pièces; mais les agents du musée de
> South-Kensington se présentaient avec un trop fort budget pour
> permettre la lutte. Toutefois un petit plat, représentant Charles-
> Quint, fut acquis par M. Basilewsky au prix de 20,000 fr.

Contrucci. — *Monumento Robbiano nella loggia dello
spedale di Pistoja.* 1835.

> « M. le professeur Contrucci a gâté, par plusieurs erreurs, une
> description bien faite des douze bas-reliefs [de Luca della Robbia]
> de l'hôpital de Pistoja. » (Comte Léon de Laborde, *le Château
> du bois de Boulogne, dit de Madrid.* 1835.)

Corona (Giuseppe). — *La ceramica. Biografie e note et
orichi. Con una litografia e 166 fac simili di mono-
grammi.* La céramique. Biographies, notes et origines. *Milan,* Ulrico Hoepli, 1879. In-8 de VIII-269 p.,
plus 21 pl. de marq.

Frati (Luigi). — *Del museo Pasolini in Faenza. Descri-
zione di Luigi Frati.* Sur le musée Pasolini à Florence.
Description de Luigi Frati. *Bologne,* société typogr.
bolonaise, 1852. Grand in-8 de 65 p.

Frati (Luigi). — *Di un pavimento in maiolica nella
basilica petroniana alla cappella di S. Sebastiano.* —
Sur un pavage en majolique de la basilique San-Pe-
trone, chapelle de Saint-Sébastien. *Bologne,* société
typogr. bolonaise, 1853. In-8 de 19 p.

> *Per le nozze Sassoli-Beccadelli.* — Imprimé pour les
> noces de Sassoli-Beccadelli.

> Voir la note au nom BASEGGIO.

Gheltof (Giuseppe Marino Urbani de) — *Bulletino di arti, industrie et curiosità veneziane. Venise*, 1877.

On trouve dans cette Revue, fondée en 1877, au milieu de divers mémoires relatifs aux arts, des documents sur la céramique à Venise.

Hilbrat (Giuseppe). — *Dimostrazioni sopra alcune antiche terrette dipinte dalla propria mano di Apelle e del Sanzio, scritte da Gius. Hilbrat, intorno la risoluzione pronunciata dall' insigne academia romana di S. Luca nel giorno 26 luglio 1844.* — Dissertation sur quelques poteries antiques peintes de la propre main d'Apelles et de [Raphaël] Sanzio, écrite par Giuseppe Hilbrat, à propos de la détermination prise en séance de l'Académie romaine de Saint-Luc le 26 juillet 1844. *Rome,* typogr. Baldassari, 1847. In-8 de 70 p.

Imaginations d'un rêveur qui prétendait retrouver des peintures d'Apelles et de Raphaël sur des vases. Voir sur ces peintures de Raphaël une page judicieuse de Mariette dans son *Catalogue Crozan,* et la citation suivante de Misson (*Voyage d'Italie,* 1691) : « Après la conversation que j'ai eue sur ce sujet avec le célèbre Carlo Maratti, je puis vous dire avec assurance que jamais Raphaël ne mit la main à toute cette poterie.... Dans ce pays-ci [en Italie], dès qu'une soucoupe est barbouillée de bleu et de jaune, la voilà peinte par Raphaël ! »

Hudson (James) (Voir GIOANETTI Vittorio-Amedo). — *Discorso sulla fabrica di porcellana,* etc.

Lazari (Vicenzo). — *Notizia delle opere d'arte et d'antichita della racolta Correr.* — Notice des ouvrages d'art et d'antiquité de la collection Correr. *Venise,* 1859.

Introduction au catalogue des majoliques du musée Correr.

Magalotti. — *Varie operette.* — Petites notices variées. *Milan,* 1825. In-12.

Ce recueil comprend les huit lettres inédites de Magalotti à la marquise Strozzi. *Su le terre odorose d'Europa e d'America, dette volgarmente Buccheri.* Le manuscrit autographe de ces lettres fait partie de la bibliothèque de M. Eugène Piot.

Voir BELLINI.

[**Montanari, Giuseppe Ignazio**]. — *Intorno ad alcune majoliche dipinte che esistono nella collezione del nobile signor cavaliere Domenico Mazza Pesarese. Lettera.* — A propos de quelques majoliques peintes qui existent dans la collection du noble seigneur chevalier Domenico Mazza Pesarese. Lettre. *Pesaro,* della typogr. Nobili, 1836. Petit in-8 de 45 p.

Cette collection importante, d'environ 500 pièces, fut léguée à l'hôpital de Pesaro ; elle forme aujourd'hui un musée public.

Piccolpassi (Cipriano). — *Li tre Libri dell' Arte del Vasaio, nei quali si tratta non solo la Pratica, ma brevemente tutti i secreti di essa cosa che persino al di d'oggi e stata sempre tenuta ascosta del cav. C. P. Durantino.* Manuscrit in-4, 1548.

Le manuscrit original appartient à la bibliothèque du South-Kensington.

Piccolpassi (Cipriano). — *Li tre Libri dell' Arte del Vasaio,* etc., avec fac-similés gravés d'après les dessins originaux. *Rome,* 1857. In-4.

Voir POPELYN (Claudius).

Serlio (Sebastiano). *Tutte l'opere d'architettura, et prospetiva di Sebastiano Serlio Bolognese, dove si mettono in disegno tutte le maniere di edifici, et si trattano di quelle cose, che sono più necessarie à sapere gli architetti.* — Toutes les œuvres d'architecture et de perspective de Sebastiano Serlio, Bolonais, où l'on représente

par le dessin toutes les sortes de constructions et où
l'on traite de toutes les choses qui sont les plus nécessaires pour les architectes. *Venise*, 1619, Giacomo
Franceschi. In-4 de 243 p., avec pl. gravées sur bois.

Voir au livre premier des profils de vases d'après les principes
géométriques commentés par Serlio.

Vanzolini (Giuliano). — *Istorie delle fabbriche di majoliche metaurensi e delle attinenti ad esse racolte a cura.*
Histoire de la fabrique de majoliques métauriennes
et des fabriques voisines ayant produit des pièces
semblables. *Pesaro*, Annesio nobili, 1870, 2 vol. in-8
et 1 vol. in-4.

Le 1er vol. de x-377 p. contient : Passeri *per le
Pesaresi;* Pungileoni *per le Urbinati;* Raffaelli *per le
Urbianesi.*

Le 2e vol. de 250 pages avec pl. et marques, contient : Ranghiasci-Brancaleoni *per Gubbio;* Marcoaldi
per Fabriano; Campori *per Ferrara, Torino, Mantova,
Sassuolo, Modena, Reggio, Scandiano, S. Possidonio,
E. Parma.*

Le 3e vol., de 80 p. et de 38 pl. renferme : *Li tre
libri dell' arte del vasajo del cav. Cipriano Piccolpassi
Durantino. — Terza edizione, seconda italiana, prima
Pesarese riveduta diligentemente sovra un nuovo ms.
da G. Vanzolini coll' aggiunta di alcune notizia intorno
al fabbricar la majolica fina del canonico Gianandrea
Lazzarini ed altre cose inedite relative a quest' arte.* —
Les trois livres de l'art du potier par le cavalier
Ciprien Piccolpassi Durantino. 3e édition, dont deux
italiennes ; la première publiée à Pesaro et revue avec

soin sur un nouveau manuscrit de G. Vanzolini, avec addition de quelques notices ayant trait à la fabrication de la majolique fine du chanoine Gianandrea Lazzarini et à d'autres objets intéressant le même art.

Anonyme. — *Ornamenti. Raccolta di Ornamenti tratti da terre cotte dipinte in Siena,* etc. Ornements. Recueil d'ornements de terres cuites peintes à Sienne. *Sienne,* 1873. In-folio obl.

C. — *Monographies touchant les anciennes fabriques.*

Barnabei (Felice). — *Delle maioliche di Castelli nell' Abruzzo.* Des majoliques de Castelli, dans les Abruzzes. *Florence,* 1876. In-8.

Travail publié dans la *Nuova antologia,* t. II. Le professeur Barnabei a donné dans cette notice une généalogie des divers membres de la famille Grue, des fabricants et des décorateurs de la faïencerie de Castelli, du xviie au xviiie siècles.

[Baseggio (Giambatista)]. — *Comentario delle fabricazioni di stoviglie presso bassano.* — Commentaire sur les fabriques de poteries à Bassano. *Bassano,* typogr. Baseggio, 1861. In-8 de 17 p. Imprimé « *per nozze* », pour noce.

La coutume en Italie, dans les hautes classes, est de publier, à l'occasion d'un mariage, un mémoire ayant trait à une question archéologique. Ces opuscules, tirés à petit nombre, sont distribués aux amis de l'auteur et par là deviennent d'une grande rareté.

[Bonghi (Diego)]. — *Intorno alle Maioliche de Castelli.* —

Au sujet des majoliques de Castelli. *Naples*, typogr. Gaetano Nobile, 1876. In-4 de 35 p.

Bonghi (Diego). — La poterie de Castelli. Traduction abrégée de la brochure ci-dessus. Manuscrit. Gr. in-8 de 11 p.

Bibliothèque du Musée de Sèvres.

Campori (marquis Giuseppe). — *Notizie della manifattura Estense della majolica, e della porcellana nel* XVIe *secola*. — Notices sur la manufacture du royaume d'Este, la majolique et la porcelaine au XVIe siècle, d'après les mémoires de l'Académie royale de Modène. *Modène*, typogr. Soliani, 1863. In-4 de 40 p.

Extrait des *Memorie della R. Accad. di scienze*, etc., di Modena.

Campori (marquis Giuseppe). — La majolique et la porcelaine de Ferrare. *Paris*, aux bureaux de la *Gazette des Beaux-Arts*, 1864. In-8 de 26 p.

Tirage à part de la *Gazette des Beaux-Arts*, août 1864.

Campori (marquis Giuseppe). — *Notizie storiche e artistiche della maiolica et della porcellana di Ferrara nei secoli* XV *et* XVI, *con una appendice di memorie e di documenti relativi ad altre manifatture di maiolica dell' Italia superiore e media*. — Notice historique et artistique sur la majolique et la porcelaine de Ferrare aux XVe et XVIe siècles, avec un appendice contenant des notes et documents sur d'autres fabriques de majoliques du nord et du centre de l'Italie. *Modène*, impr. Carlo Vincenzi, 1871. In-12 de 150 p.

La majeure partie de cet ouvrage a été publiée en français par le marquis Campori dans la *Gazette des Beaux-Arts*, année 1864.

L'auteur a ajouté aux précédentes éditions des renseignements nouveaux sur les fabriques de Mantoue, Modène, Urbino et Faenza.

Campori (marquis Giuseppe). — *Delle manifatture della maiolica e degli stucchi institute in Torino da Orazio Fontana et da Frederico Brandani.* — Sur la fabrique de majolique et de stucs fondée à Turin par Orazio Fontana et par Frederico Brandani. *Modène*, Vincenzi, 1867. In-4 de 9 p.

Campori (marquis Giuseppe). — *Notizie storiche et artistiche della maiolica e della porcellana di Ferrara, nei secoli XV et XVI.* 3ᵉ édit. In-8 de 145 p. *Pesaro, stabilimento nobili*, 1879.

> M. Campori a éclairci la tradition qui attribuait à Raphaël la peinture de certains plats de faïence. Il existe bien un céramiste appelé Raffaello Ciarla da Urbino, qu'on trouve ainsi désigné sur les comptes des ducs « Mᵒ Raffᵒ da Urbino; » cet artiste peignit des faïences dans le milieu du XVIᵉ siècle, vers 1560.

Cherubini (Cavʳ Gabriello). — *Dei Grue della pittura ceramica in Castelli.* — Sur les Grue et la peinture céramique à Castelli. *Naples*, impr. de l'Université royale, 1865. In-8 de 26 p.

> Les Grue formaient une nombreuse famille de peintres qui décoraient les faïences des ateliers de Castelli et dont il existe dans les musées et les collections particulières un certain nombre de pièces signées.

Delange (Henri). (Voir PASSERI.) — Histoire des peintures sur majoliques faites à Pesaro et dans les lieux circonvoisins, etc.

Delsette (Geremia). — *Cinque lettere sulla raccolta di maioliche dipinte delle fabbriche di Pesaro e della pro-*

vincia Metaurense, esistente in Bologna. — Cinq lettres sur la collection de majoliques peintes de la fabrique de Pesaro et de la province Métaurienne [1], conservées à Bologne. *Bologne,* 1845, typogr. du gouvernement. In-8 de 8 p.

Ce mémoire a été réimprimé à Rome en 1858 (Stab. typografico Corso, in-4°), à la suite de la notice : *Sopra due patti dipinti in maiolica,* di Giuseppe Boschini.
Voir BOSCHINI.

Foresi (Dott. Alessandro). — *Sulle porcellana Medicei. Lettera al signor barone di Monville.* — Sur les porcelaines des Médicis. Lettre à M. le baron de Monville. *Florence,* 1859, typogr. Barbera. In-8 de 8 p. Vign. et marq. dans le texte.

Foresi (Dr Alexandre). — Lettre au baron de Monville sur la porcelaine des Médicis, avec quelques mots concernant le comte de Nieuwerkerke et Jean Bastianini, sculpteur. *Florence,* 1869. In-8 de 30 p.

Frati (Luigi). — *Di un' insigne raccolta di maioliche dipinte delle fabbriche di Pesaro e della provincia Metaurense descritta ed illustrata da Luigi Frati Premessavi un succinto storico dell' arte ceramica.* — Sur un remarquable recueil de majoliques peintes de la f:.-brique de Pesaro et de la province Métaurienne, décrite et illustrée par Luigi Frati ; augmenté d'un abrégé historique de l'art céramique. *Bologne,* 1844, typogr. du gouvernement. In-8 de 104 p. Planches.

Cette collection importante a été dispersée dans les musées de l'Europe et les collections particulières par voie d'enchère.

_____

1. Ancienne Ombrie.

Gheltof (Urbani-Giuseppe-Marino de). — *Studi intorno alla ceramica veneziana.* — Études relatives à la céramique vénitienne. *Venise,* impr. P. Naratovich, 1876. In-8 carré de 90 p.

M. Urbani de Gheltof a trouvé dans les archives et minutes de notaires de nombreux renseignements sur l'art céramique, du xvᵉ au xviiiᵉ siècle. Une liste alphabétique des céramistes vénitiens a pu ainsi être établie; mais la découverte la plus importante est un document établissant qu'en 1518 la fabrication de la porcelaine était poursuivie sérieusement à Venise.

Gheltof (Urbani-Giuseppe-Marino de). — *La manifattura di maiolica e di porcellana in Este.* — La manufacture de porcelaines et de majoliques d'Este. [*Venise,* 1876.] Impr. P. Naratovich. In-8 de 23 p.

Notice sur les divers ateliers de la ville d'Este qui, vers la fin du xviiiᵉ siècle, fabriquaient de la « faïence fine », à l'imitation des Anglais.

Gheltof (Urbani-Giuseppe-Marino de). — *Fabbriche di majolica e di porcellana in Bassano e in Augarano.* — Fabrication des majoliques et porcelaines à Bassano et à Augarano. *Venise,* 1876. In-8.

Gheltof (Urbani de). — *Una fabrica di porcellana in Venezia, 1470.* — Une fabrique de porcelaine à Venise, en 1470. *Venise,* 1878. In-12.

Gioanetti (Vittorio-Amedo). — *Discorso sulla fabbrica di porcellana stabilita in Vinovo. Reprinted by order of sir James Hudson H.-B.-M. minister at Turin, 29ᵗʰ may 1859.* Discours sur la fabrique de porcelaine établie à Vinovo. Réédité par ordre de J. Hudson, H. B. M. ministre à Turin, le 29 mai 1859. *Turin,* typogr. Favale, 1859. In-18 de 11 p.

Extrait de l'éloge du professeur en médecine V.-A. Gioanetti.

22

Malagola (Carlo). — *Memorie storiche sulle Maioliche di Faenza. Studi et ricerche.* Mémoire historique sur les majoliques de Faenza. Études et recherches. *Bologne,* impr. Romagnoli, 1880. In-8 de 556 pages. Marques.

L'histoire des fabriques de Faenza, les directeurs d'ateliers, les peintres qui appliquaient les décors à la faïence, ceux qui portèrent leur art au dehors, un catalogue des principales pièces de Faenza conservées dans des musées ou des collections particulières, les diverses opinions des écrivains européens sur ce centre important de fabrication, forment un volume très nourri de faits, de recherches et de documents.

Novi (Giuseppe). — *Dell' industria ceramica nelle province napoletane. Relazione letta al reale istituto d'incoraggiamento nelle tornate accademiche di febraio e marzo 1865.* — Sur l'industrie céramique dans les provinces napolitaines, rapport lu à l'Institut royal d'encouragement pendant les tournées académiques de février et mars 1865. *Naples,* typogr. nel *Albergo di poveri* (l'Auberge des pauvres), 1865. In-4 de 61 pages.

Giuseppe Novi, l'auteur de ce rapport, s'est livré lui-même à des essais céramiques.

Passeri (G.). — *Istoria delle pitture in maiolica fatte in Pesaro, e ne' luoghi circonvicini dell' abbate Giambatista Passeri da Pesaro Nobile, di Gubbio, e di Fossombrone, Socio delle reali Academie di Londra, e di Olmitz, e delle Italiche Perugina, Cortonese, Fermana, e Pesarese, all' Inclito, e Coltissimo Cavaliere il sig. Carlo Gavardini, Patrizio Bolognese, e Pesarese.* — Histoire de la peinture sur majoliques faite à Pesaro et dans les localités avoisinant l'abbaye de Giambatista (Jean-

Baptiste) Passeri de Pesaro Nobile de Gubbio, etc. In-18 de 144 p., plus 8 p. d'appendices.

Cette première édition de la dissertation de Passeri fut insérée dans le quatrième volume de *Raccolta d'opusculi scientifici e filosofici del Padre Calogera*, imprimée à Venise en 1758. La seconde se trouve dans le discours *Sulla storia dei fossili del agro Pesarese*. Bologne, 1775. In-4°.

Passeri (G.). — *Istoria delle pitture in majolica fatte in Pesaro e ne' luoghi circonvicini.* — Histoire des peintures en majolique faites à Pesaro et dans les localités voisines. *Pesaro*, stamperia Nobiliana, 1838. In-8 de 115 p.

Une autre édition plus complète a paru en 1857 à Pesaro, typographie Annesio Nobili. In-8° de 215 p. Planches.

Passeri. — Essai historique sur la fabrication des poteries en général et en particulier sur celle des faïences italiennes (majolica). Traduit de Passeri par M. Malaguti.

Manuscrit grand in-12 de 59 pages, appartenant à la Bibliothèque du Musée céramique de Sèvres.

Passeri (Giambatista). — Histoire des peintures sur majoliques faites à Pesaro et dans les lieux circonvoisins; traduite de l'italien et suivie d'un appendice par Henri Delange. *Paris*, chez l'auteur, 1853. In-8 de 119 p. Marques.

Péricoli (Giov.-Battista). — *Passeggiata nella città di Urbino accertando le cose principali di essa.* — Promenade dans les environs de la ville d'Urbino, relatant les principales choses qui s'y trouvent. *Urbino*, typogr. G. Rondini. In-8 de 55 p.

Quelques détails historiques sur les fabriques de poteries d'Urbino.

Pungileoni (Luigi). — *Notizia delle pitture in maiolica fatte in Urbino.* — Notice sur les peintures en majoliques faites à Urbino. *Rome*, 1857.

Raffaelli (Giuseppe). — *Memorie istoriche delle maioliche lavorate in Castel Durante o sia Urbania, compilate di Giuseppe Raffaelli.* — Mémoires historiques sur les majoliques fabriquées à Castel Durante ou *Urbania*, compilation par Giuseppe Raffaelli. *Fermo*, 1846. In-8 de 126 p.

Ranghiasci Brancaleoni (marquis). — *Di maestro Giorgio da Gubbio e di alcuni suoi lavori in maiolica, lettera del marchese Ranghiasci Brancaleoni.* — Sur maître Giorgio de Gubbio et sur quelques-uns de ses ouvrages en majolique, lettre du marquis Ranghiasci Brancaleoni. *Pesaro*, Annesio Nobili, 1837. In-8 de 40 p. Planches.

Riccio (Camillo Minieri). — *La fabrica della porcellana di Napoli.* — Fabrication de la porcelaine à Naples. *Naples*, 1878 ou 1879. In-4.

Rosa (Concezio, dott.). *Notizie storiche delle maioliche di Castelli e dei pittori che le illustravoni.* — Notice historique sur les majoliques de Castelli et les peintres qui les décoraient. *Naples*, typogr. Gioja, 1857. In-8 de 140 p.

Torteroli (Tommaso). — *Intorno alla majolica Savonese. Ragionamento storico.* — A propos des majoliques de Savone. Dissertation historique. *Turin*, typogr. Barera, 1856. In-8 de 23 p.

Réimprimé dans les *Scritti letterari*, de Torteroli. *Savone*, 1859. In-12.

Venuti (Domenico). — *Spiegazione di un servizio da tavola dipinto e modellato in porcellana nella R. Fab. di Napoli.* — Description d'un service de table en porcelaine peint et modelé à la fabrique royale de Naples. *Naples*, 1782. In-4.

Venuti (chevalier). — Interprétation des peintures dessinées sur un service de table, travaillé d'après la bosse dans la royale fabrique de porcelaine. A *Naples*, dans la royale Imprimerie, 1787. In-4, 175 pl. gravées et en couleurs.

Venuti, intendant et directeur de la manufacture royale de Naples, avait été chargé de diriger la décoration d'un service de porcelaine pour Georges IV, roi d'Angleterre. Ce furent les vases antiques du musée de Naples qui servirent à Venuti de modèles pour les décors de soupières, d'assiettes à potage, « suivant le style étrusque ».

Vignola. — Les poteries anciennes du Piémont. *Turin*, 1878.

Dans le texte, vignettes par Devers.

Anonyme. — *Breve nota di quel che si vede in casa del principe di Sansevero d. Raimondo di Sangro nella città di Napoli.* — Courte notice sur ce qui se voit dans la maison du prince de San-Sévère don Raimond de Sangro, cité de Naples, 1768. In-12 de 60 p.

On trouve dans ce livret fort rare une note sur des essais porcelaine blanche que faisait exécuter le prince de Sangro; recevait son poli au tour du lapidaire.

JAPON

Maëda. (Voir Matsugada.) — Laques du Japon. Porcelaines et faïences japonaises.

Matsugada et Maëda. — Porcelaines et faïences japonaises. Histoire et fabrication. [*Paris*, Germer Baillière, 1878]. In-8 de 44 p.

> A cette étude est joint un travail de M. Maëda sur *les laques du Japon*. Articles extraits de la *Revue scientifique de la France et de l'étranger*, 1878.
>
> M. Matsugada était président de la Commission japonaise à l'Exposition universelle de Paris, M. Maëda, commissaire général du Japon à la même exposition. Les mémoires ci-dessus furent rédigés pour la Commission impériale japonaise.

Matsugada. — Le Japon à l'Exposition universelle de 1878. Publié sous la direction de la Commission impériale japonaise. Première partie : Géographie et histoire du Japon. — Deuxième partie : Art, éducation et enseignement, industrie, productions, agriculture et horticulture. *Paris*, à la Commission impériale du Japon, 15, avenue de Matignon, 1878. Impr. de Chamerot. 2 vol. in-8 ; ensemble de 351 p.

> Le deuxième volume renferme la notice sur les poteries, faïences, porcelaines laques, émaux cloisonnés des diverses fabriques japonaises.

Morse (Edward S.) — *Shell mounds of Omori* tirés des *Memoirs of the science Department, University of Tokio.*

Japon, vol. Ier, 1879, in-4 de 36 pages, plus 15 planches de poteries. — .*Tokio, Nisshusha printing office*. 1879.

Ninagawa Noritané. — *Kwan-ko-Dzu-Setsu*. Notice historique et descriptive sur les arts et industrie japonais. Six parties. Poterie. *Tokio*, 9e année de Meidji (1876). *Yokohama*, impr. H. Ahrens et Cie. Texte japonais et français. Six brochures in-8 de 72 p., plus six albums in-4 de 89 pl.

> Le premier cahier contient une notice archéologique sur les vases trouvés dans des tombeaux du vi[e] au viiie siècle de notre ère; ces vases, dont certains sont donnés par l'auteur comme d'origine aryenne, offrent, par leur reproduction lithographiée, des termes de comparaison avec les poteries de la même époque trouvées dans les fouilles en Europe.

Nuru fō. — *Vasorum vernice abducendorum ratio*. Moyen de fabriquer les vases émaillés. Manuscrit japonais.

> N° 408 du Catalogue de Siebold. 1845. In-4. Fait partie sans doute de la Bibliothèque de Leyde.

Sen-Riou-Shi[1]. — *Rakouyaki-hinoo* (Les secrets de la porcelaine dite Rakouyaki). Deux cahiers in-8 de 64 p. imprimés sur papier dit de Chine double. Grav. dans le texte.

> L'ouvrage est précédé d'un court avertissement daté de la dix-huitième année de Kioho (1733) et signé de Tootoa Shujen, qui avoue sincèrement son ignorance en fabrication céramique; par obligeance il a cru, « malgré qu'il l'eût refusé bien des fois », devoir apporter le concours de quelques lignes à son ami Sén-Riou-Shi.
>
> Quoique l'étudiant japonais, résidant à Paris, n'eût pas une connaissance très approfondie de la langue française à l'époque où il entreprit la difficile traduction d'un ouvrage technique, il ressort du *Rakouyaki hinoo* que l'auteur japonais, sans doute fabricant de porcelaines, connaissait à fond la matière, depuis la

préparation des terres, la construction des fours, jusqu'aux émaux les plus divers.

Cette traduction, dont je dois la communication à l'obligeance de M. Schefer, de l'Institut, président de l'École orientale, fait partie de la bibliothèque de cet établissement national.

PÉROU

Rivero (Mariano de). — *Antiquidades peruanas.* Antiquités péruviennes. *Lima*, 1841, pet. in-4.

Au nombre de ces antiquités trouve place un certain nombre de vases péruviens antiques.

RUSSIE

Описаніе производства работъ на императорскомъ фарфоровомъ заводѣ, съ краткимъ обзоромъ всѣхъ его частей. — Description des travaux de la fabrique impériale de porcelaines, avec une revue de toutes ses parties. *Saint-Pétersbourg,* 1844. In-8 de 29 p.

SUÈDE

Almstrœm (Robert). — *Lervarorna och deras tillverkning.* Enseignement de la fabrication des produits céramiques. *Stockholm*, 1876. In-8 de 95 p. Grav. dans le texte.

Extrait de *Uppfinningarnas bok* (Livre des inventions).

L'auteur étudie la céramique depuis les temps les plus reculés, suit son développement chez les différents peuples et termine par les fabriques suédoises modernes, de Rörstrand, de Gustafsbergs, de Wilhem Odelberg. Les planches sont relatives aux procédés de fabrication actuels.

Strâle (G.-H.). — Rorstrand et Marieberg. Notices et recherches sur les céramiques suédoises du xviiiᵉ siècle. Traduit du suédois. *Stockholm*, impr. Haeggström, 1872. In-8 de vi-144 p., illustré de 14 pl. en couleur et de 8 pl. de marques.

Anonyme. — *Uebersicht der Kunst et Kulturgeschichte Sammlungen im Besitze von Christ Hammer in Stockholm. Text u. 3 Bde. Photograph.* — Coup d'œil jeté sur l'histoire de l'art et de la science; description des objets d'art formant la collection de Ch. Hammer (de Stockholm). *Berlin*, 3 forts vol. in-8. Photographies.

SUISSE

Hammann (Hermann). — Briques suisses ornées de bas-reliefs du xIIIe siècle, avec 12 pl. *Genève* et *Bâle*, H. Georg, 1873. Petit in-4 de 34 p.

> Extrait du tome XII des *Mémoires de l'Institut genevois*, 1867. Sur la matière, les formes et dimensions de ces briques, leur ornementation, leurs procédés, l'analyse et la recherche des sujets qu'elles représentent, le style des ornements, les inscriptions et armoiries, M. Hermann Hammann fournit un grand nombre de documents et d'aperçus propres à élucider les rares points qui restent obscurs et il conclut : « que les briques ont été fabriquées dans les environs de Saint-Urbain, et pour cette contrée de la Suisse allemande même; qu'elles sont du xIIIe siècle; que l'ornementation est de style roman; qu'elles ont été employées à la construction d'une partie de l'abbaye de Saint-Urbain et peut-être aussi à d'autres édifices du voisinage; enfin que les briques ornées offrent une période nouvelle inconnue ou négligée de l'art en Suisse. »
>
> Quelques-unes de ces briques historiées se voient aux musées archéologiques d'Aarau, de Berne et de Soleure.

Palissy (Bernard). — Discours admirable de l'art de terre, de son vtilité, des Esmaux et du Feu, par Bernard Palissy, inuenteur des rustiques figulines du Roy et de la Royne sa mère. *Genève*, imp. Fick, 1863. In-18 de IV-44.

> Cette réimpression, due à M. Gustave Revilliod, de Genève, fait partie d'une collection relative aux hommes célèbres du protestantisme.

TURQUIE

Salaheddin bey. — La Turquie à l'Exposition universelle de 1867, ouvrage publié par les soins et sous
la direction de S. Exc. Salaheddin bey, commissaire
impérial ottoman près l'Exposition universelle. *Paris,*
Hachette, 1867. In-8 de 256 p.

Au chapitre XI, renseignements sur le prix de revient des poteries et le salaire des ouvriers de Constantinople qui les exécutent.
Dans le chapitre XII, presque tout entier consacré aux poteries
usuelles, détails sur les fabriques d'Eyoub, de Routschouck, de
Djeddah, de Bagdad, de Tchanak-Kalé, de l'île de Chio, de Ku-
tahia, qui fut autrefois le centre de l'industrie céramique la plus
florissante en Asie.

ADDITIONS

GRÈS FLAMANDS

Pendant l'impression de ce volume, quelques ouvrages sur la céramique ont été publiés qu'il était trop tard pour classer à leur série : ils trouveront place dans une nouvelle édition ; mais je ne crois pas devoir attendre cette époque pour montrer l'activité de la Belgique à étudier la question peu connue en France des grès anciens de la Meuse et du Rhin.

Bormans (Stanislas). — Grès namurois. (Extrait du *Bulletin des commissions royales d'art et d'archéologie*.) *Bruxelles*, Muquardt, 1880. In-8 de 10 p.

Kaisin (J.) (Voir Van Bastelaer). — Grès cérames ornés de la Belgique.

Schuermans (H.). — Musée royal d'antiquités et d'armures. — Catalogue des collections de grès cérames. *Bruxelles*, impr. Bruylant-Christophe, 1880. In-18 de 54 p.

> Ce catalogue analytique est précédé d'une notice sur les diverses fabriques de grès de la Meuse.

Van Bastelaer (D.-A.). — Les grès cérames ornés de

l'ancienne Belgique ou des Pays-Bas, improprement
appelés grès flamands. Châtelet et Bouffioulx, centres
importants de production et d'exportation en Belgique
et en pays étrangers. *Bruxelles*, impr. veuve Baert-
soen, 1880. Même texte que celui du *Bulletin des com-
mis.ions royales d'art et d'archéologie*. XI* année.
Muquardt, Bruxelles, 1880.

Van Bastelaer (D.-A.). — Les grès cérames ornés de
l'ancienne Belgique ou des Pays-Bas, improprement
nommés grès flamands. Châtelet et Bouffioulx, centres
importants de production et d'exportation en Belgique
et en pays étrangers. Deuxième rapport fait à la
Société archéologique de Charleroi, par son président,
D.-A. Van Bastelaer pour la partie technique, et
J. Kaisin, membre du conseil, pour les documents.
Charleroi, impr. Delacre, 1880. In-8 de 284 p. et de
12 pl.

Weale (James). — Notes et documents pour servir à
l'histoire de la fabrication de la poterie aux Pays-Bas.
Plus analyse de *la Gilde des potiers de la ville abbatiale
de Siegburg et ses produits*, du chanoine Dornsburg.
Bruges, extrait de la revue *le Beffroi*, t. IV, 1872-1873.
In-4 de 73 p.

M. James Weale est Anglais; mais ses études, publiées en français dans une revue de Bruges, rentrent trop dans la question
relative aux grès pour ne pas être mentionnées dans cette série.

D'autres travaux sur le même sujet ont paru en Belgique; le
lecteur pourra se reporter aux pages 172, 173, 174, 175 de la
présente Bibliographie.

TABLE

TABLE · 351

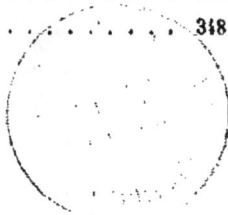

PARIS. — Impr. J. CLAYE. — A. QUANTIN et Cⁱᵉ, rue St-Benoît.

www.ingramcontent.com/pod-product-compliance
Lightning Source LLC
Chambersburg PA
CBHW071620270326
41928CB00010B/1714